Christoph Kecher, Alexander Salvanos,
Ralf Hoffmann-Elbern

UML 2.5

Das umfassende Handbuch

Liebe Leserin, lieber Leser,

schön, dass Sie sich für ein Rheinwerk-Computing-Buch entschieden haben. Ich bin überzeugt, Sie haben die richtige Wahl getroffen.

Als Entwickler werden Sie an der UML nicht vorbeikommen: Sie ist eine weit verbreitete Sprache für die Modellierung von Softwaresystemen, mit der Sie in vielen Projekten arbeiten werden.

Darum will Ihnen dieses Handbuch von den Grundlagen der Modellierung bis zum professionellen Einsatz der UML alles Wissen an die Hand geben, das Sie für eine erfolgreiche Softwareentwickung brauchen.

Das Handbuch folgt dem seit fünf Auflagen bewährten Konzept. Alle Diagrammtypen, Konzepte und Elemente werden ausführlich vorgestellt und durch Praxisbeispiele veranschaulicht. Auf dem beiliegenden Poster können Sie Diagramme und Elemente schnell wiederfinden, falls Sie sich einmal bei der Modellierung eine Gedächtnisstütze wünschen. Oder Sie nutzen es als Übersicht, wenn Sie im Buch etwas nachschlagen möchten: Jedem Beispieldiagramm auf dem Poster entspricht ein Kapitel im Buch.

Jedes unserer Bücher will Sie überzeugen. Damit uns das immer wieder neu gelingt, sind wir auf Ihre Rückmeldung angewiesen. Kritik oder Zuspruch hilft uns bei der Arbeit an weiteren Auflagen. Ich freue mich deshalb, wenn Sie sich mit Ihren Anmerkungen an mich wenden.

Viel Freude mit diesem Buch wünscht Ihnen

Ihre Almut Poll
Lektorat Rheinwerk Computing

almut.poll@rheinwerk-verlag.de
www.rheinwerk-verlag.de
Rheinwerk Verlag · Rheinwerkallee 4 · 53227 Bonn

Auf einen Blick

Wir hoffen, dass Sie Freude an diesem Buch haben und sich Ihre Erwartungen erfüllen. Ihre Anregungen und Kommentare sind uns jederzeit willkommen. Bitte bewerten Sie doch das Buch auf unserer Website unter **www.rheinwerk-verlag.de/feedback**.

An diesem Buch haben viele mitgewirkt, insbesondere:

Lektorat Almut Poll, Anne Scheibe
Korrektorat Monika Paff, Langenfeld
Herstellung Norbert Englert
Typografie und Layout Vera Brauner
Einbandgestaltung Nadine Kohl
Titelbilder Shutterstock: 272163653 © NakoPhotography, 631257050 © Lordesigner
Satz III-Satz, Husby
Druck C.H.Beck, Nördlingen

Dieses Buch wurde gesetzt aus der TheAntiquaB (9,35/13,7 pt) in FrameMaker.
Gedruckt wurde es auf chlorfrei gebleichtem Offsetpapier (90 g/m²).
Hergestellt in Deutschland.

Bibliografische Information der Deutschen Nationalbibliothek:
Die Deutsche Nationalbibliothek verzeichnet diese Publikation in der Deutschen Nationalbibliografie; detaillierte bibliografische Daten sind im Internet über *http://dnb.d-nb.de* abrufbar.

ISBN 978-3-8362-6018-3

6., aktualisierte Auflage 2018
© Rheinwerk Verlag, Bonn 2018

Informationen zu unserem Verlag und Kontaktmöglichkeiten finden Sie auf unserer Verlagswebsite **www.rheinwerk-verlag.de**. Dort können Sie sich auch umfassend über unser aktuelles Programm informieren und unsere Bücher und E-Books bestellen.

Inhalt

3   Objektdiagramm

4   Kompositionsstrukturdiagramm

TEIL II   Verhaltensdiagramme

8   Anwendungsfalldiagramm

9   Aktivitätsdiagramm

10   Zustandsdiagramm

TEIL III Interaktionsdiagramme

11 Sequenzdiagramm

12 Kommunikationsdiagramm

13 Timing-Diagramm

14 Interaktionsübersichtsdiagramm

TEIL IV Metamodellierung

15 Profildiagramm

Vorwort

Liebe Leserin, lieber Leser,

als die Object Management Group (OMG) sich die Änderungen für die UML 2.5 vornahm, hatte sie das Ziel, die UML zu vereinfachen. Denn die Spezifikation der UML war exorbitant. Unnötige Wiederholungen und teilweise sogar Widersprüche machten sie undeutlich und führten dazu, dass die Hersteller von UML-Werkzeugen die UML unterschiedlich implementierten. Diese Inkonsistenzen sind seit UML 2.5 beseitigt, die Formulierungen präziser und eindeutiger, und die OMG ist sich sicher, dass sich die Hersteller der Werkzeuge hierdurch aneinander annähern.

Die UML-Diagramme hingegen, die in diesem Buch vorgestellt werden, bleiben dabei weitestgehend unverändert.

UML ist nach wie vor die Standard-Notation für die konzeptionelle Modellierung von Systemen, insbesondere von Software. Und das nicht ohne Grund: In der Welt des Software-Engineerings kann der Weg von den Anforderungen des Auftraggebers zu einem implementierten System von gewaltiger Komplexität geprägt sein. Er setzt voraus, dass der Auftraggeber seine Anforderungen verständlich, eindeutig und präzise formuliert. Aber damit nicht genug. Denn erst durch die Abstraktion in der objektorientierten Analyse und den darin modellierten UML-Diagrammen kann das System klar und detailreich erarbeitet werden, sodass Auftraggeber und Auftragnehmer auf dieser Basis unmissverständliche Vereinbarungen treffen können.

Bevor man die professionelle Software implementiert, erfolgt noch ein weiterer Schritt, nämlich der Entwurf. Wieder bedient man sich der UML-Modellierung, diesmal werden bereits die endgültigen Komponenten des Softwareprodukts benannt und miteinander in Verbindung gebracht. Mit diesen noch feingranulareren UML-Diagrammen nähert man sich der endgültigen Realisierung des Produkts, das nicht nur mit dem Kunden im Detail abgestimmt, sondern auch vom Entwickler gut durchdacht wurde. Für die professionelle Softwareerstellung ist UML also unverzichtbar. Und dabei spielt es keine Rolle, ob das IT-Projekt mit Wasserfallmodell oder mit agiler Vorgehensweise gesteuert wird. UML ist stets das solide Fundament, wenn Auftraggeber und Auftragnehmer, Entwickler und Sachbearbeiter der Fachabteilung miteinander kommunizieren. Ganz gemäß dem Sprichwort »Ein Bild sagt mehr als tausend Worte«. Wichtig hierbei ist, dass die Modellierung einfach und effizient eingesetzt wird.

Dieses Buch ist ein gut strukturiertes Werk, das dem Leser die Bedeutung und die Verwendung der unterschiedlichen UML-Diagramme besonders verständlich vermittelt, wobei Wert daraufgelegt wurde, dass Sie auch für die UML-Modellierung im agilen Projekt schnell mal den einen oder anderen Kniff nachschlagen können.

Alexander Salvanos

Vorwort zur ersten Auflage

Bei meinem ersten Kontakt mit der Unified Modeling Language (UML) in der Softwaretechnik-Vorlesung konnte ich deren Bedeutung und Nutzen noch nicht abschätzen. Ich hatte bis dato nur an kleineren Softwareprojekten gearbeitet und sah die Notwendigkeit einer Modellierungssprache für Software und deren Nutzen auf den ersten Blick nicht.

Zu Beginn meiner Diplomarbeit merkte ich jedoch sehr schnell, dass meine bisherigen Methoden des »Programmierens im Kleinen« das Projekt nicht zu einem erfolgreichen Abschluss führen würden. Am besagten Projekt sollten drei Software-Teams an drei unterschiedlichen Standorten beteiligt sein und unterschiedliche Komponenten derselben Software entwickeln.

Durch die Modellierung mit der UML gelang es, sowohl mit dem Auftraggeber als auch mit allen Entwicklerteams sehr präzise über die zu erstellenden Komponenten zu kommunizieren und die benötigten Schnittstellen festzulegen, sodass die Implementierung sehr zügig und erfolgreich durchgeführt werden konnte.

Seither zähle ich mich zu den bekennenden Fans der UML, propagiere bei jeder Gelegenheit ihren Nutzen und freue mich, mit diesem Buch auch Ihnen die UML als eine universal einsetzbare Modellierungssprache näherbringen zu dürfen.

Dieses Buch behandelt die UML »von Anfang an« und führt Sie bis in ihre »Tiefen« hinab. Bei jeder Gelegenheit werden zu den vorgestellten Notationselementen anschauliche Beispiele und Realisierungsmöglichkeiten in Java und C# geboten, um Ihnen das Verstehen zu erleichtern, damit Sie das gerade Erlernte sofort in der Praxis anwenden können.

Die beiliegende Buch-CD enthält alle vorgestellten Java- und C#-Beispiele im Quellcode.

Die im Buch verwendeten UML-Diagramme finden Sie ebenfalls vollständig auf der Buch-CD in den Formaten EAP (*Enterprise Architect Project*) und XMI (*Extensible Metadata Interchange*). Sowohl der zur Erstellung der Diagramme verwendete Enterprise Architect als auch einige weitere UML-Tools befinden sich in Test- oder Vollversionen auf der Buch-CD und ermöglichen es Ihnen, parallel zur Buchlektüre sofort die UML »live« zu erleben.[1]

Bei der Erstellung dieses umfangreichen Werkes haben mich einige Menschen sehr unterstützt, denen ich an dieser Stelle meinen großen Dank aussprechen möchte.

---

[1] Anmerkung des Verlags: Der 6. Auflage liegt kein Datenträger bei. Die Beispiele in Java und C#, die EAP- und XML-Dateien sowie Links zu den Tools finden Sie bei den »Materialien zum Buch« unter *www.rheinwerk-verlag.de/4546*.

Zunächst würde ich gerne Galileo Press[2] und speziell meine Lektorin Frau Stevens-Lemoine nennen, die mich vorbildlich bei der Arbeit unterstützt und dieses Buch überhaupt erst ermöglicht haben.

Meine Kollegin, Frau Klaudia Kern, war sozusagen an der »vordersten Front«. Sie hat die allerersten Versionen der Buch-Kapitel über sich ergehen lassen müssen und half mir mit ihren Korrekturen sehr.

Einen unschätzbaren Wert für das Buch hatten die Beiträge und Verbesserungsvorschläge von Prof. Dr. Convent, Prof. Dr. Juen und Prof. Dr. Kaiser. Als Professoren haben sie mich bereits zu meiner Hochschulzeit an der FH Gelsenkirchen, Standort Bocholt, mit ihrer Fachkenntnis und Erfahrung immer wieder in Erstaunen versetzt. Ihre Ideen tragen einen großen Anteil an der Qualität des Buches.

Christoph Kecher

---

2 Alter Verlagsname des Rheinwerk Verlages (1999–2014)

Kapitel 1
Einführung

»Zeig mir, wie Du baust,
und ich sage Dir, wer Du bist.«
– Christian Morgenstern

1.1 Weshalb muss Software modelliert werden?

Zu Beginn der Arbeit an diesem Buch fragte mich ein befreundeter Programmierer, weshalb man Software überhaupt modellieren sollte. Er sei im Laufe seiner Ausbildung nur am Rande mit dem Thema in Berührung gekommen und sehe nicht die Notwendigkeit, diese »Zusatzaufgabe« während seiner Entwicklungsarbeit durchzuführen. Dies koste nur zusätzlich Zeit, und seine Programme liefen, auch ohne sie vorher modelliert zu haben.

Um die Unumgänglichkeit der Modellierung großer Softwaresysteme zu veranschaulichen, lassen Sie uns den Softwareentwicklungsprozess mit dem Bau eines Hauses vergleichen.

Bevor die eigentlichen Bauarbeiten beginnen, setzt sich der Bauherr zunächst mit einem Architekten in Verbindung. Er erklärt dem Architekten möglichst genau, wie sein Traumhaus aussehen sollte, wie die Räumlichkeiten aufgeteilt werden sollen und was für eine Lage er bevorzugen würde. Der Architekt setzt die Vorstellungen des Bauherrn in einen Bauplan des Hauses um.

In weiteren gemeinsamen Gesprächen klären der Architekt und der Bauherr alle Details des Bauplans und besprechen mögliche Veränderungen oder auch Einschränkungen am geplanten Haus. Vielleicht fiel dem Bauherrn in der Zwischenzeit ein, dass seine neue Garage doch für zehn und nicht, wie zunächst angenommen, für vier Autos ausgelegt sein sollte. Der Architekt stellt andererseits fest, dass ein Gebäude in der Größe der Cheops-Pyramide den verfügbaren Finanzrahmen sprengt.

Solche Überlegungen müssen zwingend vor dem Bau des Hauses erfolgen, um während der Bauphase bittere Enttäuschungen, Rückschläge und Verzögerungen der Fertigstellung zu vermeiden.

Nach den Abstimmungsgesprächen zwischen Bauherr und Architekt rückt die Planung der Realisierung in den Mittelpunkt der Überlegungen:

▶ Wie muss das Fundament gegossen werden, um das gesamte Haus tragen zu können?

▶ Welche Außenverklinkerung soll das Haus erhalten, welche Dachziegel, welche Fensterrahmen?

▶ Welche und wie viele Arbeiter, Arbeitsgeräte und Maschinen müssen wann und in welcher Menge verfügbar sein?

▶ Wie stellt man sicher, dass alle Bauarbeiten korrekt durchgeführt werden?

Solche und viele weitere Fragen sind ebenfalls vor Beginn der Bauphase zu klären.

Erst nachdem der Bauherr die Sicherheit erlangt hat, dass der Architekt alle seine Wünsche vollständig und korrekt erfasst und deren Umsetzung geplant hat, gibt er ihm grünes Licht, um mit den eigentlichen Bauarbeiten zu beginnen.

In der darauffolgenden Bauphase definieren die erstellten Baupläne präzise, welche Arbeiten in welcher Reihenfolge von den Bauarbeitern durchzuführen sind. Die Pläne dienen als Kommunikationsgrundlage zwischen dem Architekten und den Bauarbeitern, die bei den Architekturentscheidungen nicht dabei sein konnten.

1.2 Die Phasen bei der Softwareentwicklung

Eine sehr ähnliche Vorgehensweise ist auch in der Softwareentwicklung notwendig, um stabile und zuverlässige Softwaresysteme zu realisieren, die nicht an den Anwenderbedürfnissen vorbeizielen.

Die meisten Vorgehensmodelle zur Softwareentwicklung unterscheiden sechs grundlegende Phasen:

▶ Analyse

▶ Entwurf

▶ Implementierung

▶ Test

▶ Einsatz

▶ Wartung

1.2.1 Analyse

Während der Analyse werden die Wünsche und Vorstellungen des Auftraggebers (= Bauherr) und (falls verfügbar) der Endanwender (= Familie des Bauherrn) erfasst und modelliert.

Der Softwarearchitekt erörtert mit den oben angesprochenen Beteiligten in Interviews, was die gewünschte Software (= das Traumhaus) leisten und mit welchen weiteren Systemen sie interagieren soll (= die Lage des Traumhauses). Ebenfalls muss klargestellt werden, welche Anforderungen die neue Software nicht erfüllen kann (= Cheops-Pyramide).

1.2.2 Entwurf

In der Entwurfsphase nähert sich Ihr Projekt bereits der Implementierung, weshalb es zu klären gilt, *wie* das Softwaresystem realisiert werden soll. Dabei werden auch system- und architekturorientierte Fragen geklärt, wie z. B.:

- Welche Softwarearchitektur soll verwendet werden? Ist z. B. eine Datenbank einzusetzen (= Fundament)?
- Wie ist die Benutzungsoberfläche des Programms zu gestalten (= Klinker, Dachziegel, Fensterrahmen)?
- Welche Programmiersprachen und Entwicklungsumgebungen sollen verwendet werden? Welches Know-how müssen die Entwickler mitbringen, um das Vorhaben realisieren zu können? Wann und in welchem Umfang sind die Entwickler verfügbar (= Bauarbeiter, Arbeitsgeräte und Maschinen)?
- Welche Software-Qualitätssicherungsmaßnahmen sind einzusetzen (= Kontrolle der Bauarbeiten)?

Das aus dieser Phase entstandene Modell (= Bauplan) dient dem Softwarearchitekten als Kommunikationsgrundlage mit den Programmierern (= Bauarbeitern) und definiert präzise, welche Programmierarbeiten in welcher Reihenfolge durchzuführen sind. Erst nach seiner Erstellung kann die Implementierung des eigentlichen Quellcodes beginnen.

Insgesamt kann davon ausgegangen werden, dass mit der Größe des Projekts auch die Vorteile einer Analyse und eines Entwurfs unter Einsatz einer geeigneten Modellierungssprache überproportional steigen.

1.2.3 Implementierung und Dokumentation

In der Implementierungsphase wird der Quelltext der Software erstellt. Die UML-Modellierung aus der Analyse und dem Entwurf repräsentiert einen Systembauplan, der bei der Codegenerierung als Grundlage dient. Darüber hinaus wird UML von CASE-Werkzeugen (**C**omputer **A**ided **S**oftware **E**ngineering) verwendet, um den Quelltext der eingesetzten Programmiersprache automatisch per Codeengineering erzeugen zu lassen. Weil hierbei auch eine ausführliche Dokumentation erarbeitet werden muss, ist es besonders hilfreich, dass CASE-Werkzeuge Ihnen auch bei dieser Aufgabe tatkräftig unter die Arme greifen.

1.2.4 Test

Bevor die Software bei dem Kunden eingesetzt werden kann, muss überprüft werden, ob die fachlichen Anforderungen des Kunden realisiert worden sind. Auch hierbei sind die UML-Modelle, die in den vergangenen Phasen erstellt wurden, sehr nützlich, denn auf ihrer Grundlage kann durch Vergleich geprüft werden, ob die einzelnen Details der Anwendungsfälle vollständig in der Anwendung enthalten sind. Darüber hinaus muss die Software in der Testphase ausgiebig auf Bugs untersucht werden. Im geschäftskritischen Umfeld wird die Testphase in weitere Teststufen unterteilt, denn ein Test kann vielfältige Ziele verfolgen. Beispielsweise unterscheidet man zwischen einem Entwicklertest, Validierungstest, Komponententest, Systemtest, Abnahmetest usw.

1.2.5 Einsatz

Nach einer erfolgreichen Testphase wird die Software vom Kunden in Betrieb genommen. In der Regel muss die Software hierbei in eine Systemlandschaft integriert werden. Auch hierbei ist der Einsatz von UML nützlich, um bei der Migration mit zahlreichen Anwendungen, Datenbanken usw. den Überblick zu behalten.

1.2.6 Wartung und Pflege

Selbst nachdem eine Software vom Kunden abgenommen wurde, zeigen sich häufig Fehler, die im Nachhinein zu korrigieren sind. Aber nicht nur deshalb ist Software Veränderungen ausgesetzt. In den meisten Fällen keimen Erweiterungs- oder Änderungswünsche bei den Nutzern auf, die ein sorgfältig geplantes Änderungsmanagement erforderlich machen. Hierbei zeigt sich erneut, wie vorteilhaft das gewissenhafte Dokumentieren mit UML sein kann, denn die in den vergangenen Phasen eingepflegten Dokumente sorgen nun nicht nur für eine gute Übersicht, sondern auch für einen Einblick bis in einzelne Details des Systems.

1.3 Was ist die UML?

Die UML (*Unified Modeling Language*) definiert eine allgemein verwendbare Modellierungssprache (auch *Notation* genannt). Ihr Einsatzgebiet beschränkt sich nicht auf die Softwareentwicklung. Sie stellt Diagramme und Notationselemente (= einzelne Bestandteile der Diagramme) zur Verfügung, mit deren Hilfe sowohl statische als auch dynamische Aspekte beliebiger Anwendungsgebiete modelliert werden können.

Die wesentlichen Vorteile der Unified Modeling Language sind:

▶ **Eindeutigkeit**
Die Notationselemente besitzen eine präzise Semantik und sind von vielen Experten definiert und geprüft.

▶ **Verständlichkeit**
Die einfach gehaltenen Notationselemente visualisieren grafisch die Aspekte der modellierten Systeme und erleichtern damit das Verständnis.

Unterschiedliche Diagramme ermöglichen differenzierte Sichtweisen auf das zu modellierende System und betonen oder vernachlässigen bewusst seine Teilaspekte. Damit wird die Kommunikation aller an der Softwareentwicklung beteiligten Personen erleichtert und auf eine stabile Basis gestellt.

▶ **Ausdrucksstärke**
Die Ausschöpfung aller Möglichkeiten der verfügbaren Notationselemente erlaubt die nahezu vollständige Definition aller wichtigen Details eines Softwaresystems.

▶ **Standardisierung und Akzeptanz**
Weltweit ist die UML in der Softwarebranche im Einsatz. Der *Object Management Group* (OMG), die für die Spezifikation der UML verantwortlich ist, gehören mittlerweile mehr als 800 Unternehmen an.

▶ **Plattform- und Sprachunabhängigkeit**
Mit der UML können Sie Softwaresysteme für jede denkbare Plattform und Programmiersprache modellieren. Sie hat ihre Stärken in der objektorientierten Welt, kann aber ohne Weiteres auch für prozedurale Sprachen eingesetzt werden.

▶ **Unabhängigkeit von Vorgehensmodellen**
Die UML definiert mit ihren Diagrammen und Notationselementen »Werkzeuge«, um die Spezifizierung, Visualisierung und Dokumentation von Softwaresystemen zu erleichtern. Sie überlässt den Softwareentwicklern die Entscheidung, wie sie diese Werkzeuge am effizientesten nutzen.

1.4   Die Geschichte der UML

Um Ihnen einen ersten Eindruck von der UML zu vermitteln, stellt Abbildung 1.1 die Geschichte der UML als ein Zustandsdiagramm dar. Sie werden diese Diagrammart in Kapitel 10 kennenlernen (in Abbildung 1.1 werden der Einfachheit halber einige Details ausgeblendet, die das Diagramm erst vollständig machen würden, wie z. B. die Bezeichnungen der Transitionen zwischen den Zuständen). Mit der folgenden Darstellung der UML-Geschichte dürfte das Diagramm jedoch selbsterklärend sein und bereits die Verständlichkeit der UML im Ansatz demonstrieren:

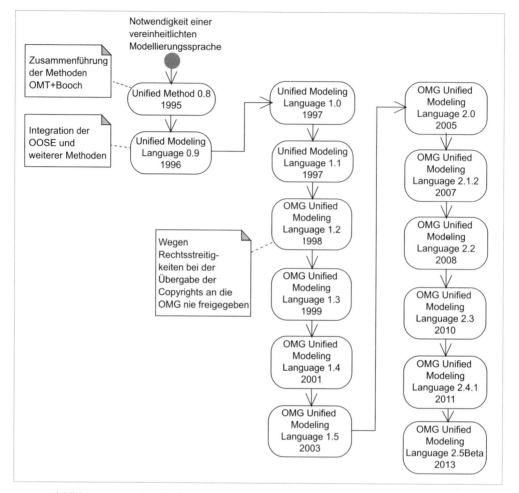

Abbildung 1.1 Die Geschichte der UML

Die Notwendigkeit der Modellierung von Softwaresystemen wurde bereits in der »Softwarekrise« in den 70er-Jahren erkannt, als die Entwicklung immer größerer und komplexerer Softwaresysteme zunehmend unbeherrschbar wurde. In den frühen 90er-Jahren standen sich viele inkompatible und teilweise widersprüchliche Notationen mit unterschiedlichen Notationselementen gegenüber. Die *Object Modeling Technique* (OMT) von James Rumbaugh, die Booch-Methode von Grady Booch, das *Object-Oriented Software Engineering* (OOSE) von Ivar Jacobson oder die *Object-Oriented Analysis* (OOA) von Peter Coad und Edward Yourdon sind nur einige Beispiele.

Diese Vielfalt erschwerte die Kommunikation zwischen Softwareentwicklern und machte die Entwicklung von CASE-Werkzeugen (Computer Aided Software Engineering) äußerst aufwendig.

Anfang der 90er-Jahre begannen Grady Booch und Jim Rumbaugh die Arbeit an einer vereinheitlichten Vorgehensmethode und Notation, damals noch unter dem Namen *Unified Method*.

1996 steuerte Ivar Jacobson OOSE bei, wonach zum ersten Mal die Bezeichnung UML (Unified Modeling Language) verwendet wurde. Ziel der Arbeit war es, die Stärken der vielen Notationen herauszukristallisieren und zu einer einzigen Modellierungssprache zu konsolidieren.

Schnell erkannten viele namhafte Unternehmen, z. B. Microsoft, Oracle, IBM oder Rational Software, die Vorteile einer einheitlichen Modellierungssprache und schlossen sich zu den *UML Partners* zusammen. Im Januar 1997 wurde die UML 1.0 als erste offizielle Version verabschiedet.

Um einen industrieweiten Standard zu schaffen, strebten die UML Partners eine Zertifizierung durch das Standardisierungsgremium OMG (Object Management Group) an. 1999 wurde die UML 1.3 zum ersten Mal von der OMG freigegeben.

Seitdem hat sich die UML ständig weiterentwickelt und weltweit in der Softwarebranche als Standard durchgesetzt. Die »drei Amigos« genannten Urväter Booch, Jacobson und Rumbaugh arbeiten nach wie vor an der Weiterentwicklung. Inzwischen sind jedoch beinahe alle bekannten Unternehmen der Softwarebranche in die Arbeit an der UML involviert und garantieren den hohen Standard und die Zukunftsfähigkeit der Modellierungssprache.

1.5   Von der UML 1.x zur UML 2.5

Bei der Betrachtung der Abbildung 1.1 ist Ihnen wahrscheinlich der Versionssprung von UML 1.5 auf 2.0 aufgefallen. Was hat die OMG bewogen, diesen großen Entwicklungsschritt durchzuführen?

Seit der Entwicklung von UML 1.0 hatten die nachfolgenden Versionen lediglich kleine »kosmetische« Änderungen erfahren. In der Zwischenzeit setzten sich neue Programmiersprachen (z. B. Java oder C#) immer weiter durch und verdrängten alte (z. B. C oder C++). Neue Anforderungen aufgrund immer weiterer Einsatzfelder der UML wurden sichtbar, z. B. der Ruf nach exakteren Modellierungsmöglichkeiten zeitlicher Aspekte. Alte Notationselemente entpuppten sich als zu nah an einer Programmiersprache entworfen (`friend`).

Durch das iterative Hinzufügen von Details wurde die UML zwar ständig mächtiger, jedoch immer weniger überschaubar und erlernbar. Die OMG hat dies erkannt und entschied sich, vollständig aufzuräumen und einen großen Schritt auf Version 2.0 zu machen. Man teilte die Definitionen der UML in zwei Dokumente auf, eines für die

Modellierung von Architektur, Profilen und Stereotypen (Infrastructure) und eines für statische und dynamische Modellelemente (Superstructure). Aus diesem Grund wurden einige Diagramme vollständig überarbeitet. Das Konzept hinter Aktivitätsdiagrammen (siehe Kapitel 9) wurde beispielsweise komplett verändert. Vollkommen neue Diagramme, z. B. das Timing-Diagramm (siehe Kapitel 13), wurden aufgenommen. Alte und bewährte Diagrammarten konnten fast ohne Modifikationen übernommen werden, beispielsweise die Anwendungsfalldiagramme (siehe Kapitel 8) oder die Klassendiagramme (siehe Kapitel 2). Die Definition der *Object Constraint Language* (OCL) und ein spezielles XML-Austauschformat wurden in weiteren Teilspezifikationen untergebracht. Mit der Version 2.2 der UML wurden weitere Profildiagramme (siehe Kapitel 15) in die UML-Spezifikation aufgenommen. Die UML 2.3 dehnte den Umfang der Spezifikation noch weiter aus, sodass die Spezifikation erneut aus den Fugen geriet. Viele Stimmen wurden laut, die die Größe und Komplexität der Spezifikation kritisierten. Deshalb versuchte man die Spezifikation zu vereinfachen. Dies gelang aber kaum. Stattdessen gelangten weitere Features in die neue Spezifikation. Beispielsweise führte die UML 2.4.1 URIs ein und ermöglichte ferner, dass Attribute als eindeutige Identifier gekennzeichnet werden können. Diese Neuerungen waren wichtig und mussten dringend hinzugefügt werden.

Für Version 2.5 entschied man sich, das Problem der exorbitanten Spezifikation aufs Neue anzugehen. Mit viel Aufwand wurde aus den zwei Teilen der Spezifikation ein neues, nur noch halb so umfangreiches und deutlich vereinfachtes Dokument. Dafür wurde auf vieles verzichtet, was sich im Laufe der Zeit als irrelevant erwiesen hatte. Beispielsweise definierte die UML vor 2.5 unterschiedliche Konformitätslevel L0, L1, L2 und L3, die ein CASE-Tool-Hersteller anstreben kann. Weil dies aber in der Praxis nicht genutzt wurde, besteht seit Version 2.5 nur noch ein einziger Konformitätslevel. Es ist zwar erlaubt, dass ein CASE-Tool nur eine Untermenge der Notationen oder der Metamodelle einsetzt, aber dies muss der Hersteller mit einem expliziten Hinweis anzeigen. Ansonsten ist ein CASE-Tool von jetzt an entweder UML-konform oder eben nicht. Darüber hinaus konnte sehr viel Text eingespart werden, indem alle redundanten Informationen ganz einfach entfernt wurden.

Insgesamt erschuf die OMG eine neue UML, die kürzer und konsistenter als all ihre Vorgänger geworden ist. Die inhaltlichen Änderungen der UML-Version 2.5 gegenüber der Vorgängerversion 2.4.1 sind hingegen marginal. So haben sich auch die Diagramme nur sehr wenig verändert. Für Sie als Anwender ist es daher von Bedeutung, dass die UML-Diagramme, die auf Basis älterer UML-Versionen modelliert wurden, nach wie vor valide sind.

1.6   Diagramme der UML 2.5

Im neu strukturierten Spezifikationsdokument der Version 2.5 fällt auf, dass es die UML-Elemente nicht UML-Diagrammen, sondern den Modellierungsarten zuordnet. Dabei werden grundsätzlich folgende Modellierungsarten unterschieden:

▸ Strukturmodellierung
(*Structural Modeling*)

▸ Verhaltensmodellierung
(*Behavioral Modeling*)

▸ Ergänzungsmodellierung
(*Supplemental Modeling*)

Auf diese Weise verdeutlicht die OMG, dass die Benutzung vieler UML-Elemente nicht auf ein bestimmtes UML-Diagramm beschränkt ist.

Bei den Elementen der Strukturmodellierung handelt es sich beispielsweise um Klassen, Assoziationen, Pakete, Komponenten usw.

Bei der Verhaltensmodellierung werden die Elemente für die Zustandsmaschinen, die Aktivitäten und die Interaktionen gezeigt.

Zuletzt erfolgt die Ergänzungsmodellierung, die mithilfe von Anwendungsfällen, Deployments und Informationsflüssen zusätzliche Möglichkeiten bietet, um das System in den jeweiligen Projektphasen modellieren zu können.

Der Anhang der Spezifikation geht schließlich erneut auf eine Unterteilung von UML-Diagrammen ein. Allerdings taucht dort eine andere, nämlich die in der Praxis übliche Sortierung auf. Um in diesem Buch eine klare Linie vorzugeben, die auch in der alltäglichen Arbeit gängig ist, wurden die Kapitel dieses Buches dieser Sortierung entsprechend strukturiert.

An dieser Stelle finden Sie zunächst eine Übersicht der UML-Diagramme (siehe Abbildung 1.2), bevor deren Einzelheiten in den folgenden Kapiteln behandelt werden.

Zur Gruppe der **Strukturdiagramme** gehören:

▸ **Klassendiagramm**
Ein Klassendiagramm (engl. *Class Diagram*) beinhaltet die statischen Strukturbestandteile eines Systems, deren Eigenschaften und Beziehungen. Es fungiert als eine Art allgemeiner Bauplan für Objekte (siehe Abbildung 1.3). Details zu Klassendiagrammen finden Sie in Kapitel 2.

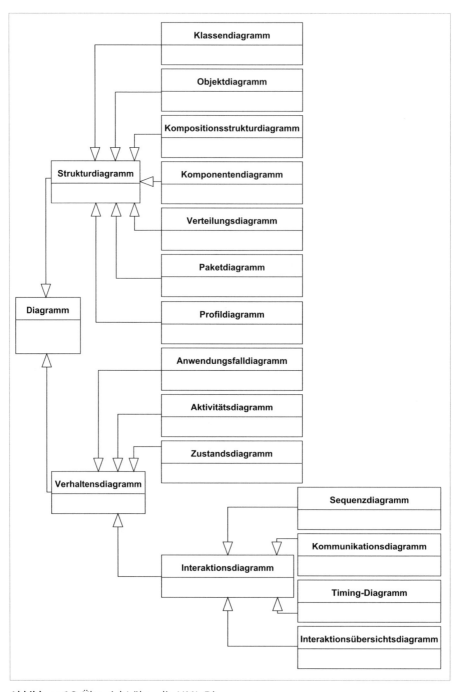

Abbildung 1.2 Übersicht über die UML-Diagramme

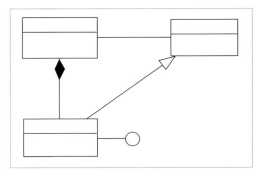

Abbildung 1.3 Klassendiagramm

▶ **Objektdiagramm**

Ein Objektdiagramm (engl. *Object Diagram*) stellt eine Momentaufnahme der Objekte eines Systems dar, die nach dem Bauplan eines Klassendiagramms gebildet wurden. Kapitel 3 behandelt alle wichtigen Aspekte von Objektdiagrammen.

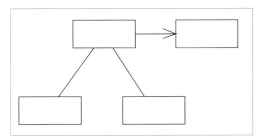

Abbildung 1.4 Objektdiagramm

▶ **Kompositionsstrukturdiagramm**

Ein Kompositionsstrukturdiagramm (engl. *Composite Structure Diagram*, siehe Kapitel 4) beschreibt die interne Struktur einer Komponente und deren Interaktionspunkte zu weiteren Komponenten des Systems.

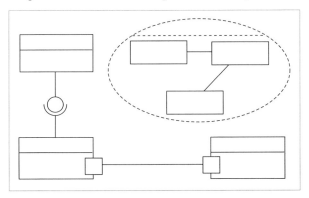

Abbildung 1.5 Kompositionsstrukturdiagramm

▶ Komponentendiagramm

Dieses Diagramm zeigt die Organisation und Abhängigkeiten der Komponenten. Komponentendiagramme (engl. *Component Diagrams*) sind das Thema von Kapitel 5.

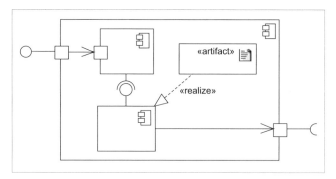

Abbildung 1.6 Komponentendiagramm

▶ Verteilungsdiagramm

Ein Verteilungsdiagramm (engl. *Deployment Diagram*, siehe Kapitel 6) definiert die Architektur eines verteilten Systems, wie sie zur Laufzeit vorgefunden wird. Die Definition beschränkt sich nicht auf Software-Umgebungen, sondern umfasst auch Hardware und Kommunikationswege.

Abbildung 1.7 Verteilungsdiagramm

▶ Paketdiagramm

Das Thema von Kapitel 7 sind Paketdiagramme (engl. *Package Diagrams*), die UML-Elemente in Pakete organisieren.

Abbildung 1.8 Paketdiagramm

► **Profildiagramm**

Profildiagramme (engl. *Profile Diagrams*) stellen einen leichtgewichtigen Mechanismus dar, mit dem die UML erweitert werden kann. Da sämtliche UML-Metaklassen erweitert werden können, werden Profildiagramme erst in Kapitel 15 behandelt, nachdem Sie alle wichtigen UML-Elemente kennengelernt haben.

Abbildung 1.9 Profildiagramm

Verhaltensdiagramme sind:

► **Anwendungsfalldiagramm**

Ein Anwendungsfalldiagramm zeigt die Beziehungen zwischen Akteuren und den Anwendungsfällen. Anwendungsfälle stellen eine Menge von Aktionen dar, die ein Akteur während der Interaktion mit einem System abrufen kann. Umfangreiche Informationen zu Anwendungsfalldiagrammen (engl. *Use Case Diagrams*) finden Sie in Kapitel 8.

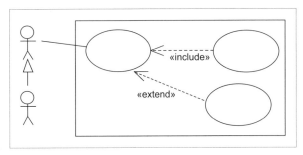

Abbildung 1.10 Anwendungsfalldiagramm

► **Aktivitätsdiagramm**

Aktivitätsdiagramme (engl. *Activity Diagrams*, siehe Kapitel 9) beschreiben das Verhalten einer Klasse oder Komponente. Sie bedienen sich dabei eines Kontroll- und Datenflussmodells.

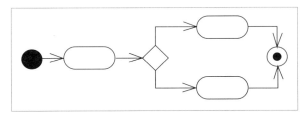

Abbildung 1.11 Aktivitätsdiagramm

▶ **Zustandsdiagramm**

Die möglichen Zustände, Zustandsübergänge, Ereignisse und Aktionen im »Leben«
eines Systems werden in einem Zustandsdiagramm (engl. *State Machine Diagram*,
siehe Kapitel 10) modelliert. Zustandsdiagramme basieren auf dem Konzept der
deterministischen endlichen Automaten.

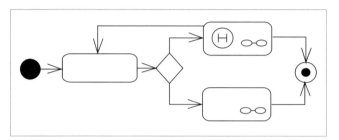

Abbildung 1.12 Zustandsdiagramm

Die folgenden Verhaltensdiagramme werden unter der Bezeichnung **Interaktionsdiagramme** (engl. *Interaction Diagrams*) zusammengefasst:

▶ **Sequenzdiagramm**

Sequenzdiagramme (engl. *Sequence Diagrams*, siehe Kapitel 11) definieren Interaktionen zwischen Objekten, wobei sie sich auf den Nachrichtenfluss konzentrieren.
Sie zeigen den zeitlichen Ablauf der Nachrichten, beinhalten jedoch keine Informationen über Beziehungen der Objekte.

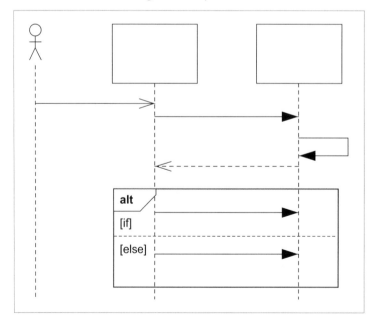

Abbildung 1.13 Sequenzdiagramm

▶ **Kommunikationsdiagramm**

Ein Kommunikationsdiagramm (engl. *Communication Diagram*, siehe Kapitel 12) beschreibt die Interaktion zwischen Objekten. Im Gegensatz zum Sequenzdiagramm setzt es den Fokus auf die Kommunikationsbeziehungen der Objekte während einer Interaktion.

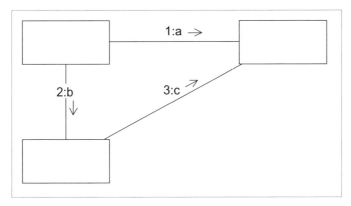

Abbildung 1.14 Kommunikationsdiagramm

▶ **Timing-Diagramm**

Timing-Diagramme zeigen die Zustandswechsel von Objekten innerhalb einer Zeitspanne als Antworten auf eintreffende Ereignisse. Kapitel 13 enthält alle Details zu Timing-Diagrammen (engl. *Timing Diagrams*).

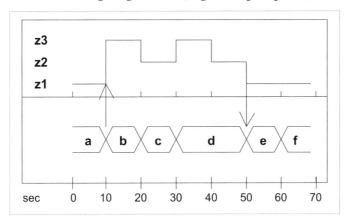

Abbildung 1.15 Timing-Diagramm

▶ **Interaktionsübersichtsdiagramm**

Beim Interaktionsübersichtsdiagramm handelt es sich um eine Diagrammart, die den Kontrollfluss zwischen Interaktionen mithilfe der Notationselemente von Aktivitätsdiagrammen beschreibt. Die einzelnen Kontrollflussknoten können vollständige Interaktionsdiagramme repräsentieren. Kapitel 14 befasst sich mit den Feinheiten von Interaktionsübersichtsdiagrammen (engl. *Interaction Overview Diagrams*).

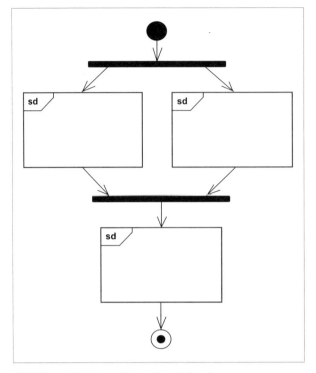

Abbildung 1.16 Interaktionsübersichtsdiagramm

Nach dieser ersten Übersicht behandeln die folgenden Kapitel die einzelnen Diagramme und deren Notationselemente im Detail. Die gerade vorgestellte Gruppierung der Diagramme spiegelt sich dabei in der Reihenfolge der Kapitel wider.

1.7 Realisierung in Java und C#

Wir zeigen zu jedem Diagramm beispielhaft eine Realisierung in Java und in C#.

Für Codebeispiele in C#, die der Java-Version besonders ähnlich sind, haben wir angenommen, dass ein Abdruck im Buch keinen Vorteil bringt, und bieten sie ausschließlich zum Download an.

Hinweis: Codebeispiele herunterladen

Alle Codebeispiele zum Buch finden Sie unter *www.rheinwerk-verlag.de/4546/*. Scrollen Sie etwas herunter bis zu den »Materialien zum Buch«.

Die Programmiersprachen, auch die objektorientierten, sind unterschiedlich mit Sprachmitteln ausgestattet, was mal eine sehr direkte Umsetzung ermöglicht, mal ein etwas kreativeres Design erfordert. So bietet Java z. B. keine Möglichkeit, für die Parameter eines Konstruktors Vorgabewerte zu definieren, wie es das Objektdiagramm in Abschnitt 3.3.1 modelliert. Einen Weg, dies zu lösen, zeigen und erläutern wir im Listing zum Diagramm.

Natürlich gibt es nicht *die* eine Lösung bei der Implementierung eines Modells.

In der Programmiersprache C# in der Version 7, wie sie hier verwendet wird, gibt es zum Beispiel mehrere Möglichkeiten, Attribute und Methoden zu definieren. Hier wurde dem Compiler viel sogenannter *Syntactic Sugar* mitgegeben, der es dem Entwickler erlaubt, ohne viel Aufwand und ohne unübersichtlichen Code zu erzeugen, Vereinfachungen zu nutzen.

Bei den Beispielen in C#, die diesem Buch beiliegen, wurden diese Möglichkeiten genutzt, insofern es für die Programmierpraxis sinnvoll erschien. Damit weicht der Code zuweilen von den UML-Diagrammen im strikten Sinne ab.

Als Beispiel seien hier die automatischen Properties genannt, die es erlauben, ohne öffentliche Attribute auszukommen, sodass Sie den Code später ändern können, ohne dass abhängige Assemblies neu kompiliert werden müssten. Dadurch sind die Beispiele näher an dem, was heute in der professionellen Softwareentwicklung in C# verwendet wird.

Außerdem folgen die C#-Beispiele bei der Groß- und Kleinschreibung den Konventionen von Microsoft. Zwar weichen diese von den Konventionen in Java und von denen in den UML-Diagrammen ab (die denen von Java folgen), das führt aber aller Voraussicht nach nicht zu Missverständnissen.

Wenn es für den Leser nötig wird, dass die UML-Diagramme exakt mit dem Code übereinstimmen, sei hier auf die Möglichkeit der »Stereotypen« hingewiesen, mit denen z. B. Methoden als »csharp properties« markiert werden können.

TEIL I

Strukturdiagramme

Die Gruppe der Strukturdiagramme modelliert die statischen, zeitunabhängigen Elemente eines Systems. Der folgende Abschnitt stellt ihre einzelnen Diagrammarten vor (Abbildung auf der Rückseite). Lediglich Profildiagramme werden aufgrund ihres Metamodellierungscharakters in Kapitel 15 behandelt.

Abbildung Diagrammstruktur der UML

Kapitel 2
Klassendiagramm

*Das Klassendiagramm modelliert die statischen Elemente eines
Systems, ihre Eigenschaften und Beziehungen zueinander.*

2.1 Anwendungsbereiche

Klassendiagramme (engl. *Class Diagram*s) stellen das zentrale Konzept der UML dar
und sind aus der heutigen objektorientierten Softwareentwicklung nicht mehr wegzudenken. Sie zeigen die statischen Bestandteile und Attribute von Systemen und
welche Beziehungen sie untereinander einnehmen können. Bis auf die Definition
von Operationen der Klassen werden jegliche dynamischen Aspekte außer Acht ge-
lassen.

Klassendiagramme werden üblicherweise in den ersten beiden Phasen *Analyse* und
Entwurf erstellt, können jedoch auch während der Phasen *Implementierung*, *Test* und
Einsatz gewinnbringend verwendet werden:

▶ **Analyse**
Die in dieser Phase entworfenen Klassendiagramme enthalten die aus der Sicht
der Anwender bzw. der Auftraggeber relevanten Bestandteile des Systems und
verwenden nur wenige Notationselemente. Sie sind bewusst einfach gehalten, um
mit den Anwendern oder Auftraggebern über die Korrektheit und Vollständigkeit
der Klassendiagramme diskutieren zu können.

Wollten Sie beispielsweise ein Restaurant und seine Einrichtung entwerfen, würden Sie in dieser Phase z. B. die Spülmaschine als Ganzes modellieren und weniger
den Aufbau ihrer Elektromotoren.

▶ **Entwurf**
In der Entwurfsphase werden sogenannte **logische** Klassendiagramme verwendet,
die interne Strukturen eines Systems aufzeigen.

Dies könnten beispielsweise die oben erwähnten Elektromotoren der Spülmaschine sein. Sie sind für den Endanwender meist irrelevant, besitzen jedoch intern
eine fundamentale Bedeutung.

Bei einem Softwaresystem modelliert man in der Entwurfsphase Klassen, die in
der nachfolgenden Implementationsphase tatsächlich realisiert werden. Klassen-

diagramme bieten ebenfalls eine gute Möglichkeit, Datenmodelle für die Implementierung in Datenbanken zu spezifizieren.

Die in der Entwurfsphase modellierten Klassendiagramme sind im Vergleich zu denjenigen aus der Analysephase viel detailreicher und schöpfen die Mächtigkeit der verfügbaren Notationselemente voll aus.

▶ **Implementierung**
In der Implementierungsphase werden die Klassen aus der Entwurfsphase in Programmcode der jeweiligen Zielprogrammiersprache umgesetzt. Die modellierten Klassendiagramme stellen daher vor allem bei verteilter Softwareentwicklung eine enorm wichtige Grundlage des Systems dar und helfen bei der Kommunikation zwischen Softwarearchitekten und Programmierern.

▶ **Test**
In der Testphase können die Klassendiagramme als Referenz verwendet werden. Die Vollständigkeit und Korrektheit der Implementierung kann gegen sie geprüft werden.

▶ **Einsatz, Wartung und Pflege**
Während des Einsatzes, aber vor allem bei der Wartung und der Pflege eines Systems bieten Klassendiagramme eine schnelle Möglichkeit, sich eine Übersicht über das vorhandene Softwaresystem zu verschaffen, ohne tagelang den Programmcode durchsuchen zu müssen.

In diesem Abschnitt lernen Sie Klassendiagramme der UML 2.5 kennen. Gleichzeitig werden anhand der vorgestellten Notationselemente die zentralen Konzepte der objektorientierten Softwareentwicklung vorgestellt.

2.2 Übersicht

Abbildung 2.1 zeigt und benennt alle wichtigen Notationselemente von Klassendiagrammen.

Lassen Sie sich nicht von der Anzahl der Notationselemente abschrecken. Auf den folgenden Seiten werden Sie alles Wichtige über ihre Bedeutung und Verwendung erfahren.

Am Ende des Kapitels kommen wir noch einmal zu diesem Diagramm zurück. Sie werden sehen, dass Sie dieses auf den ersten Blick komplexe Klassendiagramm mit Leichtigkeit lesen und verstehen werden.

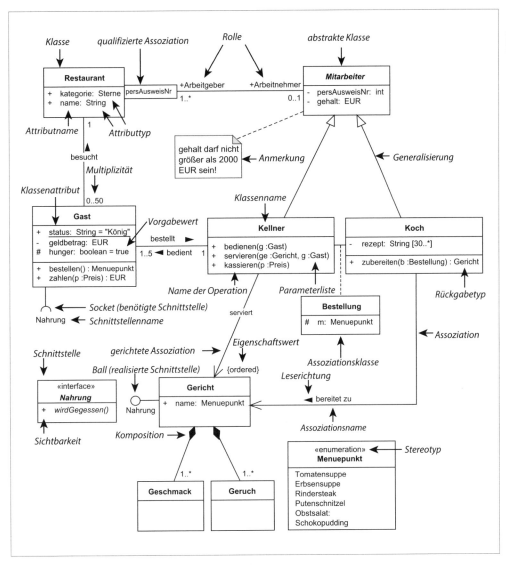

Abbildung 2.1 Notationselemente von Klassendiagrammen

2.3 Notationselemente

2.3.1 Klasse

Beschreibung

Eine **Klasse** (engl. *Class*) beschreibt eine Art **Bauplan für Objekte** mit der gleichen Struktur (Attribute) und dem gleichen Verhalten (Operationen).

Obwohl sich dieses Kapitel mit Klassen und Klassendiagrammen befasst und die Objekte und Objektdiagramme in Kapitel 3 behandelt werden, soll der Unterschied zwischen einer Klasse und einem Objekt bereits an dieser Stelle verdeutlicht werden:

> Als **Instanzen** oder **Ausprägungen** einer Klasse werden die nach ihrem Bauplan erstellten **Objekte** bezeichnet. Die **Erstellung eines Objekts** nach dem **Bauplan einer Klasse** nennt man **Instanziierung**.

Noch deutlicher wird es mit einem Beispiel aus der realen Welt. Beispielsweise stellt ein vom Architekten erstellter Bauplan die Klasse eines Gebäudes dar. Die tatsächlich nach diesem Bauplan erbauten Gebäude werden dagegen als Objekte der Klasse bezeichnet.

Das Einfamilienhaus der Familie Müller und das Einfamilienhaus der Familie Schmidt sind Objekte, die aus dem gleichen Bauplan erstellt sein können. In der Objektorientierung spricht man davon, dass die Objekte des gleichen Typs bzw. aus der gleichen Klasse erzeugt sind.

Bei einer Software für ein Restaurant wäre der Bauplan für ein Einfamilienhaus kaum dienlich. Dort bräuchte man eher Klassen wie beispielsweise Restaurant, Tisch, Stuhl, Kellner, Koch, Bestellung, Vorspeise, Hauptgericht, Dessert oder Menü. Und auch ein Gast könnte als Klasse nützlich sein.

Das Notationselement für eine Klasse besteht im einfachsten Fall aus einem rechteckigen Kasten und dem Namen der Klasse.

Abbildung 2.2 Die einfachste Darstellung einer Klasse

Lediglich der Klassenname muss angegeben werden und innerhalb eines Namensraums eindeutig sein (Details zu Namensräumen finden Sie in Kapitel 7). Die UML definiert keine Einschränkungen bezüglich der Namensgebung. Gewisse Sonderzeichen sind allerdings in manchen Programmiersprachen als Klassennamen nicht zugelassen. Es empfiehlt sich, Klassennamen mit einem Großbuchstaben zu beginnen und den Rest des Namens auf Buchstaben (keine Umlaute) und Zahlen zu beschränken.

Realisierung in Java und C#

Die Deklaration einer Klasse erfolgt sowohl in Java als auch in C# mit dem Schlüsselwort `class`:

```
class Gast
{
}
```

Listing 2.1 /beispiele/java/kap2/kap_2_3_1/Gast.java und /beispiele/c#/kap2/kap_2_3_1/ Gast.cs (Download der Beispiele: www.rheinwerk-verlag.de/4546)

Selbstverständlich handelt es sich bei der obigen Klasse Gast um ein sehr triviales Exemplar eines Datentyps. Normalerweise zeichnen sich Klassen vor allem durch ihre Eigenschaften aus. Der Fachbegriff lautet *Attribute*. Genauso wichtig sind die Funktionen, die sie durchführen können. Auch hierbei verwendet die UML-Spezifikation einen speziellen Fachbegriff, nämlich *Operationen*.

Um auch die Attribute und die Operationen anzuzeigen, wird das Notationselement einer Klasse um zwei weitere Abschnitte erweitert: eines für die Attribute und eines für die Operationen. Auf diese beiden Abschnitte gehen wir in den nun folgenden Unterkapiteln ein.

2.3.2   Attribut

Abbildung 2.3 Attribute einer Klasse

Beschreibung

Attribute (engl. *Attributes*) stellen **strukturelle Eigenschaften** einer Klasse dar.

Man unterscheidet zwei Arten von Attributen:

▶ **Instanzattribute** definieren den Zustand von aus dieser Klasse gebildeten Objekten zur Laufzeit. Für jedes Objekt wird das jeweilige Attribut bei der Instanziierung separat erzeugt.

▶ **Klassenattribute** sind für alle Objekte der Klasse nur genau einmal und unabhängig von der Instanziierung von Objekten vorhanden. Sie werden im Unterschied zu Instanzattributen unterstrichen dargestellt.

Attribute können folgende Bestandteile enthalten (eckige Klammern bedeuten »optional«):

[Sichtbarkeit] [/] Name [:Typ] [Multiplizität] [=Vorgabewert] [{Eigenschaft}]

▶ **Sichtbarkeit**

Die Sichtbarkeit definiert, welche externen Klassen auf das jeweilige Attribut lesend und schreibend zugreifen können. Sie wird durch eines der folgenden Symbole dargestellt:

▶ +

public (öffentlich): Ein öffentliches Attribut ist für alle Klassen sichtbar.

▶ #

protected (geschützt): Geschützte Attribute sind nur für Klassen sichtbar, die sich in der Vererbungshierarchie unterhalb der besitzenden Klasse befinden. Details über Vererbung finden Sie in Abschnitt 2.3.12.

▶ -

private (privat): Private Attribute sind nur in der Klasse selbst sichtbar.

▶ ~

package (Paket): Das Attribut ist nur für Klassen sichtbar, die sich in demselben Paket befinden wie die besitzende Klasse. Paketdiagramme werden in Kapitel 7 behandelt.

Obwohl die Angabe der Sichtbarkeit optional ist, definiert die UML keinen Vorgabewert und überlässt dies den Programmiersprachen. Java und C# definieren beispielsweise die Sichtbarkeit *package* als Default.

▶ **/**

Der Schrägstrich spezifiziert, dass das Attribut aus anderen Werten berechnet (abgeleitet) werden kann. Es braucht somit nicht separat gespeichert zu werden. Beispielsweise braucht das Attribut `freundeEinladen` nicht gespeichert zu werden, denn dies soll vom `geldbetrag` abhängen (`geldbetrag > MIN`).

▶ **Name**

Der Name ist der einzige nicht optionale Bestandteil einer Attributspezifikation. UML definiert keine Einschränkungen für Namen, sodass prinzipiell alle verfügbaren Buchstaben und Sonderzeichen verwendet werden können. Aufgrund der Beschränkungen der meisten Programmiersprachen empfiehlt es sich jedoch, die Namen mit einem Kleinbuchstaben zu beginnen (keine Umlaute) und auf jegliche Sonderzeichen außer dem Unterstrich (_) und dem Bindestrich zu verzichten (Zahlen sind akzeptabel).

Üblicherweise verwendet man für Attributnamen Substantive (`status`, `geld`, `groesse`, `alter` usw.).

▶ **:Typ**

Will man den Typ des Attributs definieren, muss dem Namen ein Doppelpunkt folgen. Jeder Datentyp kann als Typ verwendet werden, z. B. `boolean`, `char`, `int`, `String`, `Gericht`, `Menuepunkt` oder `Gast`.

▶ **Multiplizität**

Die Anzahl der Elemente einer Datenreihe wird mit der Multiplizität spezifiziert. Sie wird in eckigen Klammern dargestellt, ähnlich der Definition von Arrays in den meisten Programmiersprachen.

Die Angabe besteht aus den Bestandteilen `[UntereGrenze..ObereGrenze]`. Die untere Grenze definiert die minimale Anzahl der Elemente. Die obere Grenze spezifiziert dementsprechend die maximale Anzahl. Verzichtet man auf die Angabe der unteren oder oberen Grenze, definiert man eine genaue Anzahl der Elemente. Ein paar Beispiele sollten die Verwendung der Multiplizität verdeutlichen:

> ▶ `[1]`
>
> Es darf nur genau ein Element dieses Attributs zur Laufzeit existieren. Dies ist der Standardwert, falls man auf die Angabe der Multiplizität verzichtet.

> ▶ `[1..2]`
>
> Nur ein oder zwei Elemente sind erlaubt.

> ▶ `[1..*]`
>
> Mindestens ein Element (ohne Obergrenze) ist gefordert.

> ▶ `[0..*]` oder `[*]`
>
> Beliebig viele Elemente sind erlaubt.

▶ **=Vorgabewert**

Der Vorgabewert definiert den Wert, den das Attribut unmittelbar nach der Instanziierung annimmt, und muss dem Typ des Attributs entsprechen. Ist der Typ `boolean`, darf beispielsweise als Vorgabewert nur `true` oder `false` verwendet werden.

Die Vorgabewerte von mengenwertigen Attributen (= Multiplizität größer als 1) werden zwischen geschweiften Klammern angegeben, z. B. {1, 2, 3, 4, 5}.

▶ **{Eigenschaft}**

Die in geschweifte Klammern gesetzte Eigenschaft spezifiziert besondere Merkmale des Attributs. Sie können beliebige Eigenschaften selbst definieren, die UML schlägt jedoch einige vor:

> ▶ **{id}**
>
> Wer sich mit relationalen Datenbanken auskennt, dem ist auch bekannt, dass eine Datenbanktabelle über spezielle Felder für Primär- und/oder Fremdschlüssel verfügen sollte, damit ein Datensatz eindeutig identifiziert werden kann. Auch in der Welt der UML können solche Felder angelegt werden. Hierfür gibt

man dem Attribut die Eigenschaft id. Wenn mehrere Attribute als Bestandteil eines zusammengesetzten Schlüssels zählen, versieht man jedes dieser Attribute mit dieser Eigenschaft.

▶ **{readOnly}**

Mit readOnly markieren Sie Attribute, deren Werte nach der Initialisierung nicht verändert werden können.

▶ **{subsets ⟨Attributname⟩}**

Die zugelassenen Attributwerte sind eine Teilmenge der zugelassenen Attributwerte des in Attributname angegebenen Attributs.

▶ **{union}**

Gegenteil von subsets: vereinigt alle Attributwerte, die mit subsets spezifiziert wurden. Abbildung 2.4 verdeutlicht den Unterschied zwischen union und subsets.

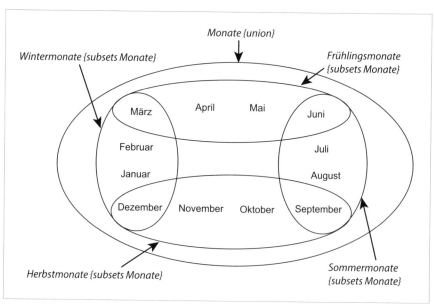

Abbildung 2.4 Unterschied zwischen {subsets} und {union}

▶ **{redefines ⟨Attributname⟩}**

Diese Eigenschaft definiert, dass das zugehörige Attribut eine Attributdefinition aus seiner Oberklasse überschreibt. Er ist nur im Zusammenhang mit der Vererbung sinnvoll einsetzbar. Das Konzept der Vererbung wird in Abschnitt 2.3.12 behandelt.

▶ **{ordered}**

Mit ordered spezifizieren Sie, dass die Attributwerte geordnet sein müssen. Ein spezieller Attributwert darf dabei nur genau einmal vorkommen.

▶ **{seq} oder {sequence}**
Attributwerte dürfen mehrmals vorkommen, müssen aber geordnet sein.

▶ **{unique}**
Attributwerte enthalten keine Duplikate, d. h., jeder Attributwert kommt maximal einmal vor.

▶ **{nonunique}**
Die Attributwerte dürfen mehrmals vorkommen und müssen keine Reihenfolge aufweisen.

▶ **{composite}**
Mit composite wird definiert, dass das Attribut sich aus seinen einzelnen Werten zu einer Gesamtheit zusammensetzt. Das Attribut ist für die Erzeugung und Zerstörung seiner eigenen Werte selbst verantwortlich. Im Grunde wird mit dieser Eigenschaft eine Kompositionsbeziehung modelliert, die Sie in Abschnitt 2.3.10 genauer kennenlernen werden.

Verwendung

Attribute ordnen ihrer Klasse Eigenschaften zu. Obwohl Klassen beliebig viele Attribute enthalten können, stellen sie in einem Modell immer ein vereinfachtes und unvollständiges Abbild der Realität dar. Es empfiehlt sich, nur diejenigen Attribute zu modellieren, die für das Verständnis der Klasse im aktuellen Modell notwendig sind.

Realisierung in Java

Das folgende Programm demonstriert die Implementation der Klasse Gast aus Abbildung 2.3 in Java:

```
class Gast
{
  public static final double MIN = 200.0; ❶
  public static String status = "König";
  private double geldbetrag;
  boolean hunger;
  protected String[] freunde;
  public char[] alphabet;

  public boolean freundeEinladen() { ❷
      return geldbetrag > MIN;
  };
  public Gast() { ❸
    freunde = new String[10];
    alphabet = new char[26];
```

```
      hunger = true;  ❹
      freunde[0] = new String();
      for (int i = 0; i < 26; i++)
        alphabet[i] = (char) ('a' + i);
  }
}
```

Listing 2.2 /beispiele/java/kap2/kap_2_3_2/Gast.java

❶ An oberster Stelle haben wir eine Konstante mit dem Namen MIN definiert, die den Mindestbetrag darstellt, den ein Gast für die Einladung von Freunden benötigt. Konstanten sind globale (public) und unveränderbare (final) Klassenattribute (static). Als Klassenattribut wird die Konstante bereits bei ihrer Deklaration mit einem Vorgabewert (200.0 Euro) belegt. Die gängige Konvention verlangt, dass Konstanten durchweg in Großbuchstaben geschrieben werden.

Das Klassenattribut status benötigen wir, weil *jeder* Gast von seinem Wert her ein "König" ist. Wird bei einem Attribut, in diesem Beispiel hunger, keine Sichtbarkeit im Programmcode spezifiziert, nimmt Java automatisch package an.

❷ Das Attribut freundeEinladen wird im Klassendiagramm als abgeleitet definiert (/). Im dargestellten Programmcode wird daher eine Operation angeboten, die den zur Verfügung stehenden geldbetrag mit der Konstanten MIN vergleicht. Wenn der Geldbetrag größer als der MIN-Betrag ist, gibt die Operation true zurück.

❸ Der Konstruktor wird bei der Instanziierung einer Klasse ausgeführt. Er belegt hier die Attribute mit Vorgabewerten und setzt durch Anlegen entsprechender Felder die Anforderungen an die Multiplizitäten der Attribute freunde und alphabet um. Mithilfe des new-Operators werden Objekte nach dem Bauplan von Klassen erzeugt.

❹ Die Attribute werden mit den spezifizierten Vorgabewerten belegt.

Realisierung in C#

```
class Gast
{
  public static readonly double MIN = 200.0;  ❶
  public static string Status = "König";
  private double Geldbetrag;
  private bool Hunger = true;
  protected string[] Freunde = new string[10];
  public char[] Alphabet = new char[26];

  public bool FreundeEinladen => Geldbetrag > MIN;  ❷
```

```
public Gast()  ❸
{
    for (int i = 0; i < 26; i++)
        Alphabet[i] = (char)('a' + i);
}
}
```

Listing 2.3 /beispiele/c#/kap2/kap_2_3_2/Kap_2_3_2.cs

❶ Anders als in Java erfolgt die Markierung der Konstanten MIN als {readOnly} UML-konform durch das Schlüsselwort readonly.

Die Anforderungen an die Vorgabewerte und Multiplizitäten der Attribute können in C# bei der Definition der Attribute mitgegeben werden. In diesem Beispiel werden öffentliche Attribute verwendet. Eine Praxisempfehlung ist, auf diese zu verzichten und stattdessen automatische Properties zu verwenden.

❷ Auch in der C#-Implementierung kann das abgeleitete Attribut als Operation angeboten werden. In C# ist es angebracht, Lambda-Ausdrücke für abgeleitete Attribute zu verwenden.

❸ Mithilfe des Konstruktors werden die Anforderungen an die Vorgabewerte und Multiplizitäten der Attribute umgesetzt. Da die Attribute schon bei der Definition gesetzt werden, bleibt im Konstruktor das char-Array Alphabet zu füllen.

2.3.3 Operation

Abbildung 2.5 Operationen einer Klasse

Beschreibung

> **Operationen** (engl. *Operations*) spezifizieren die von einer Klasse angebotenen **Dienstleistungen.**

Wie bei Attributen unterscheidet man auf der einen Seite **Instanzoperationen**, die in **jeder Instanz** einer Klasse separat verfügbar sind und Zugriff auf die jeweiligen Instanzvariablen haben. Auf der anderen Seite gibt es **Klassenoperationen**, die für **alle Instanzen** nur einmal verfügbar sind, und zwar bereits bevor die erste Instanz erzeugt wurde. Sie können nur auf die Klassenvariablen zugreifen und werden wie Klassenattribute unterstrichen dargestellt.

Die Definition einer Operation setzt sich aus folgenden Bestandteilen zusammen (eckige Klammern bedeuten »optional«):

[Sichtbarkeit] Name ([Parameter-Liste]) [:Rückgabetyp] [Multiplizität] [{Eigenschaft}]

▶ Sichtbarkeit

Die Sichtbarkeit definiert die Zugriffsberechtigungen auf die Operation. Die Sichtbarkeitsstufen entsprechen denen eines Attributs (siehe Abschnitt 2.3.2).

▶ Name

Der Name unterliegt aus der Sicht der UML keinerlei Einschränkungen. Die meisten Programmiersprachen folgen ihren eigenen Namenskonventionen. Beispielsweise besagt die Konvention der Programmiersprache Java, dass der Bezeichner einer Operation mit einem kleinen Buchstaben beginnen sollte. Außerdem ist es empfehlenswert, die verwendeten Buchstaben, Ziffern und Sonderzeichen auf dieselbe Menge wie bei Attributen einzuschränken (siehe Abschnitt 2.3.2).

▶ Parameter-Liste

Es handelt sich hierbei um eine kommagetrennte Liste von Parametern. Jeder Parameter hat den folgenden Aufbau:

[Übergabemodus] Name :Typ[Multiplizität][=Vorgabewert] [{Eigenschaft}]

 ▶ Übergabemodus

 Es können drei Modi angegeben werden:

 – in

 Der Parameter darf von der Operation *nur gelesen* werden. Verzichtet man auf die Angabe, wird in als Übergabemodus angenommen.

 – out

 Der Parameter darf von der Operation nicht gelesen, sondern nur geschrieben werden. Er wird faktisch als reiner Rückgabewert verwendet. Die UML definiert auch den Übergabemodus return, der jedoch mit out synonym ist.

– inout

Die Operation liest und schreibt den Parameter. Dieser Übergabemodus wird verwendet, falls ein übergebener Wert verändert und wieder zurückgegeben werden soll.

► **Name**

Der Name des Parameters muss innerhalb der Operation eindeutig sein. Ansonsten unterliegt er seitens der UML keinerlei Einschränkungen, wobei wieder die gleichen Empfehlungen wie für Operationsnamen gelten.

► **:Typ**

Der Typ des Parameters muss angegeben werden. Es kann jeder beliebige Datentyp verwendet werden, sodass auch Klassen, d. h. selbst definierte Datentypen, zulässig sind.

► **Multiplizität**

Bei Datenreihen legt die Multiplizität die Anzahl der Elemente fest. Sie wird wie bei den Attributen (siehe Abschnitt 2.3.2) innerhalb von eckigen Klammern definiert (beispielsweise [1..*]). Wird keine Multiplizität definiert, kann nur genau ein Exemplar übergeben werden.

► **=Vorgabewert**

Mit der Angabe eines Vorgabewertes wird der Wert spezifiziert, den der Parameter in der Operation annimmt, wenn kein Wert übergeben wurde.

► **{Eigenschaft}**

Eine Eigenschaft weist dem Parameter spezielle Merkmale zu. Die verfügbaren Eigenschaften sind in Abschnitt 2.3.2 beschrieben.

► **:Rückgabetyp**

Der Typ des Wertes, der von der Operation zurückgeliefert wird. Hier können ebenfalls beliebige Datentypen, also auch selbst definierte Klassen verwendet werden. Fehlt die Angabe eines Rückgabetyps, wird void (= »leer«, »kein Rückgabewert«) angenommen.

► **Multiplizität**

Die Anzahl der Elemente des Rückgabetyps wird mit der Multiplizität definiert. Die Multiplizität wird wie in Abschnitt 2.3.2 beschrieben in eckigen Klammern definiert (z. B. [0..10]). Wird keine Multiplizität angegeben, gibt die Operation genau ein Exemplar des Rückgabetyps zurück.

► **{Eigenschaft}**

Mit der Eigenschaft können spezielle Merkmale des Rückgabetyps spezifiziert werden. Sie wurden bereits in Abschnitt 2.3.2 beschrieben.

Verwendung

Operationen definieren die dynamischen Aspekte einer Klasse. Sie beschreiben ihre Fähigkeiten, auf Anfragen von außerhalb reagieren zu können. Ebenso kann eine Klasse interne Operationen beinhalten, die nur von ihr selbst ausgeführt werden dürfen.

Häufig soll eine Klasse ihre Attribute nach außen hin sichtbar und veränderbar machen, ohne jedoch die Kontrolle darüber zu verlieren, welche Werte das Attribut annimmt, wie es durch den direkten Zugriff auf ein als public deklariertes Attribut geschehen würde.

In solchen Fällen deklariert man das betreffende Attribut als private oder protected und stellt sogenannte getter- und setter-Operationen bereit. Einerseits wird damit das Lesen (get) eines privaten Attributs ermöglicht. Andererseits kann die Setz-Operation (set) den Wert kontrollieren, die das Attribut annimmt. Beispielsweise macht der Wert 32 für den Tag eines Monats keinen Sinn und kann von der set-Operation abgelehnt werden.

Hinweis

Es ist durchaus erlaubt, mehrere unterschiedliche Operationen mit demselben Namen zu definieren, sofern sie sich in ihrer Parameter-Liste unterscheiden. Dieses Konzept bezeichnet man als **Überladung**.

Als Unterscheidungsmerkmale werden die Typen der Parameter und deren Anzahl betrachtet. Typen von Parametern mit Vorgabewerten und Rückgabetypen gehören nicht dazu. Zur Veranschaulichung werden folgende Methoden verwendet:

Gast
+ bestellt(menuepunkt: Menuepunkt): Gericht + bestellt(nummer: int): Gericht

Abbildung 2.6 Überladene Operationen

Die Klasse Gast modelliert zwei verschiedene gleichnamige Operationen. Es ist leicht einzusehen, dass es sich dabei um unterschiedliche Implementierungen handelt.

Die aufzurufende Operation wird anhand der übergebenen Parameter identifiziert. Der Aufruf

```
bestellt(menuepunkt)
```

ruft automatisch die Operation auf, die einen Menüpunkt als Parameter erwartet.

Realisierung in Java

Als Grundlage des Beispiels wird wieder die Klasse Gast verwendet. Der folgende Java-Programmcode implementiert die Operationen der Klasse:

```
class Gast
{

  [...] ❶
  public void setGeldbetrag(double geldbetrag) ❷
  {
    if(geldbetrag > 0)
      this.geldbetrag = geldbetrag;
  }

  public double getGeldbetrag()
  {
    return this.geldbetrag;
  }

  public static String getMINAsString() ❸
  {
    return  "Mindestgeldbetrag: " + MIN;
  }
  public void setFreund(final String freund, int pos) ❹
  {
    if(pos <= 9 && pos >= 0)
      freunde[pos] = freund;
  }

  protected void getBesterFreund(StringBuffer freund) ❺
  {
    freund.append(freunde[0]);
  }
  public String[] getFreunde() ❻
  {
    return freunde;
  }

  public String getAlphabet(int start, int end) ❼
  {
    StringBuffer temp = new StringBuffer();
    for(int i=start-1; i<alphabet.length && i<end; i++)
      temp.append(alphabet[i]);
```

```
      return temp.toString();
   }

   public Gericht bestellt(Menuepunkt menuepunkt) ❽
   {
      Koch koch = new Koch();
      Gericht gericht = koch.kocht(menuepunkt);
      return gericht;
   }

   public Gericht bestellt(int nummer)
   {
      Menuepunkt menuepunkt = new Menuepunkt(nummer);
      Koch koch = new Koch();
      Gericht gericht = koch.kocht(menuepunkt);
      return gericht;
   }

   public double zahlt(double d) ❾
   {
      return 0.0;
   }
}
```

Listing 2.4 /beispiele/java/kap2/kap_2_3_3/Gast.java

❶ Die Attributdeklarationen wurden ausgeblendet, weil sie bereits erläutert wurden.

❷ Für das private Attribut geldbetrag werden get- und set-Operationen bereitgestellt. Die set-Operation stellt beispielsweise sicher, dass der geldbetrag stets positiv bleibt.

❸ Klassenoperationen werden in Java durch das Schlüsselwort static gekennzeichnet und können nur auf Klassenattribute zugreifen, in diesem Beispiel auf MIN.

❹ Die Operation setFreund demonstriert die Implementation eines in-Parameters in Java. Das Schlüsselwort final markiert den Parameter freund als nicht mehr veränderbar.

❺ Die Realisierung eines out-Parameters vom Datentyp String ist in Java nicht möglich. Java definiert den Datentyp String nach seiner Instanziierung als statisch und unveränderbar. Als Ersatz wird daher an dieser Stelle der dynamische StringBuffer verwendet.

Java unterscheidet zwei Arten von Datentypen:

▶ **Primitive Datentypen**
   Es handelt sich dabei z. B. um int, float oder double. Primitive Datentypen wer-

den in Java *per Value* übergeben. Das bedeutet, dass an der Schnittstelle der Operation nur eine Kopie der Variable übergeben wird und nicht die Variable selbst. Der Wert der Variable kann somit zwar gelesen werden, seine Änderung hat jedoch keine Auswirkung auf die ursprüngliche Variable. Daraus folgt, dass bei primitiven Datentypen nur der Übergabemodus in möglich ist.

▶ Referenz-Datentypen
Alle Ausprägungen von Klassen werden in Java an den Schnittstellen der Operationen *per Referenz* übergeben. Vereinfacht bedeutet dies, dass tatsächlich die Variable selbst in der Operation verfügbar ist und deren Wert somit gelesen und verändert werden kann (inout-Übergabemodus).

Für die Verwendung eines reinen out-Parameters wird in Java kein Schlüsselwort angeboten. Der lesende Zugriff kann somit nicht ausgeschlossen werden.

❻ Den Rückgabetyp von getFreunde definiert die Klasse Gast als ein Array von Strings. Die Korrektheit der Multiplizitäten wird bereits im Konstruktor der Klasse sichergestellt (siehe Abschnitt 2.3.2), sodass an dieser Stelle einfach das freunde-Array zurückgegeben werden kann.

❼ Es wird ein StringBuffer erzeugt, der den gewünschten Ausschnitt des Alphabets enthält. Vor der Rückgabe erfolgt eine Konvertierung in den nach außen geforderten Datentyp String.

Der Rückgabewert der Operation getAlphabet muss der Definition aus Abbildung 2.5 zufolge geordnet ({ordered}) sein. Da auch das Attribut der Klasse alphabet geordnet sein muss, braucht der Rückgabewert nicht zusätzlich sortiert zu werden.

❽ Für das Bestellen werden zwei überladene Operationen angeboten, denn der Gast soll bei einer der Operationen auch einfach nur die Nummer des Menuepunkts nennen können. Hieraus erstellt die Operation zunächst den Menuepunkt, um ihn anschließend an den Koch weiterzuleiten.

❾ Die Methode zahlt() setzt die Begleichung der Rechnung um. Zur Vereinfachung wurde auf eine Ausprogrammierung verzichtet. Dem Gast wird standardmäßig 0.0 Euro Restgeld übergeben.

Realisierung in C#

```
class Gast
{

    [...] ❶

    private double _Geldbetrag; ❷
    public double GeldBetrag
    {
        Get => this._Geldbetrag;
```

```
        set
        {
            if (value > 0)
                this._Geldbetrag = value;
        }
    }

    public static String GetMINAsString() ❸
        => $"Minimum um Freunde einzuladen: EUR {MIN}";

    public void SetFreund(string freund, int pos) ❹
    {
        if (pos >= 0 && pos <= 9)
            Freunde[pos] = freund;
    }

    protected void GetBesterFreund(out string freund) ❺
    {
        freund = Freunde[0];
    }

    public string[] Freunde { get; protected set; }  = new string[10]; ❻

    public String GetAlphabet(int start, int end) ❼
    {
      StringBuilder temp = new StringBuilder();
      for (int i = start - 1; i < Alphabet.Length && i < end; i++)
          temp.Append(Alphabet[i]);
      return temp.ToString();
    }

    public Gericht Bestellt(Menuepunkt menuepunkt) ❽
    {
      Koch koch = new Koch();
      Gericht gericht = koch.Kocht(menuepunkt);
      return gericht;
    }

    public Gericht Bestellt(int nummer)
    {
      Menuepunkt menuepunkt = new Menuepunkt(nummer);
      Koch koch = new Koch();
```

```
  Gericht gericht = koch.Kocht(menuepunkt);
  return gericht;
}

public double Zahlt(double d) => 0.0; ❾
}
```

Listing 2.5 /beispiele/c#/kap2/kap_2_3_3/Kap_2_3_3.cs

❶ Die Attribute wurden bereits in Abschnitt 2.3.2 implementiert.

Das Attribut »Freunde« wird in Abschnitt ❻ als Property neu definiert.

❷ Die get- und set-Operationen für das Attribut Geldbetrag werden bereitgestellt. In C# wird dies üblicherweise über ein Property abgebildet anstatt in separaten Methoden.

Es gibt für C# keine einheitliche Konvention für die Schreibweise der privaten Felder, die für Properties genutzt werden. Hier wurde der Konvention gefolgt, diese mit »_« + Property-Namen zu bezeichnen.

❸ Klassenoperationen werden in C# wie auch in Java mit dem Schlüsselwort static markiert.

❹ Auch C# unterscheidet zwischen **Referenz-Datentypen** und **Wert-Datentypen**.

Wert-Datentypen (z. B. int, float, bool), die nicht mit speziellen Schlüsselwörtern markiert sind, werden *per Value* übergeben. Sie sind damit lesbar, Wertveränderungen haben jedoch außerhalb der Operation keine Auswirkung. Dadurch wird der in-Übergabemodus eingehalten.

Ausprägungen von C#-Klassen werden als **Referenz-Datentypen** immer *per Referenz* übergeben. C# stellt kein Schlüsselwort bereit, um sie als nur lesbar (in) zu deklarieren.

Bemerkung: Zuweilen ist es gewünscht, dass einmal definierte Referenz-Datentypen nicht geändert werden können. Um das zu erreichen, werden in C# Properties mit Settern verwendet, die z. B. als *private* markiert sind und dann im Konstruktor genutzt werden, um übergebene Werte festzulegen.

Die Klasse string ist auch in C# nach ihrer Initialisierung nicht mehr veränderbar, weshalb der in-Übergabemodus an dieser Stelle eingehalten wird.

❺ Die Sicherstellung des reinen Schreibzugriffs erfolgt in C# mit dem Schlüsselwort out, wodurch es möglich wird, eine nicht initialisierte Variable zu übergeben, die erst in der Operation instanziiert und mit einem Wert belegt wird.

Auch für inout-Parameter hält C# einen Schlüsselbegriff parat. Mit dem Schlüsselwort ref werden Parameter markiert, die sowohl gelesen als auch verändert werden können. Daher muss ein ref-Parameter beim Operationsaufruf immer mit einer gültigen Variablen belegt werden.

In der C#-Programmierpraxis wäre hier wieder ein Lambda-Ausdruck die bessere Lösung, um ein ähnliches Resultat zu erreichen:

```
public string BesterFreund => Freunde[0];
```

❻ Die Rückgabe eines mengenwertigen Attributs ist auch in C# nicht sonderlich kompliziert. Hier wurde wieder ein automatisches Property verwendet, welches für set einen einschränkenden Zugriffsmodifizierer – hier protected – verwendet.

❼ Die Klasse string realisiert wie in Java eine »unmutable« Zeichenfolge, d. h. eine Zeichenfolge, die nach ihrer Initialisierung nicht mehr veränderbar ist. Daher wird an dieser Stelle der StringBuilder verwendet.

Aufgrund der bereits bestehenden Sortierung des Attributs Alphabet braucht auch an dieser Stelle kein zusätzlicher Aufwand getrieben zu werden, um die Eigenschaft {ordered} des Rückgabetyps zu erfüllen.

Bemerkung: In C# wäre es alternativ möglich, Erweiterungen aus dem System.Linq-Namespace zu verwenden, um das Alphabet-Array zu sortieren und dann mit der Join Methode der String-Klasse die sortierten Werte aneinanderzuhängen:

```
var sortedAlphabet = Alphabet.OrderBy(c => c);
string temp = string.Join("", sortedAlphabet);
```

❽/❾ Die Operationen für das Bestellen und Zahlen gleichen den Operationen mit der Programmiersprache Java.

2.3.4 Binäre Assoziation

Abbildung 2.7 Assoziation

Beschreibung

Eine **binäre Assoziation** (engl. *Binary Association*) spezifiziert eine semantische **Beziehung zwischen zwei Klassen.**

Das Klassendiagramm aus Abbildung 2.7 besagt, dass sowohl ein Gast als auch ein Restaurant sich in diesem Modell »kennen« und somit interagieren können. »Interagieren« bedeutet in diesem Zusammenhang den gegenseitigen Aufruf bereitgestellter Operationen oder den Austausch von Signalen.

Eine Assoziation kann folgende optionale Bestandteile beinhalten:

▶ **Assoziationsname** und **Leserichtung**
Der Assoziationsname und die Leserichtung verfeinern die Spezifikation der Beziehung.

Abbildung 2.8 Assoziation mit Namensangabe und Leserichtung

Abbildung 2.8 definiert, dass es Gäste gibt, die Restaurants besuchen. Andererseits gibt es Restaurants, die von Gästen besucht werden.

▶ **Multiplizität**
Die zusätzlich anzugebenden Multiplizitäten verraten, wie viele Gäste wie viele Restaurants besuchen.

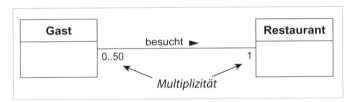

Abbildung 2.9 Assoziation mit Multiplizitätsangabe

Damit kann die Assoziation in Abbildung 2.9 wie folgt gelesen werden:

▶ **Ein** Gast besucht (zu einem Zeitpunkt) genau **ein** Restaurant.

▶ **Ein** Restaurant wird (zu einem Zeitpunkt) von **keinem bis fünfzig** Gästen besucht.

▶ Rolle
Die Bezeichnung »Rolle« kann durchaus mit einer Schauspielrolle verglichen werden. Dieselbe Klasse kann an mehreren Assoziationen teilnehmen. Sie schlüpft dabei, ähnlich einem Schauspieler, in unterschiedliche Rollen und zeigt unterschiedliche »Gesichter«.

Rollen können alle Bestandteile eines Attributs enthalten (Sichtbarkeit, Name, Eigenschaftswerte, siehe Abschnitt 2.3.2).

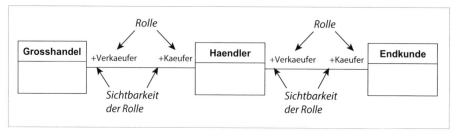

Abbildung 2.10 Assoziationen mit Rollenangaben

In Abbildung 2.10 schlüpft die Klasse Haendler in zwei unterschiedliche Rollen. Dem Grosshandel gegenüber tritt sie als ein Kaeufer auf. Dem Endkunden gegenüber präsentiert sie sich jedoch als ein Verkaeufer.

▸ **Eigenschaft**
Wie auch den Attributen (siehe Abschnitt 2.3.2) können den Assoziationsenden zusätzliche Eigenschaften zugeordnet werden. Sie werden am Assoziationsende einer Klasse notiert und gelten nur für diese Klasse.

Die Eigenschaften der Assoziationsenden tragen eine von den Eigenschaften der Attribute leicht abweichende Semantik:

▸ **{subsets <Assoziationsende>}**
Besagt, dass das Assoziationsende eine Teilmenge eines anderen <Assoziationsende> darstellt.

▸ **{union}**
Gegenteil von {subsets}: Das Assoziationsende ist die Vereinigungsmenge aller seiner subsets-Assoziationsenden.

▸ **{redefines <Assoziationsende>}**
Das Assoziationsende definiert ein anderes Assoziationsende neu.

▸ **{ordered}**
Zeigt an, dass das Assoziationsende auf einen Satz geordneter Objekte zeigt. Dasselbe Objekt darf nur einmal an der Assoziation teilnehmen.

Abbildung 2.11 Assoziation mit Eigenschaft

Das Klassendiagramm aus Abbildung 2.11 definiert, dass Kellner Gerichte in einer bestimmten Reihenfolge servieren. Jeder Gast würde wohl auch überrascht sein, sein Dessert vor der Hauptspeise zu erhalten.

- ▶ {nonunique}
  Das Assoziationsende erlaubt, dass an seinem Ende dasselbe Objekt mehrmals erscheint.

- ▶ {sequence} oder {seq}
  Das Assoziationsende zeigt auf eine Menge von Objekten, die zwar geordnet sind, jedoch mehrmals erscheinen können.

▶ **Einschränkung**

Die mit XOR-spezifizierte Einschränkung besagt, dass die beteiligten Klassen nur jeweils an einer der spezifizierten Assoziationen gleichzeitig teilnehmen dürfen.

Abbildung 2.12 Einschränkung von Assoziationen

Abbildung 2.12 beinhaltet drei Klassen: Koch, Gast und Gericht. Koch und Gericht sind durch die Assoziation Produktion verbunden, Gast und Gericht durch die Assoziation Verbrauch.

Bei der Produktion erzeugt der Koch als Produzent ein Gericht als Produktionsgut.

Während des Verbrauchs wird dasselbe Gericht zum Verbrauchsgut und vom Gast als Verbraucher konsumiert.

Die XOR-Einschränkung zwischen den Assoziationen spezifiziert, dass Produktion und Verbrauch nicht gleichzeitig stattfinden dürfen.

▶ **Navigierbarkeit**

Wird eine Assoziation mit der Angabe einer Navigierbarkeit versehen, so spricht man von einer **gerichteten Assoziation**. Die UML definiert drei Arten von Navigierbarkeit, die jeweils an den Enden einer Assoziation angebracht werden können:

- ▶ *Navigierbar*
  Ein navigierbares Assoziationsende schreibt der Klasse die Kenntnis ihres Assoziationspartners vor (= der Klasse am anderen Assoziationsende).

- ▶ *Nicht navigierbar*
  Ein nicht navigierbares Assoziationsende verbietet der Klasse, ihren Assoziationspartner zu kennen.

▶ *Unspezifiziert*

Ein unspezifiziertes Assoziationsende macht keine zwingende Aussage über die Kenntnis der Klassen untereinander. In der Praxis wird damit jedoch zumeist die Erlaubnis ausgedrückt, dass sich die Assoziationspartner kennen dürfen.

Die folgenden Beispiele verdeutlichen die Unterschiede zwischen den Navigierbarkeiten:

▶ Die **bidirektionale Navigierbarkeit** erlaubt, dass sich beide Klassen kennen dürfen. Die Instanzen beider Klassen können damit in beide Richtungen miteinander interagieren (z. B. gegenseitig Operationen aufrufen).

Abbildung 2.13 Bidirektionale Navigierbarkeit

Abbildung 2.13 definiert, dass die Ehepartner sich gegenseitig kennen und miteinander interagieren sollten.

▶ Ein **Verbot der Navigierbarkeit** untersagt jegliche Kenntnis der beteiligten Klassen voneinander. Keine der Instanzen einer Klasse kann damit eine Operation der Instanzen ihres Assoziationspartners aufrufen.

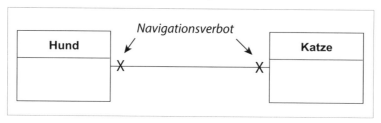

Abbildung 2.14 Verbot der Navigierbarkeit

Das beiderseitige Navigationsverbot wird in Fällen verwendet, in denen zwar logisch eine Beziehung zwischen den Assoziationspartnern besteht, sie jedoch trotzdem voneinander keinerlei Kenntnis besitzen sollen. Effektiv wird damit auf die Assoziation in ihrem eigentlichen Sinn verzichtet.

Abbildung 2.14 verdeutlicht die allgemein bekannte Tatsache, dass eine Interaktion zwischen Hund und Katze nicht empfehlenswert ist, was ich als Besitzer eines Schäferhundes durchaus bestätigen kann.

▶ Mit der **unspezifizierten Navigierbarkeit** verzichtet man darauf, einen Zwang oder ein Verbot der Navigierbarkeit auszusprechen. Die Navigation von einer Klasse zur anderen ist somit erlaubt, aber nicht zwingend notwendig.

Abbildung 2.15 Unspezifizierte Navigierbarkeit

Eltern sollten die Lehrer ihrer Kinder zwar kennen. Ebenfalls sollten Lehrer die Eltern ihrer Schüler kennen. Vorgeschrieben ist dies jedoch nicht.

▶ Die **unidirektionale Navigierbarkeit** erlaubt die Navigation nur in eine Richtung.

Abbildung 2.16 Unidirektionale Navigierbarkeit

Abbildung 2.16 modelliert eine bei Auktionen häufig angetroffene Situation, in der ein vermögender Telefonbieter bei der Ersteigerung von nicht ganz preiswerten Gütern unerkannt bleiben möchte.

▶ Die Navigierbarkeit kann auch **nur teilweise spezifiziert** werden.

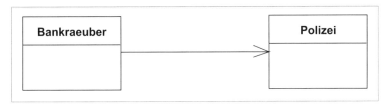

Abbildung 2.17 Teilweise Spezifikation der Navigierbarkeit

Wie in Abbildung 2.17 spezifiziert ist, kennt der Bankraeuber zwar die Polizei. Aus seiner Sicht kann er sich jedoch unglücklicherweise nicht sicher sein, ob er der Polizei unbekannt ist.

▶ **Besitzanzeige**

Die UML erlaubt es, die Besitzanzeige eines Navigationsendes mithilfe eines Punktes am gegenüberliegenden Ende einer Assoziation zu betonen (siehe Abbildung 2.18).

In Abbildung 2.18 spezifiziert der Punkt am Ende der Assoziation, dass ein Gericht als Verbrauchsgut einem Gast gehört.

Abbildung 2.18 Besitzanzeige

Verwendung

Ohne Assoziationen ist ein Klassendiagramm nur eine zusammenhanglose Ansammlung von Klassen. Erst durch die Modellierung der Assoziationen werden die Klassen zu einer funktionierenden Einheit.

Die folgenden Hinweise helfen Ihnen bei der Modellierung von Assoziationen:

▶ Klassen, die miteinander interagieren (sich kennen) müssen, um in der Gesamtheit die gewünschten Dienstleistungen zu erbringen, müssen durch Assoziationen verbunden werden.

▶ Die Interaktionen zwischen Klassen sollten durch Assoziationsnamen benannt werden.

▶ Das Verhältnis der Klassen während dieser Interaktionen wird durch die Rollenbezeichnungen definiert.

▶ Die Multiplizitäten legen fest, wie viele der aus den Klassen erzeugten Objekte miteinander interagieren müssen (dürfen).

Erliegen Sie nicht der Versuchung, mit Assoziationen Interaktionssequenzen zu modellieren, wie:

▶ Klasse A ruft die Operation der Klasse B auf.

▶ Daraufhin antwortet Klasse B usw.

Assoziationen modellieren nur die Tatsache, *dass* die Klassen miteinander interagieren müssen. Für die Beantwortung des *Wie* bietet die UML eigenständige Interaktionsdiagramme, die in Kapitel 11 bis 14 behandelt werden.

Realisierung in Java

Abbildung 2.19 Beispiel für eine Assoziationsdefinition

Als Vorgabe für die Umsetzung wird das Klassendiagramm aus Abbildung 2.19 verwendet. Der folgende Java-Programmcode implementiert die Assoziation besucht:

```
class Gast
{
  public Restaurant gastgeber; ❶
  public Gast(Restaurant r) ❷
  {
    gastgeber = r;
  }
}
class Restaurant
{
  public Gast[] kunde; ❸
  public Restaurant()
  {
    kunde = new Gast[50]; ❹
  }
}
```

Listing 2.6 /beispiele/java/kap2/kap_2_3_4/Gast.java & Restaurant.java

❶ Das Assoziationsende auf der Restaurant-Seite wird zu einem Attribut in der Klasse Gast. Die definierte Sichtbarkeit (+) wird als public implementiert. Die Rollenbezeichnung spiegelt sich im Namen des Attributs wider (gastgeber).

❷ Dem Konstruktor der Klasse wird ein Restaurant als gastgeber übergeben. Streng genommen wird an dieser Stelle eine Ausprägung einer Assoziation und damit ein Link instanziiert. Details zu Links erfahren Sie in Abschnitt 2.3.2.

❸ Das Assoziationsende auf der Gast-Seite wird entsprechend als ein Attribut der Klasse Restaurant implementiert. Aufgrund einer Multiplizität von bis zu 50 wird ein Array von Gästen angelegt.

❹ Im Konstruktor der Klasse wird das Array auf die spezifizierte maximale Anzahl von 50 Gästen beschränkt.

Realisierung in C#

Die Realisierung der Assoziationen erfolgt in C# auf ähnliche Art wie in Java. Den vollständigen Beispielcode finden Sie im Ordner *beispiele/c#/kap_2_3_4*.

Wir haben hier wieder ein in der Praxis empfohlenes automatisches Property mit Zugriffsmodifizierer verwendet anstelle des öffentlichen Attributs. Dies erlaubt uns, das Attribut für Konsumenten der Klasse unveränderbar zu machen – natürlich nur das Array an sich, aber nicht die Inhalte.

Außerdem erfolgt die Initialisierung bei der Definition des Properties:

```
public Gast[] Kunde { get; private set; } = new Gast[50];
```

2.3.5 Reflexive Assoziation

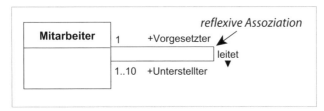

Abbildung 2.20 Reflexive Assoziation

Beschreibung

Reflexive Assoziationen sind **Assoziationen** von Klassen **mit sich selbst**.

Abbildung 2.20 zeigt eine Klasse `Mitarbeiter`, die eine solche reflexive Assoziation besitzt. Das Klassendiagramm definiert, dass ein `Mitarbeiter` ein `Vorgesetzter` von einem bis zehn anderen `Mitarbeitern` ist, die er `leitet`.

Die Assoziation kann auch in der umgekehrten Richtung gelesen werden. Ein `Mitarbeiter` wird in seiner Rolle als `Unterstellter` von genau einem `Vorgesetzten` geleitet.

Verwendung

Reflexive Assoziationen weisen keinerlei Unterschiede zu den bereits vorgestellten Assoziationen auf, außer dass ihre Quell- und Zielklasse identisch sind. Sie können daher alle vorgestellten Elemente der Assoziation verwenden.

Reflexive Assoziationen ermöglichen eine sehr elegante Art, Beziehungen zu modellieren, ohne dabei die logische Klassenstruktur ändern zu müssen. Würde die UML

beispielsweise keine reflexiven Assoziationen erlauben, müsste die Klasse `Mitarbei-`
`ter` in die zwei Klassen `Vorgesetzter` und `Unterstellter` aufgeteilt werden, um die
korrekte Beziehung darzustellen.

Realisierung in Java

```
class Mitarbeiter
{
  public Mitarbeiter vorgesetzter; ❶
  public Mitarbeiter[] unterstellter; ❷
}
```

Listing 2.7 /beispiele/java/kap2/kap_2_3_5/Mitarbeiter.java

❶ In der Klasse `Mitarbeiter` wird ein Attribut des Typs `Mitarbeiter` angelegt und seiner Rolle entsprechend `vorgesetzter` genannt.

❷ Bis auf die Multiplizität wird das Attribut `unterstellter` auf dieselbe Art deklariert.
Die Sicherstellung der korrekten Multiplizitäten würde im Konstruktor der Klasse
erfolgen.

Realisierung in C#

In C# werden reflexive Assoziationen nach demselben Prinzip wie in Java umgesetzt
(siehe */beispiele/c#/kap2/kap_2_3_5/Kap_2_3_5.cs*).

2.3.6   N-äre Assoziation

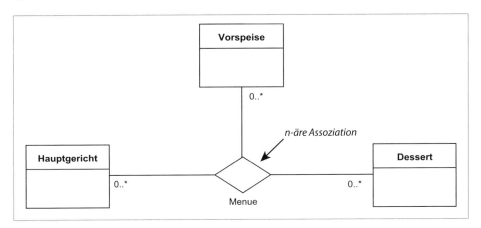

Abbildung 2.21 n-äre Assoziation zwischen Klassen

Beschreibung

> Eine **n-äre Assoziation** (engl. *n-ary Association*) beschreibt allgemein **eine Beziehung zwischen n Klassen.**

Die bereits vorgestellten binären Assoziationen (zwei Enden) stellen einen Sonderfall der allgemeinen n-ären Assoziationen dar, die eine beliebige Anzahl an Assoziationsenden aufweisen können (drei Enden: ternär, vier Enden: quaternär usw.).

N-äre Assoziationen werden durch eine Raute angedeutet, an der der Assoziationsname notiert wird. Bis auf die Angaben der Navigierbarkeit werden alle Elemente einer binären Assoziation unterstützt.

Abbildung 2.21 verdeutlicht, dass zwischen Vorspeisen, Hauptgerichten und Desserts eine Beziehung namens Menue besteht. Die Angaben der Multiplizitäten definieren die Anzahl der Kombinationen zwischen jeweils einem Objekt der Klasse an einem Ende der Assoziation und einer festen Kombination der Objekte an den anderen Enden der Assoziation.

Für das Beispiel aus Abbildung 2.21 bedeutet dies, dass es Kombinationen zwischen Vorspeisen, Hauptgerichten und Desserts gibt, die ein Menu bilden (genauer gesagt: in einer Beziehung namens Menu stehen). Ein italienisches Menu könnte beispielsweise Tomaten mit Mozarella als Vorspeise, Pizza als Hauptgericht und Tiramisu als Dessert umfassen.

Die untere Grenze der Multiplizitäten ist bei n-ären Assoziationen üblicherweise 0. Würde man beispielsweise beim Hauptgericht die Multiplizität mit 1..* angeben, hätte das zur Folge, dass es für jede Kombination aus Vorspeisen und Desserts mindestens ein Hauptgericht geben müsste, das daraus ein Menu macht.

Verwendung

Assoziationen mit mehr als einem Ende verdeutlichen, dass geeignete Kombinationen von mehr als zwei Klassen sich »kennen« müssen, um gleichzeitig an einer Interaktion teilnehmen zu können. Dies kann in der Realität durchaus häufig auftreten.

In einem Modell, das die Realität vereinfacht, ist dies jedoch relativ selten. Sollten Assoziationen mit sogar mehr als drei Enden in Ihrem Modell benötigt werden, wäre vielleicht eine Überprüfung sinnvoll, ob sich die Beziehungen der Klassen nicht vereinfachen lassen.

Realisierung in Java

Weder Java noch C# unterstützen das Konzept einer n-ären Assoziation direkt. Daher muss diese in binäre Assoziationen umgewandelt werden, was auf die folgende Art geschehen kann (siehe Abbildung 2.22).

Die ternäre Assoziation Menue wird in Abbildung 2.22 in eine eigenständige Klasse Menue umgewandelt und mit allen Assoziationspartnern durch binäre Assoziationen verbunden. Die Multiplizitäten drücken aus, dass ein Menue genau eine Vorspeise, ein Hauptgericht und ein Dessert verbindet, wohingegen eine Vorspeise, ein Hauptgericht und ein Dessert mit keinem bis beliebig vielen Menues in Verbindung gebracht werden kann.

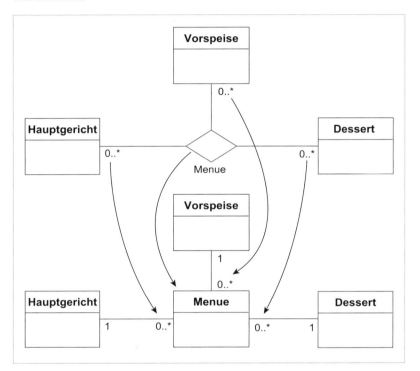

Abbildung 2.22 Umwandlung einer ternären Assoziation in drei binäre Assoziationen

Nach der Umwandlung kann das Diagramm aus Abbildung 2.22 in Java realisiert werden:

```
class Menue ❶
{

  public Vorspeise vorspeise; ❷
  public Hauptgericht hauptgericht;
  public Dessert dessert;

  public Menue(Vorspeise v, Hauptgericht h, Dessert d) ❸
  {
    vorspeise = v;
    hauptgericht = h;
```

```
      dessert = d;
    }
}
```

Listing 2.8 /beispiele/java/kap2/kap_2_3_6/Menue.java

❶ Die n-äre Assoziation wird als eine Klasse umgesetzt.

❷ Es wird eine Kombination aus einer Vorspeise, einem Hauptgericht und einem Dessert gespeichert.

❸ Im Konstruktor werden die Attribute initialisiert.

Nun können die drei beteiligten Klassen implementiert werden:

```
class Vorspeise
{
    public ArrayList menue;  ❶
}

class Hauptgericht
{
    public ArrayList menue;  ❶
}

class Dessert
{
    public ArrayList menue;  ❶
}
```

Listing 2.9 /beispiele/java/kap2/kap_2_3_6/Vorspeise.java & Hauptgericht.java & Dessert.java

❶ Die Assoziationen zur Klasse Menue werden als Attribute gespeichert. Der Datentyp ArrayList wird von Java bereitgestellt und ermöglicht das Speichern einer beliebigen Anzahl von Objekten.

Realisierung in C#

Bei der Implementierung einer n-ären Assoziation kann in C# das gleiche Verfahren wie in Java angewendet werden (*/beispiele/c#/kap2/kap_2_3_6/Kap_2_3_6.cs*).

Im C#-Beispielcode wurden wieder praxisnah Properties und generische Listen verwendet. Vorteile sind die Typsicherheit und der eingeschränkte Zugriff auf die Properties:

```csharp
public class Vorspeise
{
    public List<Menue> Menues { get; private set; } = new List<Menue>();
}

public class Hauptgericht
{
    public List<Menue> Menues { get; private set; } = new List<Menue>();
}

public class Dessert
{
    public List<Menue> Menues { get; private set; } = new List<Menue>();
}
```

Listing 2.10 /beispiele/c#/kap2/kap_2_3_6/Kap_2_3_6.cs

2.3.7   Qualifizierte Assoziation

Abbildung 2.23 Qualifizierte Assoziation

Beschreibung

> Bei einer **qualifizierten Assoziation** (engl. *Qualified Association*) definiert der **Qualifizierer** (engl. *Qualifier*) eine Menge von Attributen, die **Objekte** der gegenüberliegenden Klasse **eindeutig referenzieren**. Qualifizierer sind nur für binäre Assoziationen definiert.

Im Klassendiagramm der Abbildung 2.23 referenziert ein Restaurant seine Mitarbeiter über die Nummer ihrer Personalausweise (Attribut persAusweis Nr). Soll einem Mitarbeiter der Lohn gezahlt werden, kann er leicht und eindeutig über seine persAusweisNr gefunden werden.

Das Diagramm modelliert mit der Multiplizität 0..1 auch die Möglichkeit, dass zu einer bestimmten persAusweisNr kein Mitarbeiter gefunden werden kann.

Das Konzept des Qualifizierers entspricht dem Fremdschlüssel-Konzept (*Foreign Keys*) in Datenbanken. In Datenbank-Relationen werden ebenfalls Fremdschlüssel (= Qualifizierer) hinzugefügt, um einen Datentupel (= Mitarbeiter) aus einer anderen Relation eindeutig referenzieren zu können.

Um explizit darauf hinzuweisen, dass es sich bei dem Attribut `persAusweisNr` um einen Fremdschlüssel handelt, haben wir das Attribut mit der Eigenschaft `id` gekennzeichnet.

Verwendung

Qualifizierte Assoziationen werden eingesetzt, um die Anzahl möglicher Objekte herabzusetzen, die an der Assoziation teilnehmen.

Das Klassendiagramm aus Abbildung 2.24 modelliert die Assoziation `Lohnzahlung` zwischen `Restaurants` und `Mitarbeitern` mit einem und ohne einen Qualifizierer:

Den Multiplizitäten des oberen Diagrammteils entnimmt man, dass ein `Restaurant` einem bis beliebig vielen `Mitarbeitern` Lohn zahlt. Ebenso kann ein `Mitarbeiter` von einem bis beliebig vielen `Restaurants` Lohnzahlungen erhalten. Diese Art von Assoziation wird aufgrund ihrer Multiplizität als **n-zu-m-** oder **Viele-zu-viele-Assoziation** (engl. *many-to-many Association*) bezeichnet und weist auf die mögliche Verwendung eines Qualifizierers hin.

Abbildung 2.24 Assoziation mit einer n-zu-m-Multiplizität

Die Assoziation ist zwar korrekt, jedoch sorgt ein Qualifizierer für die genaue Referenzierung eines `Mitarbeiters` und macht das Klassendiagramm damit aussagekräftiger (siehe Abbildung 2.24, unterer Teil). Die Multiplizität auf der Seite des `Mitarbeiters` sinkt von `1..*` auf `0..1`, da mithilfe der `persAusweisNr` ein `Mitarbeiter` genau bestimmt werden kann.

Realisierung in Java

```
class Mitarbeiter
{
  protected int persAusweisNr; ❶
}
```

```
class Restaurant
{
  protected ArrayList mitarbeiter; ❷
}
```

Listing 2.11 /beispiele/java/kap2/kap_2_3_7/Mitarbeiter.java & Restaurant.java

❶ Die Klasse Mitarbeiter besitzt das eindeutige Attribut persAusweisNr.

❷ In der Klasse Restaurant wird ein Attribut mitarbeiter des Typs ArrayList deklariert. Dieser Datentyp implementiert ein dynamisches Array und ermöglicht es, beliebige Java-Objekte zu speichern und anhand eines Index wiederzufinden. Dieser Index ist erwartungsgemäß die persAusweisNr.

Realisierung in C#

Eine qualifizierte Assoziation kann in C# wie in Java implementiert werden (*/beispiele/c#/kap2/kap_2_3_7/Kap_2_3_7.cs*).

2.3.8 Assoziationsklasse

Beschreibung

> Eine **Assoziationsklasse** (engl. *AssociationClass*) vereint die **Eigenschaften einer Assoziation und einer Klasse**. Sie stellt nicht nur eine Beziehung zwischen Klassen dar, sondern ordnet der Beziehung alle Eigenschaften einer Klasse zu. Das können sowohl Attribute als auch Operationen sein. Sowohl die Assoziation als auch die Klasse müssen den gleichen Namen tragen.

In Abbildung 2.25 setzen wir den Namen »Bestellung« sowohl als Bezeichner der Assoziation wie auch als Bezeichner der Assoziationsklasse ein. Laut UML-Spezifikation 2.5 darf der Bezeichner auf einem der beiden Elemente entfallen. Wenn wie in unserem Beispiel an beiden Orten der Bezeichner gesetzt ist, müssen die Bezeichner gleich sein.

Abbildung 2.25 Assoziationsklasse

Verwendung

Assoziationsklassen werden eingesetzt, wenn bei der Beziehung zwischen zwei Klassen ein Attribut keinem von beiden so recht zuzuordnen ist. Dies ist bei n-zu-m-Assoziationen häufig der Fall.

Im Klassendiagramm aus Abbildung 2.25 ist die Bestellung weder ein Attribut eines Kellners noch eines Kochs, weil eine Bestellung weder einen Kellner noch einen Koch charakterisiert.

Eine Bestellung charakterisiert die Beziehung zwischen einem Kellner und einem Koch und kann daher als eine Assoziationsklasse modelliert werden.

Realisierung in Java

Weder Java noch C# unterstützen das Konzept der Assoziationsklasse direkt. Aus diesem Grund muss sie zunächst in eine »normale« Klasse transformiert werden. Es gibt dafür unterschiedliche Vorgehensweisen, von denen die am häufigsten verwendete zunächst vorgestellt wird:

Die Assoziation zwischen Kellner und Koch im oberen Klassendiagramm der Abbildung 2.26 spezifiziert, dass ein Kellner über eine Bestellung mit einem bis beliebig vielen Köchen in Beziehung steht. Andersherum steht ein Koch mit einem bis beliebig vielen Kellnern über eine Bestellung in Beziehung.

Wandelt man die Assoziationsklasse Beziehung auf die dargestellte Art um, ändert sich die Gesamtaussage des Klassendiagramms nicht:

▶ Ein Kellner erstellt eine bis beliebig viele Bestellungen. Eine Bestellung wird von genau einem Koch ausgeführt.

▶ Andersherum führt ein Koch eine bis beliebig viele Bestellungen aus. Eine Bestellung wird von genau einem Kellner erstellt.

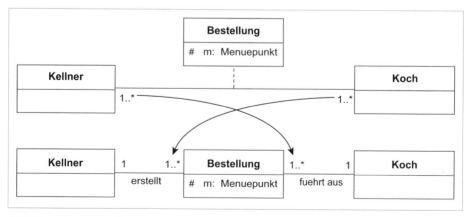

Abbildung 2.26 Transformation von Assoziationsklassen in gewöhnliche Klassen

Damit ist die Assoziationsklasse in eine ganz »normale« Klasse transformiert worden und kann implementiert werden:

```java
class Kellner
{

  public ArrayList bestellung; ❶
  }
  class Koch
  {

  public ArrayList bestellung; ❷
  }
  class Bestellung
  {

  protect1ed Menuepunkt m; ❸
  public Kellner ke;
  public Koch ko;
}
```

Listing 2.12 /beispiele/java/kap2/kap_2_3_8/Kellner.java & Koch.java & Bestellung.java

❶ Aufgrund der Multiplizität 1..* (ein bis beliebig viele) speichert die Klasse Kellner ihre Bestellungen in einer ArrayList. Es handelt sich dabei um eine Speicherstruktur, die es erlaubt, eine beliebige Anzahl von Java-Objekten zu speichern und über einen eindeutigen Index sehr effizient wiederzufinden.

❷ Dieselbe Speicherstruktur wird auch von der Klasse Koch verwendet.

❸ Eine Bestellung muss den spezifizierten Menuepunkt beinhalten (der Datentyp Menuepunkt muss verfügbar sein). Weiterhin werden die modellierten Verweise auf einen Kellner und einen Koch gespeichert.

Realisierung in C#

Die Umsetzung einer Assoziationsklasse in C# unterscheidet sich von einer Umsetzung in Java nicht wesentlich (*/beispiele/c#/kap2/kap_2_3_8/Kap_2_3_8.cs*). Wie bei den anderen C#-Codebeispielen wurden Properties anstelle einfacher Attribute ebenso wie generische Listen verwendet.

2.3.9   Aggregation

Beschreibung

> Die **Aggregation** (engl. Aggregation) ist eine spezielle Form der binären Assoziation und beschreibt eine **Ganzes-Teile-Beziehung**. Aggregationen mit mehr als zwei Enden (n-är) sind nicht definiert.

Die Teile (Tisch und Stuhl in Abbildung 2.27) werden im Ganzen (Restaurant) aggregiert. Die Lebensdauer des Ganzen ist dabei von seinen Teilen unabhängig, d. h., das Ganze bleibt bestehen, auch wenn die Teile wieder entfernt werden. Umgekehrt können die Teile weiterexistieren, auch nachdem sie aus dem Ganzen entfernt wurden. Aufgrund der losen Verbindung können die Teile sogar in mehreren Ganzen gleichzeitig verwendet werden.

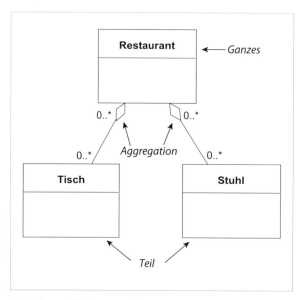

Abbildung 2.27 Aggregation

Multiplizitäten an den Aggregationen modellieren die Anzahl der Teile in einem Ganzen und in wie vielen Ganzen die Teile verwendet werden können.

Das Klassendiagramm aus Abbildung 2.27 drückt somit aus, dass ein Restaurant aus beliebig vielen Tischen und Stühlen besteht. Umgekehrt sind die Tische und Stühle in beliebig vielen Restaurants einsetzbar.

Ein Restaurant wäre ohne Tische und Stühle immer noch ein Restaurant, wenn auch ein sehr unkomfortables. Ebenso könnten die Tische und Stühle aus einem Restaurant entfernt werden und würden dadurch nicht zerstört. Sie könnten erneut in einem anderen Restaurant verwendet werden.

Verwendung

Verwenden Sie die Aggregation, wenn Sie ausdrücken möchten, dass eines Ihrer Modellelemente eine Menge anderer Modellelemente in sich zusammenführt und dabei sowohl die Teile als auch das Ganze voneinander unabhängig bleiben.

Realisierung in Java

Die Aggregation aus Abbildung 2.28 dient als Implementierungsvorschrift.

Abbildung 2.28 Beispielaggregation

Zunächst wird die Klasse Stuhl realisiert:

```java
class Stuhl
{
  public int stuhlNr;
  public Stuhl(int nr)
  {
    stuhlNr = nr;
  }
}
```

Listing 2.13 /beispiele/java/kap2/kap_2_3_9/Stuhl.java

Danach kann das modellierte Restaurant implementiert werden:

```java
class Restaurant
{

  public ArrayList stuhl; ❶
  public Restaurant() ❷
  {
    stuhl = new ArrayList();
  }

  public void addStuhl(Stuhl s) ❸
  {
    stuhl.add(stuhl.size(), s);
  }
```

```
public Stuhl removeStuhl() ❹
{
  return (Stuhl)stuhl.remove(stuhl.size()-1);
}

public static void main(String[] args)
{
  Restaurant r = new Restaurant(); ❺
  Stuhl[] s = new Stuhl[10];
  for(int i = 0; i < 10; i++)
    s[i] = new Stuhl(i);
  for(int i = 0; i < 10; i++) ❻
    r.addStuhl(s[i]);

  for(int i = 0; i < 10; i++) ❼
    s[i] = r.removeStuhl();
}
}
```

Listing 2.14 /beispiele/java/kap2/kap_2_3_9/Restaurant.java

❶ Die Stuhl-Objekte werden in einem dynamischen Array (ArrayList) aggregiert.

❷ Der Konstruktor der Klasse ist wie immer für die Instanziierung der Attribute zuständig.

❸ Bei der Aggregation ist die aggregierende Klasse (das Ganze) nicht für die Erzeugung der aggregierten Teile zuständig. Daher erwartet die Operation zum Hinzufügen von Stuhl-Objekten ein bereits fertiges Stuhl-Objekt als Parameter.

❹ Die aggregierten Teile können bei einer Aggregation aus dem Ganzen wieder entfernt werden. Die Klasse Restaurant stellt hierfür die Operation removeStuhl bereit. Sie löscht lediglich die Referenzen auf die Stuhl-Objekte, jedoch – wie im Konzept der Aggregation verlangt – nicht die Objekte selbst.

❺ Ein neues Restaurant und zehn Stühle werden erzeugt.

❻ Zehn Stühle werden dem Restaurant hinzugefügt. Beachten Sie, dass das Restaurant sich nicht um die Herstellung der Stühle kümmern muss, es bekommt sie sozusagen geliefert.

Dem Restaurant werden Referenzen auf die Stühle übergeben. Damit könnten dieselben Stühle auch an weitere Restaurants übergeben werden, wie es von der Aggregation gefordert wird.

❼ Der Aggregation zufolge müssen die einzelnen Teile dem Ganzen wieder entnommen werden können, ohne dass das Ganze oder die Teile zerstört werden. Hier werden die Stühle dem Restaurant wieder weggenommen.

Realisierung in C#

Die Implementierung einer Aggregation in C# unterscheidet sich nicht wesentlich von der Java-Implementierung. Den vollständigen C#-Programmcode finden Sie im Ordner /beispiele/c#/kap2/kap_2_3_9.

2.3.10 Komposition

Beschreibung

> Die **Komposition** (engl. *Composition*) ist eine starke Form der Aggregation, die ebenfalls eine **Ganzes-Teile-Beziehung** definiert. Die **Verbindung** zwischen den Teilen und dem Ganzen wird jedoch als **untrennbar** definiert.

Wird das Ganze zerstört, endet auch die Existenz der Teile. Auf der anderen Seite kann das Ganze in der definierten Form nicht weiterexistieren, wenn ihm auch nur eines der Teile wieder entnommen wird. Um dies zu verhindern, ist das Ganze für die Erstellung und Beseitigung der Teile verantwortlich.

Aufgrund der starken Verbindung kann ein Teil gleichzeitig nur in einem Ganzen existieren, weshalb die Multiplizität auf der Seite des Ganzen immer 1 ist und daher auch weggelassen werden kann.

Abbildung 2.29 stellt einen Tisch als eine Komposition aus den Beinen und der Platte dar. Die gewählte Komposition spezifiziert, dass die Beine und die Platte (Teile) zerstört werden, sobald der Tisch (das Ganze) zerstört wird. Ebenso ist der Tisch für die Erstellung der Beine und der Platte selbst verantwortlich.

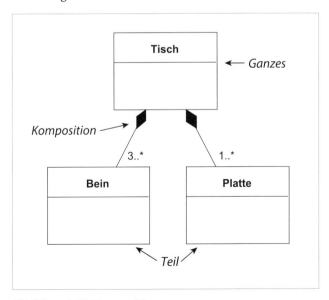

Abbildung 2.29 Komposition

Verwendung

Die Komposition wird verwendet, um Teile als existenznotwendig für das Ganze zu markieren, und entspricht in ihrer Semantik einem Attribut des Ganzen. Ihre Verwendung hebt jedoch die Klassenstruktur hervor und sollte daher bevorzugt werden.

Umsetzung in Java

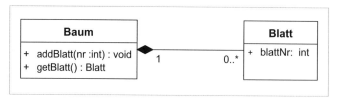

Abbildung 2.30 Beispiel einer Komposition

Zunächst wird die Klasse Blatt aus Abbildung 2.30 realisiert:

```
class Blatt
{
  public int blattNr;
  public Blatt(int nr)
  {
    blattNr = nr;
  }
}
```

Listing 2.15 /beispiele/java/kap2/kap_2_3_10/Blatt.java

Danach kann die Klasse Baum umgesetzt werden:

```
class Baum
{
  private ArrayList bl;  ❶
  public Baum()  ❷
  {
   bl = new ArrayList();
  }

  public void addBlatt(int nr)  ❸
  {
   bl.add(new Blatt(nr));
  }

  public Blatt getBlatt()  ❹
  {
```

```
  Blatt neuesBlatt = new Blatt(0);
  neuesBlatt.blattNr=((Blatt)bl.get(bl.size()-1)).blattNr;
  return neuesBlatt;
 }
}
```

Listing 2.16 /beispiele/java/kap2/kap_2_3_10/Baum.java

❶ Die in Abbildung 2.30 geforderte Multiplizität 0..* wird mithilfe einer `ArrayList` umgesetzt.

❷ Der Konstruktor sorgt für die Instanziierung.

❸ Die Komposition schreibt vor, dass der `Baum` (das Ganze) für die Instanziierung und die Zerstörung seiner `Blätter` (Teile) selbst verantwortlich ist. Dieser Forderung wird in der Operation `addBlatt` Rechnung getragen. Sie erwartet kein `Blatt` als Parameter, sondern erschafft selbst ein neues. Beachten Sie den Unterschied:

▶ Bei der **Aggregation** werden **Referenzen auf Objekte** als Teile gespeichert. Wird das Ganze gelöscht, gehen nur die Referenzen verloren. Die einzelnen Teile bleiben weiter bestehen.

▶ Bei der **Komposition** werden die **Objekte selbst** erschaffen und gespeichert. Wird das Ganze, in diesem Fall der `Baum`, gelöscht, bedeutet dies auch das Ende aller Objekte (`Blätter`), die er in sich speichert.

❹ Die mehrfache Verwendung ein und desselben Teils in unterschiedlichen Ganzen ist von der Komposition untersagt. Daher kann die Operation `getBlatt` nicht einfach eine Referenz auf eines der `Blätter` des `Baumes` zurückgeben.

Stattdessen erzeugt sie ein neues `Blatt` und weist ihm den Wert eines anderen `Blattes` zu (in diesem Beispiel des letzten verfügbaren). Sie *klont* sozusagen eines der `Blätter` und gibt es zurück. Damit wird sichergestellt, dass keines der eigentlichen `Blätter` eines `Baumes` gleichzeitig an einem anderen `Baum` »hängt«.

Umsetzung in C#

Die Umsetzung der Komposition unterscheidet sich gegenüber der Java-Realisierung nur durch kleinere Unterschiede in der Verwendung einer generischen Liste `List<Blatt>`, die bereits erläutert wurden:

```
public class Baum
{
    private List<Blatt> blaetter;
    public Baum()
    {
        blaetter = new List<Blatt>();
    }
```

```
public void AddBlatt(int nr)
{
    blaetter.Add(new Blatt(nr));
    Console.WriteLine(blaetter[blaetter.Count - 1].BlattNr);
}

public Blatt GetBlatt()
{
    Blatt neuesBlatt = new Blatt(0);
    neuesBlatt.BlattNr = blaetter[blaetter.Count - 1].BlattNr;
    return neuesBlatt;
}
}
```

Listing 2.17 /beispiele/c#/kap2/kap_2_3_10/Kap_2_3_10.cs

2.3.11 Abhängigkeit

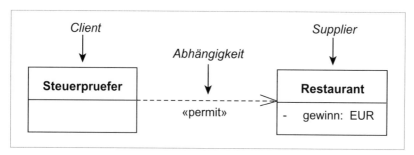

Abbildung 2.31 Abhängigkeit

Beschreibung

Eine **Abhängigkeit** (engl. *Dependency*) signalisiert, dass eine Klasse eine andere für ihre eigene Spezifikation oder Implementierung benötigt. Sie wird auch als **Client-Supplier-Beziehung** bezeichnet (**Kunde-Dienstleister**) und dient lediglich der Dokumentation.

Mit einer Abhängigkeit wird modelliert, dass der Client semantisch ohne den Supplier nicht vollständig ist und seine Aufgaben ohne ihn nicht ausführen kann. Aufgrund der engen Verflechtung wirken sich Veränderungen am Supplier immer auf den Client aus.

Die Art einer Abhängigkeit wird in der UML mithilfe von Stereotypen definiert, die in Abschnitt 2.3.13 näher vorgestellt werden.

Die wichtigsten in der UML definierten Stereotypen für Abhängigkeiten sind:

► **<<call>>**

Eine <<call>>-Abhängigkeit besagt, dass der Client mindestens eine Operation des Suppliers aufruft.

► **<<create>>**

Die <<create>>-Abhängigkeit zwischen zwei Klassen drückt aus, dass Instanzen des Clients Instanzen des Suppliers erzeugen.

► **<<derive>>**

Der Client kann aus dem Supplier abgeleitet werden. Der Client kann beispielsweise aus Performance-Gründen implementiert werden, auch wenn er logisch zum Supplier redundant ist.

► **<<instantiate>>**

Spezifiziert, dass der Client eine Instanz des Suppliers darstellt, und wird zumeist zwischen Klassen und ihren Instanzen (Objekten) modelliert. Details zu Objekten und Objektdiagrammen finden Sie in Kapitel 3.

► **<<permit>>**

Der Supplier gewährt dem Client Zugriff auf einige oder alle seine Attribute und Operationen. In Abbildung 2.31 erlaubt die Klasse Restaurant (Supplier) der Klasse Steuerpruefer (Client), auf ihr ansonsten privates Attribut Gewinn zuzugreifen.

► **<<refine>>**

Ein <<refine>> signalisiert eine verfeinerte Spezifikation einer Klasse, die bereits modelliert wurde. Diese Abhängigkeit wird beispielsweise verwendet, wenn eine Klasse aus der Designphase durch eine andere Klasse in der Entwurfsphase neu definiert werden soll.

► **<<substitute>>**

Der Client kann den Supplier vollständig ersetzen, ohne dass zwischen ihnen eine Vererbungsbeziehung (siehe Abschnitt 2.3.12) bestünde.

► **<<trace>>**

Diese Abhängigkeit bringt zum Ausdruck, dass beide beteiligten Klassen dasselbe Konzept in unterschiedlichen Modellen repräsentieren. <<trace>>-Abhängigkeiten werden zumeist verwendet, um Anforderungen und Änderungen zwischen unterschiedlichen Modellen zu »verfolgen«. Da Änderungen an Modellen Auswirkungen in zumeist beide Richtungen haben, kann die Richtungsangabe in den meisten Fällen ignoriert werden.

► **<<use>>**

Die Existenz des Suppliers wird vom Client für seine Funktionsfähigkeit benötigt.

Eine leicht abgewandelte Notation wird von der UML für die Realisierungsabhängigkeit definiert. Im Gegensatz zu allen bisher vorgestellten Abhängigkeitsbeziehungen wird die Realisierung mit einer geschlossenen Pfeilspitze notiert. Auf die Verwendung eines expliziten Stereotyps wird verzichtet:

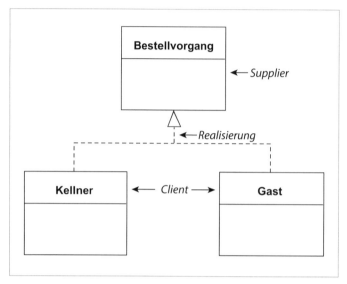

Abbildung 2.32 Realisierung

Bei der Realisierung (engl. *Realization*) stellt der Supplier die Spezifikation und der Client die Implementierung dar. Die Realisierungsabhängigkeit kann vielfältig verwendet werden, um schrittweise Verfeinerungen, Optimierungen, Transformationen, Frameworks usw. zu modellieren.

Der Bestellvorgang aus Abbildung 2.32 wird beispielsweise vom Kellner und vom Gast realisiert.

Verwendung

Bei der Abhängigkeit handelt es sich nicht um ein Notationselement, das während der Implementierung in Programmcode umgesetzt wird. Sie dokumentiert auf einer abstrakten Ebene die Zusammenhänge zwischen den Klassen und hat keine direkten Auswirkungen auf deren Instanzen.

Werden zwei Klassen durch eine Abhängigkeit verbunden, so besitzen sie noch keine Beziehung im Sinne einer Assoziation. Sie können miteinander nicht direkt in Kontakt treten. Ist eine Kontaktaufnahme der Klassen notwendig, stellt die Assoziation das geeignete Notationselement dar.

2.3.12 Generalisierung/Spezialisierung

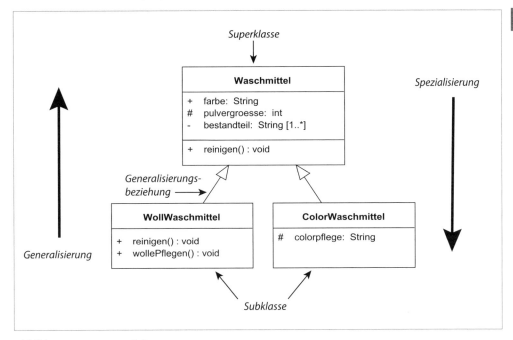

Abbildung 2.33 Generalisierung

Beschreibung

Die **Generalisierung** (engl. *Generalization*) modelliert eine **Beziehung zwischen einer spezifischen Subklasse und einer allgemeinen Superklasse** und definiert damit eines der zentralen Konzepte der Objektorientierung.

Generalisierung und Spezialisierung beschreiben dasselbe Konzept, jedoch jeweils aus zwei unterschiedlichen Sichten. Während die Superklasse die Subklassen generalisiert, spezialisieren die Subklassen die Superklasse. Die Literatur verwendet unterschiedliche Bezeichnungen für die beteiligten Klassen, die jedoch alle dasselbe ausdrücken. Selbst die UML-Spezifikation bedient sich unterschiedlicher Termini. Die häufigsten sind:

▶ allgemeine Klasse/spezifische Klasse

▶ Superklasse/Subklasse

▶ Oberklasse/Unterklasse

▶ Elternklasse/Kindklasse

▶ Basisklasse/abgeleitete Klasse

Dieses Buch beschränkt sich auf die Bezeichnungen Superklasse/Subklasse, weil sie in der UML-Spezifikation am häufigsten verwendet werden.

Eine Subklasse kann bei der Spezialisierung automatisch alle Attribute und Operationen ihrer Superklasse verwenden. Sie **erbt** sozusagen alle Eigenschaften und Fähigkeiten ihrer Superklasse, weshalb man diesen Vorgang in der Objektorientierung auch als **Vererbung** bezeichnet.

Das Konzept der **Erweiterung** erlaubt es Subklassen, selbst weitere Attribute und Operationen zu definieren, falls die Eigenschaften und Fähigkeiten der Superklasse den speziellen Anforderungen der Subklasse nicht gerecht werden.

Hält die Superklasse Operationen bereit, die jedoch die Anforderungen der Subklasse nicht genügend erfüllen, kann sich die Subklasse der **Überschreibung** bedienen. Bei diesem Konzept definiert die Subklasse eine Operation mit demselben Namen und derselben Parameter-Liste wie eine der Operationen der Superklasse. Durch einen Automatismus, der als **dynamisches Binden** bekannt ist, wird beim Aufruf der Operation die spezifische Operation der Subklasse ausgeführt.

Unabhängig von den Erweiterungs- und Änderungsmöglichkeiten wird eine Subklasse immer die geerbten Attribute und Operationen der Superklasse behalten. Sie kann jederzeit die Superklasse ersetzen und an ihrer Stelle verwendet werden, was in der Objektorientierung als **Polymorphismus** bezeichnet wird. Man bezeichnet die Generalisierung deshalb auch als eine **Ist-Ein-Beziehung**: Ein WollWaschmittel **ist ein** Waschmittel (siehe Abbildung 2.33).

Abbildung 2.33 verdeutlicht die gerade vorgestellten Konzepte anhand der folgenden Klassen:

▶ Waschmittel
 Diese Klasse beinhaltet eine allgemeine Definition der Attribute und Operationen eines Waschmittels, beispielsweise seine farbe, pulvergroesse, bestandteile und die Fähigkeit zu reinigen. Sie nimmt die Rolle einer Superklasse in diesem Klassendiagramm ein.

▶ WollWaschmittel und ColorWaschmittel
 Stellen die Subklassen von Waschmittel dar. Sie erben alle Attribute und Operationen von Waschmittel und können beispielsweise mit der Operation reinigen ebenfalls Wäsche säubern.

  ▶ Die Klasse WollWaschmittel erweitert die geerbten Fähigkeiten um die Operation wollePflegen. Zusätzlich überschreibt sie die Operation der Superklasse reinigen.

  ▶ ColorWaschmittel fügt das Attribut colorpflege hinzu.

Generalisierungen können in **Gruppen** (engl. *GeneralizationSets*) zusammengefasst werden. Im Klassendiagramm der Abbildung 2.34 spezialisieren die Subklassen PKW, LKW und Motorrad die Superklasse Kraftfahrzeug. Die Subklassen werden zu zwei Generalisierungsgruppen zusammengefasst:

▶ zweispurigesFahrzeug   ▶ einspurigesFahrzeug

Abbildung 2.34 Gruppieren von Generalisierungen

Der optionale Name der Generalisierungsgruppe wird direkt an die Generalisierung notiert und identifiziert die Mitglieder der Gruppe. Die zu einer Gruppe gehörenden Klassen werden auch **Partitionen** genannt. In Abbildung 2.34 wird die Klasse Kraftfahrzeug somit in die Klassen PKW, LKW und Motorrad partitioniert.

Damit nicht an jede Generalisierung der Gruppenname separat notiert werden muss, können sich die Partitionen auch eine Generalisierung und Generalisierungsgruppe »teilen« (siehe Abbildung 2.35).

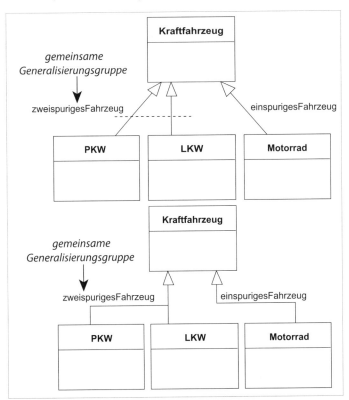

Abbildung 2.35 Gemeinsame Generalisierungsgruppen

Die in Abbildung 2.35 dargestellten Notationen, oben mithilfe einer gestrichelten Linie und unten die Verwendung eines Generalisierungspfeils für mehrere spezialisierende Klassen, sind dabei gleichwertig.

Den Generalisierungsgruppen können in der UML weiterhin **Eigenschaften** zugeordnet werden:

▶ **{complete, disjoint}**

Die Generalisierungsgruppe ist vollständig (complete); die spezialisierenden Klassen besitzen keine gemeinsamen Instanzen (disjoint).

Abbildung 2.36 zeigt ein Beispiel der Eigenschaft {complete, disjoint}. Die Gruppe Geschlecht ist vollständig, weil eine Person außer »männlich« und »weiblich« kein weiteres Geschlecht annehmen kann.

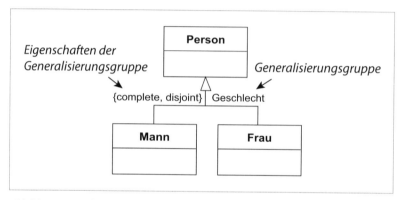

Abbildung 2.36 {complete, disjoint}-Eigenschaft

Eine Person kann nicht gleichzeitig Mann und Frau sein, weshalb die Gruppe auch als disjoint bezeichnet werden kann.

▶ **{incomplete, disjoint}**

Diese Eigenschaft modelliert die Unvollständigkeit (incomplete) der Generalisierungsgruppe. Die Subklassen weisen keine gemeinsamen Instanzen auf. Wird keine andere Eigenschaft explizit modelliert, entspricht dies der Angabe von {incomplete, disjoint}.

Im Klassendiagramm aus Abbildung 2.37 modelliert die Eigenschaft {incomplete,disjoint}, dass die Gruppe Alter nicht vollständig (incomplete) ist (z. B. fehlt die Klasse Teenager). Ein Kind kann nicht gleichzeitig Erwachsener sein (disjoint).

▶ **{complete, overlapping}**

Diese Eigenschaft markiert eine vollständige Gruppe, deren Subklassen sich Instanzen teilen können.

▶ {incomplete, overlapping}
Die Gruppe ist nicht vollständig, eine Instanz kann jedoch eine Ausprägung von
mehr als einer Subklasse sein.

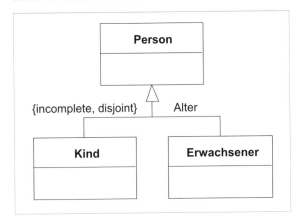

Abbildung 2.37 {incomplete, disjoint}-Eigenschaft

Die UML erlaubt auch die Modellierung der **Mehrfachvererbung**.

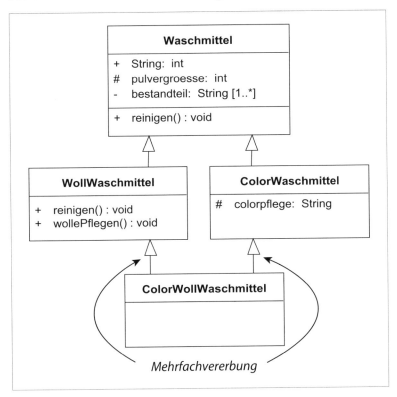

Abbildung 2.38 Mehrfachvererbung

Die Klasse ColorWollWaschmittel aus Abbildung 2.38 spezialisiert sowohl die Klasse WollWaschmittel als auch ColorWaschmittel und erbt damit die Attribute und Operationen beider Klassen. Sie kann damit wollePflegen und enthält eine colorpflege.

Diese Art von Modellierung birgt jedoch einige Gefahren. Beispielsweise erbt ColorWollWaschmittel sowohl die überschriebene Operation reinigen der Klasse WollWaschmittel als auch die ursprüngliche Operation der Klasse Waschmittel (über ColorWaschmittel).

Bei einem einfachen Aufruf der Operation reinigen auf ein Objekt der Klasse Color-WollWaschmittel kann nicht grundsätzlich entschieden werden, welche der beiden Operationen verwendet werden soll (es wird zumindest von der UML nicht definiert).

Die in diesem Buch verwendeten Programmiersprachen Java und C# unterstützen im Unterschied zu z. B. C++ die Mehrfachvererbung nicht.

Verwendung

Generalisierungen spielen in der objektorientierten Softwareentwicklung eine bedeutende Rolle. Sie erlauben es, Klassen hierarchisch zu ordnen, und modellieren gleichzeitig wichtige Beziehungen zwischen Super- und Subklassen. Häufig bildet ein softwaretechnisches Modell erst durch die Verwendung von Generalisierungen die Realität genügend genau ab.

Die Wiederverwendung von Software wird durch Generalisierungen ebenfalls unterstützt. Eine Implementierung von Programmcode braucht nicht erneut vollständig durchgeführt zu werden, nur weil eine Operation einer Klasse nicht genau das tut, was man als Entwickler gerne hätte. Durch Spezialisierung der Superklasse können deren gesamte Eigenschaften und Fähigkeiten unverändert übernommen werden. Die angesprochene Operation kann einfach überschrieben werden.

Möchte man Veränderungen an der Funktionalität aller Klassen in einer Vererbungshierarchie vornehmen, braucht nicht jede Klasse einzeln angepasst zu werden. Wird die Superklasse abgeändert oder erweitert, erfahren alle von ihr erbenden Klassen automatisch die gleichen Änderungen.

Die UML erlaubt, die Spezialisierung und Generalisierung auch für Assoziationen, Schnittstellen, Anwendungsfälle und viele weitere Notationselemente zu verwenden.

Realisierung in Java

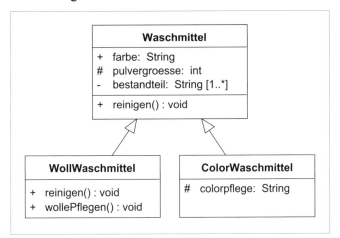

Abbildung 2.39 Beispiele für Generalisierung

Als Beispiel soll das Klassendiagramm aus Abbildung 2.39 realisiert werden.

Zunächst wird die Superklasse implementiert:

```java
class Waschmittel
{
  public String farbe;
  protected int pulvergroesse;
  private ArrayList bestandteil;

  public Waschmittel()  ❶
  {
    farbe = new String("Weiss");
    pulvergroesse = 3;
    bestandteil = new ArrayList();
    bestandteil.add("Waschpulver");
  }

  public void reinigen()
  {
    System.out.println("Reinigung durch Waschmittel");  ❷
  }
}
```

Listing 2.18 /beispiele/java/kap2/kap_2_3_12/Waschmittel.java

❶ Der Konstruktor initialisiert wie üblich die Attribute.

❷ In dieser Implementierung macht die Operation reinigen nichts anderes als auszugeben, dass sie zum Einsatz kommt.

Als Nächstes wird die Klasse ColorWaschmittel implementiert:

```
class ColorWaschmittel extends Waschmittel ❶
{
  protected String colorpflege;
  public ColorWaschmittel()
  {

    colorpflege = new String("Farbenauffrischer"); ❷
  }
}
```

Listing 2.19 /beispiele/java/kap2/kap_2_3_12/ColorWaschmittel.java

❶ Mit dem Schlüsselwort extends wird signalisiert, dass ColorWaschmittel die Klasse Waschmittel spezialisiert.

❷ Dem Klassendiagramm aus Abbildung 2.39 folgend, muss ColorWaschmittel nur das Attribut colorpflege hinzufügen. Alle weiteren Attribute und Operationen werden von Waschmittel geerbt.

Zuletzt bleibt noch die Klasse WollWaschmittel:

```
class WollWaschmittel extends Waschmittel ❶
{

  public void reinigen() ❷
  {

    super.reinigen(); ❸
    System.out.println("Reinigung durch WollWaschmittel");
  }

  public void wollePflegen() ❹
  {
    System.out.println("WollPflege durch WollWaschmittel");
  }
}
```

Listing 2.20 /beispiele/java/kap2/kap_2_3_12/WollWaschmittel.java

❶ Mit dem Schlüsselwort extends wird die Spezialisierung der Klasse Waschmittel signalisiert.

❷ Die Operation reinigen der Superklasse Waschmittel wird überschrieben.

❸ Bevor eigene Funktionalität ausgeführt wird, wird die Operation reinigen der Superklasse mithilfe des Schlüsselworts super aufgerufen.

Beachten Sie, dass der einfache Aufruf von reinigen an dieser Stelle eine Rekursion erzeugen würde, d. h. einen erneuten Aufruf der Operation reinigen durch sich selbst.

❹ Die hinzugefügte Operation wollePflegen wird implementiert.

Die folgende Hauptoperation soll noch einmal die Zusammenhänge und die Eleganz der Generalisierung verdeutlichen:

```java
public static void main(String[] args)
{

    ColorWaschmittel cw = new ColorWaschmittel(); ❶
    System.out.println(cw.colorpflege); ❷

    System.out.println("Pulvergroesse: "+cw.pulvergroesse); ❸
    cw.reinigen(); ❹

    WollWaschmittel ww = new WollWaschmittel(); ❺
    System.out.println("Farbe: "+ww.farbe); ❻

    ww.wollePflegen(); ❼
    ww.reinigen(); ❽
}
```

Listing 2.21 /beispiele/java/kap2/kap_2_3_12/Test.java

❶ Eine Instanz der Klasse ColorWaschmittel wird erzeugt.

❷ Das selbst definierte Attribut colorpflege der Klasse ColorWaschmittel wird ausgegeben. Die entsprechende Ausgabe lautet:

Farbenauffrischer

❸ Das geschützte (protected) Attribut der Superklasse Waschmittel ist auch für ColorWaschmittel zugänglich. Ausgabe:

Pulvergroesse: 3

❹ Da ColorWaschmittel selbst die Operation reinigen nicht überschrieben hat, wird automatisch die Operation der Superklasse aufgerufen. Ausgabe:

Reinigung durch Waschmittel

❺ Ein neues `WollWaschmittel` wird instanziiert.

❻ Auch in `WollWaschmittel` können öffentliche Attribute der Superklasse wiederverwendet werden, wie es anhand des Attributs `farbe` demonstriert wird. `WollWaschmittel` erbt automatisch die `farbe` Weiss von seiner Superklasse `Waschmittel`. Ausgabe:

```
Farbe: Weiss
```

❼ Die Operation `wollePflegen` wurde in der Klasse `WollWaschmittel` hinzugefügt und wird aufgerufen. Ausgabe:

```
Woll-Pflege durch WollWaschmittel
```

❽ In der Operation `reinigen` der Klasse `WollWaschmittel` wird zunächst die Operation der Superklasse `Waschmittel` aufgerufen. Daher lautet die Ausgabe:

```
Reinigung durch Waschmittel
```

```
Reinigung durch WollWaschmittel
```

Der Reinigungsdienst der Superklasse wurde sozusagen damit in Anspruch genommen.

Beachten Sie, dass auf das Attribut `bestandteile` in den Subklassen nicht direkt zugegriffen werden kann, weil es als `private` deklariert wurde. Nichtsdestotrotz hat die Superklasse das Attribut den Subklassen vererbt, sodass es über (hier nicht vorhandene) `get`- und `set`-Operationen der Superklasse verwendet werden könnte. (Die Sichtbarkeit von Attributen wurde in Abschnitt 2.3.2 detailliert vorgestellt.)

Realisierung in C#

Da die Realisierung des Klassendiagramms aus Abbildung 2.39 in C# sehr ähnlich wie in Java durchführbar ist, können die wichtigsten Unterschiede anhand der Klasse `WollWaschmittel` vorgestellt werden:

```csharp
public class WollWaschmittel : Waschmittel ❶
{
    public override void Reinigen() ❷
    {
        base.Reinigen(); ❸
        Console.WriteLine("Reinigung durch WollWaschmittel");
    }
}
```

```
    public void WollePflegen() ❹
        => Console.WriteLine("Woll-Pflege durch WollWaschmittel");
}
```

Listing 2.22 /beispiele/c#/kap2/kap_2_3_12/Kap_2_3_12.cs

❶ Die Spezialisierung einer Superklasse wird in C# durch einen Doppelpunkt markiert.

❷ Überschriebene Operationen der Superklasse müssen mit `override` gekennzeichnet werden. Diese müssen in der Superklasse als überschreibbar markiert werden mit dem Schlüsselwort `virtual`.

❸ Explizite Zugriffe auf Operationen der Superklasse werden durch das Schlüsselwort `base` signalisiert.

❹ Neue Operationen und Attribute können wie in jeder anderen C#-Klasse hinzugefügt werden.

2.3.13   Stereotyp

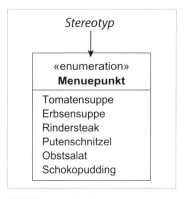

Abbildung 2.40 Stereotyp

Beschreibung

Stereotypen (engl. *Stereotypes*) können in der UML in allen Diagrammarten verwendet werden, da sie allgemein die **Art eines Notationselements** spezifizieren. Sie verändern nicht seine semantische Bedeutung, sondern geben eine **Auskunft über seinen Zweck oder seine Rolle** im Modell.

Beispielsweise haben die bereits in Abschnitt 2.3.11 verwendeten Stereotypen die Art von Abhängigkeiten zwischen Klassen näher definiert (<<call>>, <<create>>, <<derive>> usw.).

Für Klassen stellt die UML ebenfalls eine Reihe vordefinierter Stereotypen zur Verfügung, von denen die wichtigsten nachfolgend vorgestellt werden:

▶ **<<auxiliary>>**

Der Zweck einer mit diesem Stereotyp markierten Klasse ist, andere zentrale Klassen des Modells zu unterstützen. <<auxiliary>>-Klassen werden üblicherweise zusammen mit <<focus>>-Klassen modelliert.

▶ **<<focus>>**

Die <<focus>>-Klassen stellen die zentrale Logik eines Modells dar und werden von <<auxiliary>>-Klassen unterstützt.

▶ **<<implementation class>>**

Spezifiziert eine implementierungsnah entworfene Klasse. Eine <<implementation class>> realisiert einen <<type>> (siehe unten), wenn sie alle von ihm definierten Operationen bereitstellt.

▶ **<<type>>**

Eine Klasse, die eine allgemeine Spezifikation von Attributen und Operationen darstellt, ohne deren physische Implementierung vorzuschreiben.

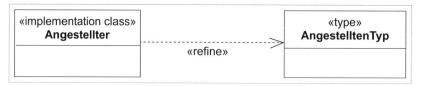

Abbildung 2.41 Beispiel für <<type>> und <<implementation class>>

Im Klassendiagramm aus Abbildung 2.41 wird die <<type>>-Klasse AngestelltenTyp durch eine <<implementation class>> Angestellter neu definiert (<<refine>>-Abhängigkeit, siehe Abschnitt 2.3.11).

Solche Neudefinitionen sind üblich, wenn man Klassen aus der Analysephase (AngestelltenTyp) in der Designphase verfeinert und implementationsnah (<<implementation class>> Angestellter) modelliert.

▶ **<<interface>>**

Eine <<interface>>-Klasse stellt eine Schnittstellendefinition dar (siehe Abschnitt 2.3.16).

▶ **<<utility>>**

Eine Klasse, die Klassenattribute und -operationen in sich gruppiert und als eine Art Werkzeugkasten für weitere Klassen zur Verfügung stellt. Es sind keine Instanzen von ihr selbst im Modell vorgesehen.

```
                    «utility»
                    Mathematik

  +   PI:  double = 3,14159265358  {readOnly}
  +   e:  double = 2,71828182846  {readOnly}

  +   kreisFlaeche(radius :double) : double
  +   kreisUmfang(radius :double) : double
  +   wurzel(basis :double, exponent :double) : double
  +   logarithmus(basis :double, numerus :double) : double
```

Abbildung 2.42 Beispiel einer <<utility>>-Klasse

Die <<utility>>-Klasse Mathematik aus Abbildung 2.42 stellt beispielsweise statische Attribute und Operationen zur Verfügung, die verwendet werden können, ohne die Klasse zuvor zu instanziieren.

▶ **<<dataType>>**
Mit dem Stereotyp <<dataType>> können neue Datentypen modelliert werden, die der UML nicht bekannt sind.

▶ **<<enumeration>>**
Auch mit dem Stereotyp <<enumeration>> werden neue Datentypen definiert. Im Gegensatz zu <<dataType>> wird die mögliche Wertemenge, die der Datentyp einnehmen kann, eingeschränkt.

Sie können mithilfe von Stereotypen die UML selbst erweitern, indem Sie für Ihre modellierten Klassen beliebige Stereotypen definieren und verwenden (siehe Abbildung 2.43):

Abbildung 2.43 Erweiterungsmöglichkeiten durch Stereotypen

Seit der Version 2.2 bietet die UML mit dem Profildiagramm einen konsistenten Mechanismus, um neue Stereotypen zu definieren und damit sich selbst zu erweitern (mehr dazu in Kapitel 15).

2.3.14 Abstrakte Klasse

Abbildung 2.44 Abstrakte Klasse

Beschreibung

Der **Bauplan**, den eine Klasse darstellt, kann bewusst **abstrakt** und **unvollständig** modelliert werden, sodass aus ihm **keine Objekte direkt instanziiert werden können**. Solche Klassen werden **abstrakte Klassen** (engl. *Abstract Class*es) genannt und in der UML durch eine kursive Schreibweise des Klassennamens oder mit dem Schlüsselwort {abstract} gekennzeichnet.

Erst durch eine Vervollständigung und Konkretisierung der abstrakten Klasse unter Einsatz der Spezialisierung wird es möglich, einen für die Erzeugung von Objekten geeigneten Bauplan zu spezifizieren.

Bei der Modellierung von abstrakten Klassen bietet die UML die Möglichkeit, **abstrakte Operationen** der Klasse zu definieren, indem die Operationsdefinition kursiv notiert wird. Damit spezifiziert man, dass jede spezialisierende Klasse, die nicht selbst abstrakt sein soll, diese Operation implementieren *muss*. Im Beispiel aus Abbildung 2.44 wird eine abstrakte Operation arbeiten modelliert. Somit muss jeder Mitarbeiter eine Arbeit ausführen können, um als Mitarbeiter zu gelten.

Verwendung

Abstrakte Klassen werden verwendet, um Vorlagen für weitere Klassen zu definieren. Mit der Klasse Mitarbeiter aus Abbildung 2.44 wird beispielsweise spezifiziert, dass jeder Mitarbeiter mindestens eine persAusweisNr und ein gehalt besitzen muss. Mit der Kennzeichnung der Operation arbeiten als abstrakt wird eine Art Mindestvoraussetzung definiert. Alle spezialisierenden Klassen sind gezwungen, mindestens diese Operation zu realisieren, um als Mitarbeiter zu gelten.

Basierend auf dieser abstrakten Klassenspezifikation können weitere Mitarbeiterklassen gebildet werden, die zusätzliche Eigenschaften unterschiedlicher Mitarbeitertypen definieren und die abstrakte Klasse damit verfeinern. Eine abstrakte Klasse bildet sozusagen eine Vorgabe für weitere Klassen und sollte auch zu diesem Zweck angewendet werden.

Realisierung in Java

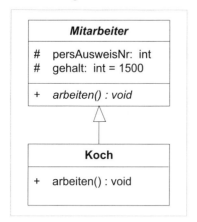

Abbildung 2.45 Beispiel einer abstrakten Klasse und ihrer Spezialisierung

Im Folgenden wird das Klassendiagramm aus Abbildung 2.45 realisiert. Zunächst wird die abstrakte Klasse Mitarbeiter implementiert:

```
abstract class Mitarbeiter ❶
{
  protected int persAusweisNr;
  protected int gehalt;
  public Mitarbeiter(int paNr)
  {
    persAusweisNr = paNr;
    gehalt = 1500;
  }

  public abstract void arbeiten(); ❷
}
```

Listing 2.23 /beispiele/java/kap2/kap_2_3_14/Mitarbeiter.java

❶ Abstrakte Klassen werden in Java mit dem naheliegenden Schlüsselwort abstract deklariert.

❷ Abstrakte Operationen werden ebenfalls mit abstract deklariert.

Die Klasse Koch kann wie folgt realisiert werden:

```java
class Koch extends Mitarbeiter ❶
{
  public Koch(int paNr)
  {

    super(paNr); ❷
  }

  public void arbeiten() ❸
  {
    System.out.println("Ich arbeite");
  }
}
```

Listing 2.24 /beispiele/java/kap2/kap_2_3_14/Koch.java

❶ Die Spezialisierung wird erwartungsgemäß mit dem Schlüsselwort extends gekennzeichnet.

❷ Der Konstruktor der Superklasse wird aufgerufen.

❸ Die Mindestvoraussetzung dafür, die Klasse Mitarbeiter zu implementieren, wird mit der Realisierung der Operation arbeiten erfüllt (auch wenn es wahrscheinlich keinen Vorgesetzten zufriedenstellen wird, wenn der Mitarbeiter nur sagen kann, dass er arbeitet).

Realisierung in C#

In C# wird eine abstrakte Klasse auf dieselbe Art wie in Java deklariert. Ein Unterschied ist bei der Implementierung einer abstrakten Klasse durch die Klasse Koch hervorzuheben:

```csharp
public class Koch : Mitarbeiter
{
  public Koch(int paNr):base(paNr) { } ❶

  public override void Arbeiten() ❷
  {
      => Console.WriteLine("Ich arbeite");
  }
}
```

Listing 2.25 /beispiele/c#/kap2/kap_2_3_14/Kap_2_3_14.cs

❶ Der Konstruktor der Superklasse wird über das Schlüsselwort base aufgerufen.

❷ Eine Operation, die eine abstrakte Operation einer Superklasse implementiert, muss mit dem Schlüsselwort override gekennzeichnet werden.

2.3.15 Template

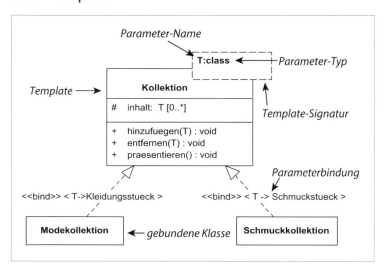

Abbildung 2.46 Template

Beschreibung

> Wie bereits in Abschnitt 2.3.1 dargestellt wurde, handelt es sich bei einer Klasse um einen Bauplan für Objekte. Ein **Template** (engl. *Template*) geht einen Schritt weiter und erlaubt, dass dieser Bauplan mit generischen Datentypen versehen wird. Sowohl bei Java als auch bei C# wird hierbei der Fachbegriff **Generics** verwendet. Generics wurden bei Java mit der Version 5 eingeführt. C# unterstützt Generics seit der Sprachversion 2.0.

Aber was sind Generics bzw. generische Datentypen? Um generische Datentypen zu verstehen, stellen Sie sich einfach eine Klasse vor, die sich Modekollektion nennt. Diese Klasse könnte eine Liste von Objekten des Typs Kleidungsstueck enthalten.

Falls wir nun eine zweite Klasse bräuchten, die sich Schmuckkollektion nennt, kämen wir in eine schwierige Lage. Denn die Klasse Schmuckkollektion unterscheidet sich von der Klasse Modekollektion lediglich durch die Tatsache, dass es sich bei den enthaltenen Objekten nicht um Kleidungsstücke, sondern um Schmuckstücke handelt. Um den gleichen Code nicht zu wiederholen, könnten wir eine Klasse schreiben, die wir ganz generisch Kollektion nennen und die jegliche Objekte verwaltet. Das Problem hierbei ist, dass die allgemein gehaltene Klasse Kollektion zur Laufzeit keine

Typsicherheit gewährleisten würde. Aus diesem Grund wurde die Möglichkeit geschaffen, den Datentyp der enthaltenen Objekte erst bei der Nutzung der beherbergenden Klasse festzulegen.

Templates werden deshalb häufig auch als **generische** oder **parametrisierbare Klassen** bezeichnet. Das Buch beschränkt sich auf die Bezeichnung Templates, wie sie in der UML-Definition verwendet wird.

Die benötigten Parameter werden als eine kommagetrennte Liste in der Template-Signatur in der folgenden Form definiert:

Parameter-Name[:Parameter-Typ][=Vorgabewert]

▶ **Parameter-Name**
Der Name des Parameters unterliegt seitens der UML keinerlei Einschränkungen, außer dass er innerhalb einer Signatur eindeutig sein muss. Es empfiehlt sich jedoch, die Einschränkungen der jeweiligen Ziel-Programmiersprache zu beachten. Beispielsweise besagt die Java-Spezifikation, dass man einen einzelnen großen Buchstaben als Parameter verwenden soll. Allerdings handelt es sich hierbei lediglich um eine Empfehlung bzw. eine Konvention.

▶ **:Parameter-Typ**
Jeder beliebige Datentyp ist erlaubt. Verzichtet man auf die Angabe eines Parameter-Typs, wird class für beliebige Klassen angenommen.

▶ **=Vorgabewert**
Diese optionale Angabe kann einen Wert definieren, den der jeweilige Parameter annimmt, falls kein anderer Wert übergeben wird.

Abbildung 2.46 definiert als Signatur einen Parameter T vom Typ class. Um den Bauplan für eine Kollektion also vollständig zu machen, muss der formelle Parameter T durch eine konkrete Klasse ersetzt werden.

Beachten Sie bitte, dass das Template Kollektion keinerlei Aussagen darüber macht, *was* für Klassen es erwartet. Es wird an dieser Stelle demnach ein Bauplan für Kollektionen *beliebiger* Klassen definiert.

Das Übergeben der Parameter wird als **Binden** bezeichnet und mit dem Schlüsselwort <<bind>> gekennzeichnet. Die Zuweisung der Parameter erfolgt damit als eine kommagetrennte Liste in der Form:

<<bind>> <Template-Parameter-Name -> übergebener Parameter, ... >

In Abbildung 2.46 werden zwei Kollektionsklassen gebunden:

▶ Modekollektion, **die eine Klasse** Kleidungsstueck **als Parameter bindet**

▶ Schmuckkollektion, **bei der eine Klasse** Schmuckstueck **als Parameter verwendet wird**

Durch die Bindung der Parameter entstehen zwei neue Klassen mit allen im Template spezifizierten Attributen und Operationen.

Verwendung

Templates werden in einem Modell üblicherweise verwendet, um grundlegende Konzepte für Klassen zu definieren. Oft handelt es sich dabei um diverse Speicherstrategien, wie Kollektionen, Listen, Stacks, Arrays oder Bäume. Mithilfe von Templates kann sichergestellt werden, dass ein einmal definierter Bauplan für eine Gruppe von Klassen im gesamten Modell einheitlich verwendet wird.

Templates leisten damit einen großen Beitrag zur Konsistenzsicherung und Wiederverwendung bei der Modellierung und Implementierung von Softwaresystemen, indem generische Datentypen verwendet werden.

Realisierung in Java

Als Beispiel soll das Klassendiagramm aus Abbildung 2.47 implementiert werden.

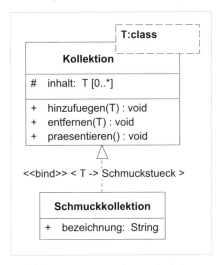

Abbildung 2.47 Template-Beispiel

Zunächst wird das Template Kollektion realisiert:

```
class Kollektion<T> ❶
{

  protected ArrayList<T> inhalt; ❷
  public Kollektion() ❸
  {
    inhalt = new ArrayList<T>();
  }

  public void hinzufuegen(T elem) ❹
  {
```

```
      inhalt.add(elem);
    }
    public void entfernen(T elem)  ❺
    {
      inhalt.remove(elem);
    }

    public void praesentieren()  ❻
    {
      for (T temp : inhalt)
        System.out.println(temp);
    }
}
```

Listing 2.26 /beispiele/java/kap2/kap_2_3_15/Kollektion.java

❶ Die Klasse Kollektion wird als ein Template definiert, indem ihr ein Übergabeparameter <T> zugeordnet wird.

❷ Ein Attribut inhalt vom Typ ArrayList<T> wird deklariert. Beachten Sie bitte, dass die deklarierte ArrayList<T> nicht mehr wie eine »gewöhnliche« ArrayList beliebige Objekte speichert, sondern maßgeschneidert nur Objekte vom Typ T.

Der Typ T könnte zwar jede beliebige Java-Klasse darstellen, aber eben nur diese *eine* Klasse. Eine gewöhnliche ArrayList kann Objekte unterschiedlicher Typen *gleichzeitig* speichern.

Das verletzt den eigentlichen Gedanken einer streng typisierten Programmiersprache. Beim Auslesen der Objekte aus einer gewöhnlichen ArrayList kann nicht sichergestellt werden, was für ein Objekt zurückgeliefert wird (außer *dass* es ein Objekt ist).

Daher verbietet die definierte *ArrayList<T>*, dass Objekte *unterschiedlicher* Typen in einer ArrayList gespeichert werden, ohne jedoch die Anzahl der Typen einzuschränken, die gespeichert werden können.

❸ Im Konstruktor wird das Attribut inhalt instanziiert.

❹ Die Operation hinzufuegen akzeptiert nur einen Parameter vom Typ T. Auch an dieser Stelle wird nochmals sichergestellt, dass nur Objekte genau eines Typs T in einer Kollektion gleichzeitig vorkommen (ohne den Typ T einzuschränken).

❺ Ein Element vom Typ T wird mithilfe dieser Operation aus der Kollektion entfernt.

❻ Die Operation praesentieren bedient sich einer in Java 5 eingeführten und sehr eleganten Iterationsmöglichkeit. Die dargestellte for-Schleife iteriert über alle Elemente der ArrayList inhalt. Das jeweils aktuelle Element des Typs T wird in der temporären Variable temp gespeichert und kann ausgegeben werden.

Nun wird die Klasse Schmuckstueck realisiert, die als Übergabeparameter für die Schmuckkollektion dienen wird:

```
class Schmuckstueck
{
  public String bezeichnung;
  public Schmuckstueck(String bez)
  {
    bezeichnung = bez;
  }

  public String toString() ❶
  {
    return bezeichnung;
  }
}
```

Listing 2.27 /beispiele/java/kap2/kap_2_3_15/Schmuckstueck.java

❶ Lediglich zu Ausgabezwecken wird die Operation toString implementiert.

Mit der folgenden Hauptoperation wird die Verwendung eines Templates demonstriert:

```
public static void main(String[] args)
{

  Schmuckstueck s1 = new Schmuckstueck("Ohrring"); ❶
  Schmuckstueck s2 = new Schmuckstueck("Halskette");
  Schmuckstueck s3 = new Schmuckstueck("Diamant-Ring");
  Kollektion<Schmuckstueck> schmuckKollektion = ❷
                      new Kollektion<Schmuckstueck>();

  schmuckKollektion.hinzufuegen(s1); ❸
  schmuckKollektion.hinzufuegen(s2);
  schmuckKollektion.hinzufuegen(s3);
  schmuckKollektion.praesentieren(); ❹
}
```

Listing 2.28 /beispiele/java/kap2/kap_2_3_15/Test.java

❶ Drei unterschiedliche Objekte der Klasse Schmuckstueck werden instanziiert.

❷ Eine Kollektion von Schmuckstücken (schmuckKollektion) wird angelegt. Die Übergabe des im Template definierten Parameters T (binden) erfolgt einfach durch das Anhängen des Klassennamens (in spitzen Klammern) an den Template-Namen.

❸ Der gerade erzeugten schmuckKollektion werden drei Schmuckstuecke hinzugefügt.

❹ Die schmuckkollektion wird präsentiert. Die erwartungsgemäße Ausgabe lautet:

```
Ohrring
Halskette
Diamant-Ring
```

Realisierung in C#

Die Implementierung erfolgt ähnlich wie in Java:

```csharp
class Kollektion<T>  ❶
{
    protected List<T> inhalt = new List<T>();  ❷

    public Kollektion()  ❸
    { }

    public void Hinzufuegen(T elem) => inhalt.Add(elem);  ❹
    public void Entfernen(T elem) => inhalt.Remove(elem);

    public void Praesentieren()  ❺
    {
        foreach (T temp in inhalt)
            Console.WriteLine(temp);
    }
}
```

Listing 2.29 /beispiele/c#/kap2/kap_2_3_15/Kap_2_3_15.cs

❶ Auch in C# wird die Klasse Kollektion als ein Template definiert, indem ihr ein Übergabeparameter <T> zugeordnet wird.

❷ Die generische Listenklasse List wird verwendet, um beliebige Objekte des Typs <T> in der Kollektion abzulegen. Die Initialisierung kann direkt bei der Definition erfolgen.

❸ Da die Initialisierung der Liste bei der Definition erfolgt, enthält der Konstruktor keinerlei Logik – und kann auch entfernt werden.

❹ Die Operationen Hinzufuegen und Entfernen arbeiten mit allen Objekten vom Typ <T>.

❺ Die Iteration über alle Elemente der Liste inhalt erfolgt über die sehr elegante foreach-Schleife.

Die Klasse Schmuckstueck wird beinahe ohne Änderungen gegenüber der entsprechenden Java-Klasse implementiert (siehe Listing 2.30).

Bei der Verwendung eines Templates gibt es zwischen Java und C# keine nennens-
werten Unterschiede. Sie finden den Beispiel-Quellcode im Ordner */beispiele/c#/
kap2/kap_2_3_15*.

```
class Schmuckstueck
{
  public string bezeichnung;
  public Schmuckstueck(string bez) => bezeichnung = bez;
  public override string ToString() => bezeichnung;
}
```

Listing 2.30 /beispiele/c#/kap2/kap_2_3_15/Kap_2_3_15.cs

2.3.16   Schnittstelle

Abbildung 2.48 Schnittstelle

Beschreibung

Eine **Schnittstelle** (engl. *Interface*) modelliert eine Art **Vertrag zwischen Klassen**,
dessen Vertragsverpflichtungen dabei sowohl Attribute als auch Operationen umfassen können. Sie wird durch ein Klassensymbol mit dem Stereotyp <<interface>>
notiert.

Die in Abbildung 2.48 gezeigte Schnittstelle spezifiziert beispielsweise, dass eine
Klasse, die als Nahrung wahrgenommen werden möchte, eine Operation wirdGegessen
zur Verfügung stellen muss.

Schnittstellen können nicht instanziiert werden, weil sie selbst und all ihre Operationen immer als abstract angesehen werden. Sie ähneln konzeptuell den abstrakten
Klassen und werden wie sie von anderen Klassen realisiert.

Eine Schnittstelle enthält u. a. die Spezifikation der Aufrufe von Operationen, macht
aber keine Aussage zur Operation selbst.

Eine Schnittstelle kann von beliebig vielen Klassen realisiert bzw. implementiert werden, wie auch eine Klasse beliebig viele Schnittstellen realisieren kann. Eine **reali-**

sierte **Schnittstelle** (engl. *Provided Interface*) wird mithilfe des Ball-Symbols oder einer Realisierung (siehe Abschnitt 2.3.11) notiert (siehe Abbildung 2.49).

Abbildung 2.49 Realisierung einer Schnittstelle

Das Gegenstück dazu bilden Klassen, die Operationen einer Schnittstelle benötigen, um vollständig und funktionsfähig zu sein. **Benötigte Schnittstellen** (engl. *Required Interfaces*) können mit einem Socket-Symbol oder einer <<use>>-Abhängigkeit (siehe Abschnitt 2.3.11) modelliert werden (siehe Abbildung 2.50).

Abbildung 2.50 Benötigte Schnittstelle

Auf Basis einer Schnittstelle (eines Vertrags) können zwei Klassen miteinander kommunizieren und interagieren. Eine solche Zusammenarbeit kann auf beide in Abbildung 2.51 dargestellte Weisen notiert werden.

Abbildung 2.51 Zusammenarbeit über eine Schnittstelle

Verwendung

Schnittstellendefinitionen gehören zu den wichtigsten und folgenschwersten Festlegungen während der Softwareentwicklung. Schnittstellen teilen große Softwaresysteme in Teilsysteme, definieren ihre Verträge untereinander und müssen daher strengstens eingehalten werden.

Solange der Vertrag (die Schnittstelle) unverändert bleibt, kann die Implementierung der realisierenden Klasse in großen Teilen modifiziert werden, ohne dass es Auswirkungen auf die in Anspruch nehmenden (<<use>>-) Klassen hätte.

Es ist andererseits zumeist sehr aufwendig, bereits definierte und verwendete Schnittstellen zu ändern, weil sich die Änderungen auf alle beteiligten Klassen auswirken.

Realisierung in Java

Abbildung 2.52 Schnittstellenbeispiel

Als Erstes wird die Schnittstelle Nahrung aus Abbildung 2.52 definiert:

```java
public interface Nahrung ❶
{

  public void wirdGegessen(); ❷
}
```

Listing 2.31 /beispiele/java/kap2/kap_2_3_16/Nahrung.java

❶ Eine Schnittstelle wird in Java UML-konform mit dem Schlüsselwort interface deklariert. Die Schnittstelle darf die Sichtbarkeit public oder package aufweisen. In unserem Beispiel setzen wir die Sichtbarkeit auf public.

❷ Die Schnittstelle spezifiziert, dass eine realisierende Klasse die Operation wirdGegessen bereitstellen muss.

Die Klasse Gericht implementiert die Schnittstelle Nahrung (siehe Listing 2.32).

```java
class Gericht implements Nahrung ❶
{
  public String name;
  public Gericht(String n)
```

```
  {
    name = n;
  }

  public void wirdGegessen() ❷
  {
    System.out.println("Gericht "+name+" wird gegessen");
  }
}
```

Listing 2.32 /beispiele/java/kap2/kap_2_3_16/Gericht.java

❶ Die Implementierung einer Schnittstelle wird in Java mit dem Schlüsselwort implements signalisiert. Im Unterschied zu einer Generalisierungsbeziehung kann eine Klasse in Java durchaus mehrere Schnittstellen implementieren, deren Auflistung kommagetrennt hinter dem implements-Schlüsselwort erfolgen würde.

❷ Die geforderte Operation wirdGegessen wird bereitgestellt. In unserem Beispiel erfolgt lediglich eine Ausgabe des Gerichts, das gerade gegessen wird.

Nun kann ein Gast die Schnittstelle Nahrung in Anspruch nehmen:

```
class Gast
{

  public Nahrung mittagessen; ❶
  public Gast()
  {

    mittagessen = new Gericht("Wiener-Schnitzel"); ❷
  }
}
```

Listing 2.33 /beispiele/java/kap2/kap_2_3_16/Gast.java

❶ Die Klasse Gast deklariert, dass sie die Schnittstelle Nahrung benötigt, und bezeichnet sie als mittagessen.

❷ Als Implementierung der Schnittstelle wird Gericht verwendet.

Eine kleine Hauptoperation demonstriert die Verwendung der Schnittstelle:

```
public static void main(String[] args)
{
```

```
  Gast gast = new Gast(); ❶
  gast.mittagessen.wirdGegessen();
}
```

Listing 2.34 /beispiele/java/kap2/kap_2_3_16/Test.java

❶ Nachdem ein neues Objekt vom Typ Gast instanziiert wurde, greift dieser über die Schnittstelle mittagessen auf die Operation wirdGegessen zu. Die Ausgabe der Operation lautet:

Gericht Wiener-Schnitzel wird gegessen

Realisierung in C#

Die Implementierung und Verwendung einer Schnittstelle in C# ist derjenigen in Java sehr ähnlich:

```
public interface Nahrung ❶
{
  void WirdGegessen(); ❷
}
```

Listing 2.35 /beispiele/c#/kap2/kap_2_3_16/Kap_2_3_16.cs

❶ In C# werden Schnittstellen ebenfalls konform zu der UML-Spezifikation mit dem Schlüsselwort interface deklariert.

❷ Den innerhalb einer Schnittstelle verlangten Operationen braucht das Schlüsselwort public nicht vorangestellt zu werden, weil sie in C# immer als öffentlich angesehen werden.

```
class Gericht : Nahrung ❶
{
  public string name;
  public Gericht(string n) => name = n;

  public void WirdGegessen()
      => Console.WriteLine($"Gericht {name} wird gegessen");
}
```

Listing 2.36 /beispiele/c#/kap2/kap_2_3_16/Kap_2_3_16.cs

❶ In C# wird die Implementierung einer Schnittstelle mit einem Doppelpunkt signalisiert.

```
class Gast
{
  public Nahrung mittagessen; ❶
  public Gast() => mittagessen = new Gericht("Wiener-Schnitzel");
}
```

Listing 2.37 /beispiele/c#/kap2/kap_2_3_16/Kap_2_3_16.cs

❶ Die Verwendung von Schnittstellen kann in C# wie in Java erfolgen.

2.3.17   Anmerkung

Beschreibung

> Mit einer **Anmerkung** (engl. *Note*) werden **Kommentare zu beliebigen Notations-elementen** in einem Diagramm platziert.

Abbildung 2.53 Anmerkung

Anmerkungen haben selbst keine semantische Bedeutung, können jedoch Informationen enthalten, die für das Modell durchaus relevant sind. Anmerkungen sind nicht auf Klassendiagramme beschränkt, sondern können in allen UML-Diagrammen verwendet werden.

Die Zuordnung erfolgt mithilfe einer gestrichelten Linie (siehe Abbildung 2.54):

Abbildung 2.54 Zuordnung einer Anmerkung zu einer Klasse

2.4   Lesen eines Klassendiagramms

An dieser Stelle kommen wir auf das Klassendiagramm aus dem Abschnitt 2.2 zurück. Das Klassendiagramm aus Abbildung 2.55 zeigt das Modell eines Restaurants.

Folgende Klassen können dem Diagramm entnommen werden:

▶ Restaurant ▶ Nahrung (Stereotyp `<<interface>>`)

▶ Mitarbeiter ▶ Gericht

▶ Gast ▶ Geschmack

▶ Kellner ▶ Geruch

▶ Koch ▶ Menuepunkt (Stereotyp `<<enumeration>>`)

▶ Bestellung

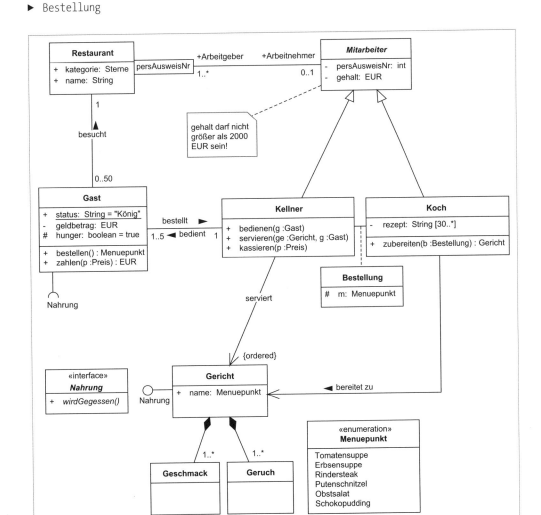

Abbildung 2.55 Ein Restaurant als Klassendiagramm

111

Ein Restaurant besitzt zwei öffentliche (public: +) Attribute:

▶ name vom Typ string (Zeichenkette)

▶ kategorie des Typs Sterne

Ein Gast besucht gleichzeitig immer nur ein Restaurant, während ein Restaurant bis zu 50 Gästen Platz bietet. Ein Klassenattribut status legt mit seinem Vorgabewert fest, dass jeder Gast ein König ist.

Ein Gast hat einen privaten (private: -) geldbetrag und ein geschütztes (protected: #) Attribut hunger, das anfangs wahr ist (= true). Die Definition als geschützt verdeutlicht, dass ein Gast Fremden gegenüber sein Hungergefühl verbirgt. Seinen »Erben« (im Sinne der Objektorientierung), z. B. seinen Kindern, gibt er sein Hungergefühl dagegen preis.

Ein Gast kann einen Menuepunkt bestellen und einen Preis zahlen. Für seine Existenz benötigt er die Schnittstelle Nahrung, er muss also essen können.

Die Attribute eines Mitarbeiters sind als private deklariert (-). Damit wird ausgedrückt, dass keinem außer einem Mitarbeiter selbst der Zugriff auf die persAusweisNr und das gehalt gewährt werden soll. Eine Anmerkung besagt weiterhin, dass sein gehalt 2000 EUR nicht übersteigen darf.

Die Rollenangaben an der qualifizierten Assoziation zwischen einem Mitarbeiter und einem Restaurant definieren, dass ein Restaurant aus der Sicht eines Mitarbeiters ein Arbeitgeber ist. Andersherum befindet sich ein Mitarbeiter einem Restaurant gegenüber in der Rolle eines Arbeitnehmers.

Die Multiplizitäten der Assoziation besagen, dass ein Arbeitnehmer bei mindestens einem, aber durchaus bei beliebig vielen Restaurants arbeiten kann. Ein Restaurant kann beliebig viele Arbeitnehmer beschäftigen, referenziert diese jedoch über deren persAusweisNr. Die Verwendung des Qualifizierers senkt die mögliche Anzahl der darüber angesprochenen Arbeitnehmer auf 0 bis 1.

Durch die kursive Schreibweise des Klassennamens Mitarbeiter wird dieser als abstrakt definiert und ist damit nicht instanziierbar. Erst die beiden davon erbenden Subklassen Kellner und Koch spezialisieren die Attribute und Operationen eines Mitarbeiters, sodass ein Kellner bzw. Koch instanziiert werden kann.

Ein Kellner kann 1 bis 5 Gäste bedienen, ihnen ein Gericht servieren und den Preis kassieren.

Das servieren von Gerichten führt ein Kellner in einer geordneten Reihenfolge durch (Einschränkung {ordered} an der Assoziation zu Gericht). Ein Gast sollte beispielsweise sein Dessert nicht vor der Hauptspeise erhalten. Die gerichtete Assoziation zwischen Kellner und einem Gericht zeigt ebenfalls, dass ein Kellner das von ihm zu servierende Gericht kennt. Ein Gericht muss jedoch den Kellner, von dem es serviert wird, nicht unbedingt kennen.

2

Ein Gericht kann nur einen namen aus der modellierten Aufzählung Menuepunkt erhalten.

Die gewählte Komposition der Gerüche (Klasse Geruch) und Geschmacksrichtungen (Klasse Geschmack) macht ein Gericht erst vollständig. Weiterhin bedeutet dies, dass die Zerstörung oder Entnahme auch nur eines der Gerüche oder Geschmacksrichtungen das gesamte Gericht zerstört.

Das Gericht realisiert die Schnittstelle Nahrung, deren einzige spezifizierte Operation wirdGegessen ist.

Ein Koch dieses Restaurants kann von einem der Kellner angewiesen werden, eine Bestellung zuzubereiten. Ein Attribut Bestellung kann weder dem Kellner noch dem Koch eindeutig zugeordnet werden. Eine Bestellung spielt ihre zentrale Rolle erst bei der Zusammenarbeit der beiden Klassen und wird daher als eine Assoziationsklasse modelliert.

Weiterhin kennt ein guter Koch mindestens 30 rezepte, die er niemals verraten würde, was deren Modellierung als private notwendig macht.

2.5   Irrungen und Wirrungen

Zu den wichtigen Aufgaben von CASE-Werkzeugen (**C**omputer **A**ided **S**oftware Engineering) gehört eine automatisierte Überprüfung der Konsistenz und syntaktischen Korrektheit Ihres Modells, um Sie bei der Fehlervermeidung während der Modellierung zu unterstützen. Links zu einigen Test- und Vollversionen solcher Werkzeuge finden Sie unter »Materialien zum Buch« auf *www.rheinwerk-verlag.de/4546*.

Nichtsdestotrotz ist es für das Verständnis der jeweiligen Diagrammart förderlich, sich einige der häufigsten Modellierungsfehler bewusst zu machen. Abbildung 2.56 stellt die häufigsten Fehler in Klassendiagrammen vor.

❶ **Klassenname fehlt**
Der Name einer Klasse muss angegeben werden.

❷ **Ungünstiger Klassenname**
Verzichten Sie auf Sonderzeichen und Umlaute bei sämtlichen Namen, die Sie im Modell verwenden. Klassennamen sollten mit einem Großbuchstaben beginnen und im Singular gehalten werden.

❸ **Wiederholte Definition**
Klassennamen müssen innerhalb eines Namensraums eindeutig sein (Namensräume werden in Kapitel 7 detailliert behandelt).

❹ **Attributname fehlt**
Der Name eines Attributs muss angegeben werden.

❺ Ungünstiger Attributname

Halten Sie Attributnamen im Singular, und beginnen Sie mit einem Kleinbuchstaben. Verzichten Sie auf Sonderzeichen und Umlaute.

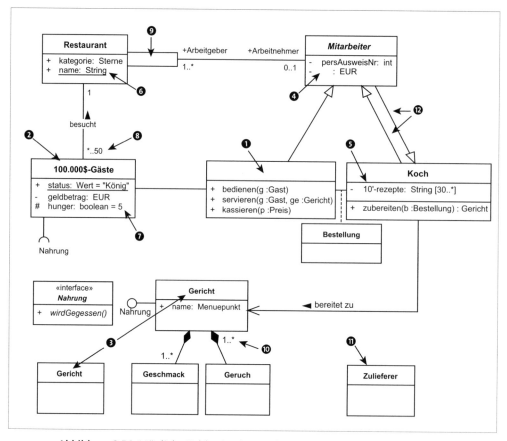

Abbildung 2.56 Mögliche Fehler in Klassendiagrammen

❻ Falsche Verwendung von Klassenattributen

Das Attribut name wird nicht für alle Restaurants gleich sein und muss nicht bereits verfügbar sein, bevor das erste Restaurant-Objekt instanziiert wird. Der name wird für die meisten Instanzen eines Restaurants unterschiedlich sein und sollte daher als Instanzattribut modelliert werden.

Klassenattribute und -operationen sollten möglichst sparsam verwendet werden.

❼ Ungültiger Vorgabewert

Der Vorgabewert muss zum Datentyp des Attributs passen. Bei diesem Attribut ist beispielsweise nur true oder false als Vorgabewert erlaubt.

❽ Ungültige Multiplizität

Die untere Grenze darf nicht größer (* bedeutet beliebig viele) sein als die obere (50).

❾ Qualifizierer fehlt

Wenn Sie eine qualifizierte Assoziation modellieren, muss zwingend ein Attribut der gegenüberliegenden Klasse als Qualifizierer angegeben werden.

❿ Multiplizität der Komposition falsch

Ein Teilobjekt darf bei einer Komposition nicht gleichzeitig in mehreren Ganzen verwendet werden. (Bei der Aggregation ist dies hingegen durchaus möglich.)

⓫ Klasse ohne Assoziation

Eine Klasse, die keine Assoziation besitzt, weist zumeist auf Fehler im Modell hin. Üblicherweise müssen Klassen miteinander interagieren, um eine Dienstleistung im Modell zu erbringen. Entweder fehlt also eine geeignete Assoziation, oder die Klasse wird im aktuellen Modell tatsächlich nicht benötigt.

⓬ Generalisierungsbeziehung falsch

Zwei Klassen können sich nicht gleichzeitig gegenseitig spezialisieren.

2.6 Zusammenfassung

Abschließend werden die wichtigsten Notationselemente und deren Bedeutung übersichtsartig zusammengefasst:

▶ **Klassen** repräsentieren Baupläne für Objekte.

Abbildung 2.57 Klasse

▶ **Attribute** stellen die Eigenschaften der Klasse dar, **Operationen** ihre dynamischen Fähigkeiten (siehe Abbildung 2.58).

Abbildung 2.58 Attribut und Operation

▶ Eine **abstrakte Klasse** definiert einen (möglicherweise unvollständigen) Bauplan auf einer sehr abstrakten Ebene, auf der noch keine konkreten Objekte erzeugt werden können (siehe Abbildung 2.59).

Abbildung 2.59 Abstrakte Klasse

▶ **Templates** sind Klassen, bei deren Attributen und Operationen vorab keine Datentypen festgelegt werden müssen. Weil man die Datentypen erst bei der Benutzung spezifiziert, können sie flexibel eingesetzt werden, ohne auf Typsicherheit verzichten zu müssen.

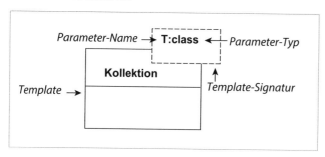

Abbildung 2.60 Template

▶ **Assoziationen** modellieren Beziehungen zwischen Klassen.

Abbildung 2.61 Assoziation

▶ Eine **Aggregation** definiert eine lose Ganzes-Teile-Beziehung zwischen Klassen, bei der die Teile vom Ganzen getrennt werden können, ohne das Ganze zu zerstören.

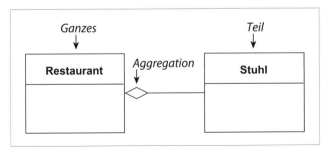

Abbildung 2.62 Aggregation

▶ Eine **Komposition** stellt eine starke Form der Aggregation dar, bei der die Verbindung zwischen dem Ganzen und den Teilen als untrennbar angesehen wird.

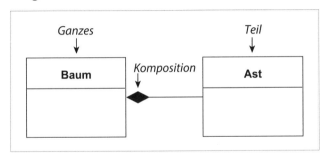

Abbildung 2.63 Komposition

▶ Die **Generalisierung** modelliert eine Beziehung zwischen einer spezifischen Subklasse und einer allgemeinen Superklasse.

Abbildung 2.64 Generalisierung

▶ **Stereotypen** spezifizieren den Zweck oder die Art von Notationselementen.

Abbildung 2.65 Stereotyp

▶ Mit einer **Schnittstelle** wird eine Art **Vertrag zwischen Klassen** definiert, dessen Inhalt sowohl Attribute als auch Operationen umfassen kann.

Abbildung 2.66 Schnittstelle

▶ In **Anmerkungen** können beliebige Kommentare platziert werden.

Abbildung 2.67 Anmerkung

Kapitel 3
Objektdiagramm

Das Objektdiagramm zeigt eine Momentaufnahme der Objekte eines Systems.

3.1 Anwendungsbereiche

Ein Objektdiagramm (engl. *Object Diagram*) kann als Sonderfall eines Klassendiagramms angesehen werden.

Während ein Klassendiagramm die allgemeinen Baupläne und alle möglichen Beziehungen der Objekte untereinander modelliert, stellt das zugehörige Objektdiagramm die tatsächlich erzeugten Objekte, deren Attributwerte und Beziehungen innerhalb eines begrenzten Zeitraums zur Laufzeit dar.

Aus diesem Grund werden Objektdiagramme in allen Phasen der Softwareentwicklung parallel zu Klassendiagrammen eingesetzt. Ihre Verwendung wird zumeist jedoch nur notwendig, wenn komplexe Klassendiagramme anhand von Beispielen verdeutlicht und überprüft werden sollen.

3.2 Übersicht

Abbildung 3.1 präsentiert die wichtigsten Notationselemente von Objektdiagrammen.

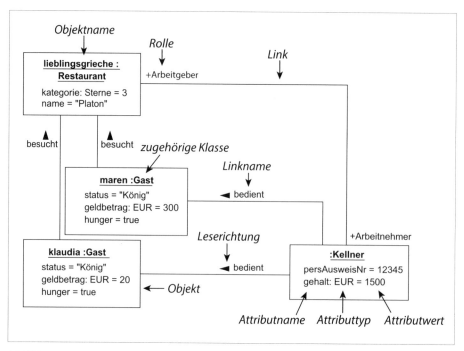

Abbildung 3.1 Notationselemente von Objektdiagrammen

3.3 Notationselemente

3.3.1 Objekt

Abbildung 3.2 Objekt

Beschreibung

Ein **Objekt** (engl. *Object*) entsteht bei der Realisierung eines Bauplans, den eine Klasse spezifiziert. Es wird auch als **Instanz** oder **Exemplar einer Klasse** bezeichnet.

Abbildung 3.2 zeigt ein Objekt maren und dessen Attribute mit Attributwerten, die ihren Zustand festlegen. Im Unterschied zum Notationselement einer Klasse werden der Objektname und die Klassenzugehörigkeit unterstrichen dargestellt. Auf die Darstellung von Operationen wird bei Objekten verzichtet.

Das Objekt maren der Klasse Gast wird zu einem Zeitpunkt seines Lebens gezeigt, in dem seine Attribute status den Wert "König", geldbetrag vom Typ EUR den Wert 300 und hunger den Wert true aufweisen. Anschaulich ausgedrückt, besitzt der Gast maren 300 EUR, ist hungrig und wird wie ein König behandelt. Die Attributwerte müssen erwartungsgemäß zu den Typen der Attribute passen.

Das Objektdiagramm beschreibt nicht, wie maren in diesen Zustand gekommen ist oder welches ihr nächster Zustand ist. Die Modellierung aller Zustände und Zustandsübergänge ist Aufgabe des Zustandsdiagramms, das Sie in Kapitel 10 kennenlernen.

Die Angabe der Attribute und Attributwerte eines Objektes kann unvollständig sein und nur diejenigen umfassen, die gerade für seinen Zustand bedeutend sind.

Abbildung 3.3 zeigt ein Objekt der Klasse Gast mit dem Namen maren während der Erteilung einer Bestellung.

Zu diesem Zeitpunkt hatte maren demnach 300 EUR und den status "König". Das Attribut hunger wird ausgeblendet, da es bei der Erteilung einer Bestellung nicht zwingend eine Rolle spielen muss.

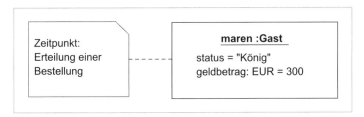

Abbildung 3.3 Unvollständige, aber zulässige Objektspezifikation

Die Instanziierung einer Klasse durch ein Objekt kann auch mithilfe der <<instantiate>>-Abhängigkeit modelliert werden:

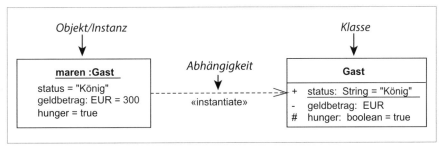

Abbildung 3.4 Instanziierung einer Klasse

Abbildung 3.4 zeigt, dass das Objekt maren eine Instanz der Klasse Gast darstellt. Man erkennt dies zwar auch an der Klassenbezeichnung hinter dem Doppelpunkt im Objektnamen. Die Darstellung aus Abbildung 3.4 hebt jedoch den Zusammenhang zwischen Objekt und Klasse hervor und zeigt den »Bauplan« und das »Produkt« in einem Diagramm.

Verwendung

Objektdiagramme sind hilfreich, um den konkreten Zustand einzelner Objekte in einem gegebenen Kontext darzustellen. Sie stellen im Allgemeinen die Werte der Attribute dar, die diesen Zustand charakterisieren. Alle anderen Attribute werden aus Gründen der Überschaubarkeit weggelassen.

Bei der Darstellung der Objekte können Klassendiagramme auf deren Vollständigkeit und Korrektheit überprüft werden. Benötigen Sie in einem der Objektdiagramme ein Objekt, das keiner der Klassen zugeordnet werden kann, ist Ihr Klassendiagramm unvollständig. Klassen dagegen, nach deren Bauplan kein Objekt erzeugt werden musste, können eventuell aus dem Klassendiagramm entfernt werden.

Realisierung in Java

Zur Implementierung wird das Beispiel aus Abbildung 3.4 herangezogen.

Zunächst wird eine Klasse EUR erstellt, die den Datentyp für geldbetrag realisiert. Sie kapselt lediglich eine Fließkommazahl (float):

```
class EUR
{
  public float betrag;
  public EUR(float b)
  {
    betrag = b;
  }
}
```

Listing 3.1 /beispiele/java/kap3/kap_3_3_1/EUR.java
(Download der Beispiele: www.rheinwerk-verlag.de/4546)

Nun kann die Klasse Gast implementiert werden:

```
class Gast
{
  public static String status = "König";

  private EUR geldbetrag; ❶
  protected boolean hunger;
```

```
public Gast(EUR g, boolean h) ❷
{
  geldbetrag = g;
  hunger = h;
}

public Gast(EUR g) ❷
{
  geldbetrag = g;
  hunger = true;
}
}
```

Listing 3.2 /beispiele/java/kap3/kap_3_3_1/Gast.java

❶ Der geldbetrag erhält den geforderten Typ EUR.

❷ Java bietet keine Möglichkeit, Vorgabewerte für Übergabeparameter zu definieren, was für das Attribut hunger notwendig wäre. Daher bedient sich dieses Beispiel der Überladung von Konstruktoren und emuliert damit eine Art Vorgabewert.

Eine einfache Hauptoperation demonstriert die Instanziierung eines Objekts der Klasse Gast:

```
public static void main(String[] args)
{

  Gast maren = new Gast(new EUR(300), true); ❶
}
```

Listing 3.3 /beispiele/java/kap3/kap_3_3_1/Test.java

❶ Das in Abbildung 3.4 gezeigte Objekt maren mit einem geldbetrag von 300 EUR und hunger = true wird mithilfe des new-Operators instanziiert.

Das Attribut status muss nicht gesetzt werden, da es als Klassenattribut für alle Objekte der Klasse Gast verfügbar ist und bereits bei seiner Deklaration mit "König" vorbelegt wird.

Realisierung in C#

Die Umsetzung und Instanziierung der Klassen EUR und Gast unterscheiden sich in C# nicht wesentlich von der in Java:

```
public class EUR
{
    private decimal betrag; ❶
```

```
        public EUR(decimal betrag) => this.betrag = betrag;  ❷
    }

public class Gast
{
    public static string status = "König";
    private EUR geldbetrag;
    protected bool hunger;  ❸

    public Gast(EUR geldbetrag, bool hunger = true)  ❹
    {
        this.geldbetrag = geldbetrag;  ❺
        this.hunger = hunger;
    }
}
```

Listing 3.4 /beispiele/c#/kap3/kap_3_3_1/Kap_3_3_1.cs

❶ Der Datentyp decimal ist für Geldbeträge besser geeignet als float oder double.

❷ Das Schlüsselwort this muss verwendet werden, wenn wie hier der Parameter-name gleich dem Namen des Attributs ist.

❸ In C# muss statt boolean der Datentyp bool verwendet werden.

❹ In C# können Vorgabewerte für Parameter angegeben werden.

Dadurch ist es möglich, die Anzahl der Konstruktoren zu verringern und die Lesbarkeit zu erhöhen.

Wird im Beispiel der Konstruktor mit

```
Gast maren = new Gast(new EUR(300))
```

aufgerufen, also ohne einen Wert für den Parameter hunger anzugeben, dann wird der Vorgabewert true verwendet.

❺ Wieder muss das Schlüsselwort this verwendet werden, wenn wie hier der Parametername gleich dem Namen des Attributs ist.

```
static void Main(string[] args)
{
  Gast maren = new Gast(new EUR(300), true);  ❶
}
```

Listing 3.5 /beispiele/c#/kap3/kap_3_3_1/Kap_3_3_1.cs

❶ Das in Abbildung 3.4 dargestellte Objekt maren der Klasse Gast wird mit einem geldbetrag von 300 EUR und hunger = true angelegt, was in C# ebenfalls mit dem new-Operator durchgeführt wird.

Wie oben erklärt, kann der Parameter true hier auch weggelassen werden, da er dem Vorgabewert für den Parameter hunger entspricht.

3.3.2   Link

Abbildung 3.5 Link

Beschreibung

> Ein **Link** repräsentiert eine **Beziehung zwischen zwei Objekten**.

In einem Klassendiagramm werden Beziehungen zwischen Klassen als *Assoziationen* bezeichnet. In einem Objektdiagramm ist ein Link die konkrete Ausprägung einer Assoziation.

Grafisch sind Links und Assoziationen nicht unterscheidbar. Durch ihre Verwendung zwischen Klassen bzw. Objekten sind sie jedoch nicht zu verwechseln.

Links erhalten alle Aspekte ihrer zugehörigen Assoziation, wie z. B. Rollen, Namen, Leserichtungen oder Eigenschaften. Allein eine Multiplizität höher als 1 ist nicht erlaubt, weil Links immer genau zwei Objekte verbinden. Hat eines der instanziierten Assoziationsenden eine Multiplizität größer als 1, können mehrere Links zu mehreren Objekten modelliert werden.

Verwendung

Genauso wie ein Klassendiagramm ohne Assoziationen nicht viel mehr als eine Anhäufung von beziehungslosen Klassen ist, stellt ein Objektdiagramm ohne Links eine Anhäufung von beziehungslosen Objekten dar. Verbinden Sie daher Objekte mit Links auf dieselbe Art, wie Sie Klassen mit Assoziationen verbinden.

Sollte Ihnen während der Erstellung eines Objektdiagramms auffallen, dass ein Link benötigt wird, dem keine entsprechende Assoziation im Klassendiagramm gegenübersteht, ist Ihr Klassendiagramm unvollständig und muss erweitert werden. Assoziationen aus Klassendiagrammen, die in keinem der Objektdiagramme verwendet wurden, sind darauf zu überprüfen, ob sie im Klassendiagramm wirklich benötigt werden.

Realisierung in Java

Das Objektdiagramm aus Abbildung 3.6 zeigt im oberen Teil die Klassen Kellner und Gast, die durch eine Assoziation verbunden sind.

Der untere Teil der Abbildung beinhaltet die Objekte und einen Link, die diese beiden Klassen sowie die Assoziation instanziieren.

Dieses Objektdiagramm soll im Folgenden umgesetzt werden.

Abbildung 3.6 Link-Beispiel

Zunächst werden die Klassendefinitionen realisiert:

```
class Kellner
{

  public Gast kunde;  ❶
  public void setGast(Gast g)  ❷
  {
    kunde = g;
    g.bedienung = this;
  }
}
class Gast
{

  public Kellner bedienung;  ❸
  public void setKellner(Kellner k)
  {
    bedienung = k;
```

```
    k.kunde = this;
  }
}
```

Listing 3.6 /beispiele/java/kap3/kap_3_3_2/Kellner.java & Gast.java

❶ Die Assoziation zum Gast wird deklariert.

❷ Da die Assoziation in beide Richtungen navigierbar ist, werden beide Assoziationsenden gleichzeitig instanziiert: sowohl auf der Seite des Kellners als auch auf der Seite des Gastes.

Erst damit ist die Assoziation vollständig und konsistent instanziiert: Ein Link entsteht.

❸ Bei der Klasse Kunde wird auf dieselbe Art verfahren.

In einer Hauptoperation werden die Objekte instanziiert und die Links gesetzt:

```
public static void main(String[] args)
{

  Gast maren = new Gast(); ❶
  Kellner mathias = new Kellner();
  maren.setKellner(mathias); ❷
}
```

Listing 3.7 /beispiele/java/kap3/kap_3_3_2/Test.java

❶ Objekte werden in Java mithilfe des new-Operators instanziiert.

❷ Die gegenseitigen Assoziationen werden gesetzt und damit zu Links instanziiert. Der Aufruf einer der beiden set-Operationen ist ausreichend, da jede von ihnen beide Assoziationsenden konsistent setzt und somit den gesamten Link instanziiert.

Realisierung in C#

Objekte werden in C# ebenfalls mit dem new-Operator instanziiert, sodass die Implementierung gegenüber dem Java-Programmcode keine erwähnenswerten Unterschiede aufweist. Sie finden den vollständigen Programmcode im Ordner *beispiele/c#/kap3/kap_3_3_2*.

3.4   Lesen eines Objektdiagramms

Ein Objektdiagramm wird üblicherweise verwendet, um ein Klassendiagramm zu illustrieren. Aus diesem Grund wird zunächst ein Klassendiagramm (siehe Abbildung 3.7) entworfen.

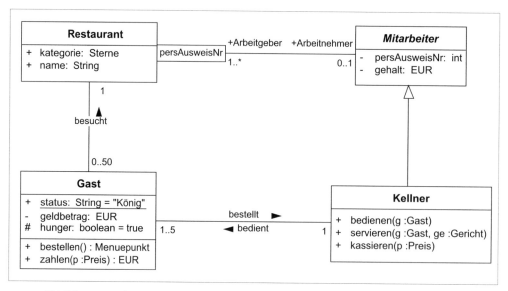

Abbildung 3.7 Klassendiagramm als Grundlage für ein Objektdiagramm

Für das Klassendiagramm aus Abbildung 3.7 wird ein Objektdiagramm (siehe Abbildung 3.8) erstellt.

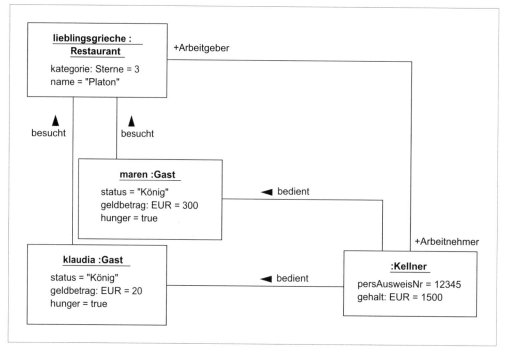

Abbildung 3.8 Beispiel-Objektdiagramm

Das Objektdiagramm aus Abbildung 3.8 zeigt vier Objekte:

▶ lieblingsgrieche der Klasse Restaurant

▶ namenloser Kellner

▶ maren der Klasse Gast

▶ klaudia der Klasse Gast

Zu einem nicht näher spezifizierten Zeitpunkt besitzt der lieblingsgrieche den namen "Platon" und die kategorie 3 Sterne.

Als Arbeitgeber hat er einen Link zu seinem Arbeitnehmer. Zurzeit handelt es sich dabei um einen einzigen Kellner, dessen Objektname nicht spezifiziert wurde, weil er hier als nicht wichtig angesehen wird.

Beachten Sie, dass kein Objekt der Klasse Mitarbeiter im Objektdiagramm aufgeführt wird. Wie in Abschnitt 2.3.14 erläutert wurde, dienen abstrakte Klassen als Vorlagen für weitere Klassen und können nicht selbst instanziiert werden. Bei der Klasse Mitarbeiter handelt es sich um solch eine abstrakte Klasse. Sie wird von der Klasse Kellner spezialisiert, weshalb das namenlose Kellner-Objekt über alle Attribute eines Mitarbeiters verfügt und sie mit den Werten 12345 (persAusweisNr) und 1500 (gehalt) belegen kann.

Das Klassendiagramm aus Abbildung 3.7 definiert, dass ein Kellner 1 bis 5 Gäste bedienen kann. Im Objektdiagramm kann daher ein unbekannter Kellner zwei Gäste (maren und klaudia) bedienen, mit denen er über zwei Links verbunden ist.

maren und klaudia sind zwei Objekte der Klasse Gast und besitzen damit alle Attribute eines Gastes. Beide Objekte besuchen gerade dasselbe Restaurant und sind daher mit dem lieblingsgriechen über Links verbunden.

Bei den Gast-Objekten sollte zusätzlich erwähnt werden, dass jedes der Gast-Objekte das Attribut status mit dem Wert "König" besitzt, da es in der Klasse als statisches Attribut deklariert und mit ebendiesem Wert vorbelegt wird (statische Attribute wurden bereits in Abschnitt 2.3.2 behandelt).

3.5 Irrungen und Wirrungen

Abbildung 3.9 zeigt ein fehlerhaftes Objektdiagramm, das ein Beispiel des Klassendiagramms aus Abbildung 3.7 sein *sollte*:

Abbildung 3.9 Mögliche Fehler in Objektdiagrammen

❶ **Unbekannte Klasse**

Es dürfen nur Objekte erstellt werden, die aus Klassen des zugrunde liegenden Klassendiagramms erzeugt werden können.

Werden Objekte neuer Klassen benötigt, ist das Klassendiagramm unvollständig und muss erweitert werden.

❷ **Instanz einer abstrakten Klasse**

Aus abstrakten Klassen können keine Instanzen erzeugt werden.

❸ **Falsche Leserichtung**

Die Links eines Objektdiagramms müssen den Assoziationen des Klassendiagramms in den Assoziationsnamen, Leserichtungen, Rollen, Navigationsrichtungen und Eigenschaften entsprechen und dürfen sie nicht verändern.

Zeichnet sich bei der Erstellung eines Objektdiagramms ab, dass eine andere Assoziation benötigt wird, muss das Klassendiagramm modifiziert werden.

❹ **Neue Assoziation**

Ein Objektdiagramm darf keine Links beinhalten, die nicht im Klassendiagramm als Assoziationen vorhanden sind. Andererseits sollten Assoziationen aus dem zugehörigen Klassendiagramm auch als Links im Objektdiagramm nicht fehlen.

Macht das Objektdiagramm deutlich, dass ein zusätzlicher Link notwendig ist, muss das Klassendiagramm um die entsprechende Assoziation ergänzt werden.

❺ Neues Attribut

Objekte dürfen keine Attribute mit Werten belegen, die nicht bereits in der Klasse deklariert sind. Das Objekt würde andernfalls die Definition der Klasse und damit seinen eigenen Bauplan verändern.

Neue benötigte Attribute müssen zunächst in der Klasse hinzugefügt werden.

❻ Attributwert falsch

Die Attributwerte der Objekte müssen dem Datentyp der Attribute entsprechen. Attribut `hunger` ist vom Typ `boolean` und erlaubt damit nur die Werte `true` und `false`.

3.6 Zusammenfassung

Die wichtigsten Notationselemente von Objektdiagrammen und deren Bedeutung werden im Folgenden noch einmal rekapituliert:

▶ Ein **Objekt** wird auch als Instanz oder Ausprägung einer Klasse bezeichnet und entsteht als Produkt der Realisierung eines Klassen-Bauplans.

Abbildung 3.10 Objekt

▶ **Links** zeigen Beziehungen zwischen Objekten.

Abbildung 3.11 Link

Kapitel 4
Kompositionsstrukturdiagramm

Das Kompositionsstrukturdiagramm modelliert die internen Strukturen von Komponenten zusammen mit ihren gemeinsamen Interaktionspunkten.

4.1 Anwendungsbereiche

Kompositionsstrukturdiagramme (engl. *Composite Structure Diagram*s) definieren die internen Strukturen von Komponenten (die sogenannte White-Box-Darstellung) und deren Interaktionspunkte zu weiteren Komponenten des Systems.

Sie zeigen die innere Architektur von Komponenten, wie ihre einzelnen Bestandteile gemeinsam die gewünschten Aufgaben verrichten, und werden auch als *Architektur-diagramme* bezeichnet.

Kompositionsstrukturdiagramme werden überwiegend in den frühen Phasen der Softwareentwicklung wie Analyse oder Entwurf erstellt. Im Verlauf des Entwicklungsprozesses werden sie üblicherweise im Sinne der »Top-down-Methode« iterativ präzisiert und verfeinert.

Außerdem empfiehlt die UML ihren Einsatz bei der Definition von Lösungsmustern für wiederkehrende Problemstellungen, die konsistent bei der Entwicklung des Systems wiederverwendet werden können.

4.2 Übersicht

Abbildung 4.1 benennt die wichtigsten Notationselemente von Kompositionsstrukturdiagrammen.

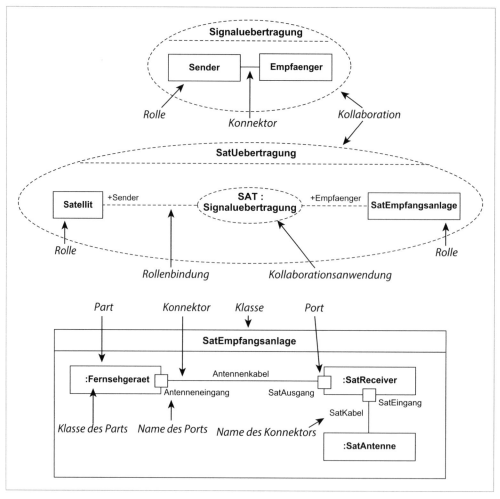

Abbildung 4.1 Notationselemente von Kompositionsstrukturdiagrammen

4.3 Notationselemente

4.3.1 Part

Beschreibung

> Ein **Part** modelliert eine **Untermenge möglicher Objekte**, die in einer Klasse enthalten sein könnten.

Parts sind mit ihren enthaltenden Klassen zumeist durch Kompositionen (siehe Abschnitt 2.3.10) verbunden. So kann Abbildung 4.2 entnommen werden, dass ein Fussballspiel aus 22 Fussballspielern besteht.

Abbildung 4.2 Part

Obwohl an einem Fussballspiel deutlich mehr Menschen teilnehmen (beispielsweise Schiedsrichter, Balljungen usw.), stellt der Part aus Abbildung 4.2 nur eine Teilmenge aller Objekte der Klasse Mensch dar: die Fussballspieler.

Die Multiplizität kann alternativ durch eine hochgestellte Zahl notiert werden.

Abbildung 4.3 Alternative Notation der Multiplizität eines Parts

Existiert keine Kompositionsbeziehung zwischen der umgebenden Klasse und dem Part, wird seine Umrandung gestrichelt gezeichnet (siehe Abbildung 4.4).

Abbildung 4.4 Ein Part ohne Kompositionsbeziehung zur umgebenden Klasse

Ein weiteres Beispiel sollte den Einsatz von Parts deutlicher machen. Abbildung 4.5 und Abbildung 4.6 zeigen zwei mögliche Sichten auf die Klasse Fussballspiel.

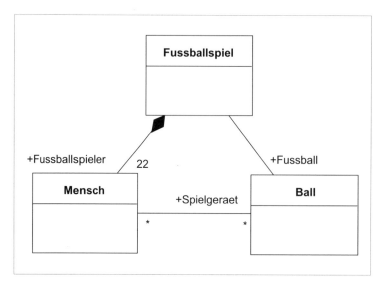

Abbildung 4.5 Ein Fußballspiel aus Komposition und Assoziation

Abbildung 4.6 Ein Fußballspiel aus Parts

Im Klassendiagramm aus Abbildung 4.5 hat die Klasse Fussballspiel eine Kompositionsbeziehung zu 22 Menschen in der Rolle Fussballspieler und eine Assoziationsbeziehung mit einem Ball in der Rolle eines Fussballs.

Abbildung 4.6 spezifiziert zunächst genau dasselbe. Durch die Verwendung von Parts wird jedoch gleichzeitig spezifiziert, dass Fussballspieler und Fussball zur inneren Struktur eines Fussballspiels gehören. Das eröffnet die Möglichkeit, Details zu modellieren, die für Fussballspieler und Fussbaelle nur im Kontext eines Fussballspiels gelten. Auf die Allgemeingültigkeit der Aussagen braucht dabei nicht geachtet zu werden.

In Abbildung 4.5 besagt beispielsweise die Assoziation zwischen Mensch und Ball, dass ein Mensch beliebig viele Baelle als Spielgeraet verwenden kann. Ebenso kann ein Ball beliebig vielen Menschen als Spielgeraet dienen. Die Verwendung einer m-zu-n-Multiplizität ist hier notwendig, da die Assoziation nicht auf den Kontext eines Fussballspiels eingeschränkt werden kann und somit für alle Interaktionen zwischen Menschen und Baellen gelten muss.

In Abbildung 4.6 braucht dagegen nur der Konnektor zwischen Fussballspielern und Fussbaellen beachtet zu werden und kann damit exklusiv für ein Fussballspiel modelliert werden. Im Kontext eines Fussballspiels verwendet ein Mensch genau einen Ball als Spielgeraet, wogegen ein Ball genau 22 Menschen als Spielgeraet dient.

Zusätzlich definiert die Verwendung der Parts, dass Menschen als Fussballspieler und ein Ball in seiner Rolle als Fussball nur zusammen interagieren dürfen, wenn sie Parts desselben Fussballspiels sind. Auch dieser Zusammenhang ist dem Klassendiagramm aus Abbildung 4.5 nicht zu entnehmen.

Verwendung

Parts modellieren die inneren Bestandteile von Klassen und erlauben eine passgenaue Modellierung für einen bestimmten Kontext, die außerhalb seiner Grenzen nicht unbedingt gelten muss.

Parts können im Zuge des Top-down-Vorgehens bei der Präzisierung der inneren Struktur von Klassen effizient eingesetzt werden.

4.3.2   Port und Konnektor

Abbildung 4.7 Port und Konnektor

Beschreibung

Ein **Port** spezifiziert einen **Interaktionspunkt** zwischen

▶ einer Klasse und ihrer Umgebung,

▶ einem Part und seiner Umgebung oder

▶ einer Klasse und ihren internen Bestandteilen.

Konnektoren (engl. *Connectors*) **verbinden** sowohl **Ports** als auch **Parts** oder **Klassen** und leiten Anfragen an sie weiter.

Die Verbindung zwischen einem Port und einem Element (= Klasse oder Part) ist untrennbar. Wird die Existenz der Klasseninstanz beendet, zerstört dies auch den Port.

Abbildung 4.7 zeigt eine KabelEmpfangsanlage, die aus zwei Parts besteht:

▶ Fernsehgeraet mit einem Port Antenneneingang

▶ Kabelanschluss mit einem Port Antennenausgang

Die Namen der Ports sind optional und können weggelassen werden.

Beide Ports sind mit einem Konnektor Antennenkabel verbunden. Die Platzierung der Ports auf den Rändern der Notationselemente spezifiziert, dass sie öffentlich (public) und damit außerhalb von Fernsehgeraet bzw. Kabelanschluss erreichbar sind.

Ein Konnektor muss jedoch nicht zwingend zwei Ports verbinden, sondern kann beliebig zwischen Klassen, Parts und Ports modelliert werden (siehe Abbildung 4.8):

Abbildung 4.8 Konnektoren können Ports, Parts und Klassen verbinden.

Der Verzicht auf die Modellierung eines Ports an der SatAntenne in Abbildung 4.8 drückt aus, dass das SatKabel direkt an die SatAntenne angeschlossen wird, während es mit einem Port des SatReceivers verbunden werden muss.

Ein Port kann durch eine ihm zugewiesene Schnittstelle (siehe auch Abschnitt 2.3.16) Dienste definieren, die eine Klasse anbietet oder auch benötigt (siehe Abbildung 4.9):

Abbildung 4.9 Ports und Schnittstellen

In Abbildung 4.9 benötigt die Klasse Fernsehgeraet ein Fernsehsignal, um arbeiten zu können (genauer gesagt die Implementierung der Schnittstelle Fernsehsignal). Alle Daten und Anfragen werden zwischen dem Fernsehsignal und dem Fernsehgeraet über seinen Port f ausgetauscht.

Ein Kabelanschluss stellt dagegen einen Port k mit einer realisierten Schnittstelle Fernsehsignal bereit, sodass eine Zusammenarbeit zwischen den beiden Klassen möglich wäre.

Es ist ebenfalls möglich, einem Port mehrere Schnittstellen zuzuweisen. Man spricht in diesem Fall von einem **komplexen Port** (engl. *Complex Port*, siehe Abbildung 4.10):

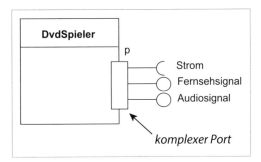

Abbildung 4.10 Komplexer Port

Abbildung 4.10 modelliert einen DvdSpieler mit einem komplexen Port p. Dieser Port benötigt Strom und stellt ein Fernsehsignal und ein Audiosignal zur Verfügung.

Leitet ein Port alle Anfragen an die entsprechenden Operationen der Klasse selbst und nicht an deren innere Bestandteile, so wird er als **Verhaltensport** (engl. *Behavior Port*) bezeichnet (siehe Abbildung 4.11):

Abbildung 4.11 Verhaltensport

Ein Verhaltensport wird modelliert, indem ein gewöhnlicher Port mit einem Zustandssymbol innerhalb der Klasse verbunden wird (das Zustandssymbol repräsentiert in diesem Kontext das Verhalten der Klasse). Details über Zustandsdiagramme lernen Sie in Kapitel 10 kennen.

Verwendung

Ports werden modelliert, um die größtmögliche Kapselung von Klassen zu ihrer Umwelt zu erreichen. Ports können Schnittstellen zusammenfassen, ankommende Daten filtern oder transformieren, Anfragen weiterleiten oder verwerfen usw.

Wenn Sie das gesamte öffentlich sichtbare Verhalten der Klasse mithilfe von Ports kapseln, erreichen Sie die größtmögliche Kapselung der Klasse und erleichtern damit ihre Wiederverwendung.

Realisierung in Java

Abbildung 4.12 Beispiel für einen Port

Zunächst wird die vom Port bereitgestellte Schnittstelle `Fernsehsignal` definiert (siehe Abbildung 4.12):

```
public interface Fernsehsignal
{
    public String getFernsehsignal(String sender); ❶
}
```

Listing 4.1 beispiele/java/kap4/kap_4_3_2/Fernsehsignal.java
(Download der Beispiele: www.rheinwerk-verlag.de/4546)

❶ Die Schnittstelle deklariert eine bereitzustellende Operation `getFernsehsignal`, die einen `sender` in Form eines `Strings` als Übergabeparameter erwartet. Ihr Rückgabetyp `String` soll in diesem Beispiel vereinfachend ein »Fernsehsignal« repräsentieren.

Dann kann die Klasse `SatReceiver` realisiert werden:

```
public class SatReceiver
{

    private String signalSender1; ❶
    private String signalSender2;
    private String getSignalSender1()
    {
        return signalSender1;
    }
    private String getSignalSender2()
    {
```

```
    return signalSender2;
  }

  public class ScartPort implements Fernsehsignal ❷
  {
    public String getFernsehsignal(String sender)
    {
      if(sender.compareTo("sender1") == 0) ❸
        return getSignalSender1();
      if(sender.compareTo("sender2") == 0) ❹
        return signalSender2;
      return "Schnee"; ❺
    }
  }
  public ScartPort scartanschluss; ❻

  public SatReceiver()
  {
    signalSender1 = new String("Fernsehsignal von Sender1");
    signalSender2 = new String("Fernsehsignal von Sender2");

    scartanschluss = new ScartPort(); ❼
  }
}
```

Listing 4.2 /beispiele/java/kap4/kap_4_3_2/SatReceiver.java

❶ Die Klasse SatReceiver besitzt zwei Attribute signalSender1 und signalSender2, die in unserem Beispiel zwei Fernsehsignale unterschiedlicher Sender repräsentieren sollen.

Weiterhin verfügt sie über die get-Operationen getSignalSender1 und getSignal-Sender2, die das Fernsehsignal des jeweiligen Senders bereitstellen.

Beachten Sie, dass alle Attribute und Operationen der Klasse als private, also als von außerhalb der Klasse nicht erreichbar, deklariert sind. Die gesamte Kommunikation mit der Klasse soll über den modellierten Port scartanschluss durchgeführt werden.

❷ Java unterstützt das Port-Konzept nativ nicht. Daher wird in diesem Beispiel der modellierte Port als innere Klasse deklariert, die Fernsehsignal als bereitzustellende Schnittstelle implementiert.

❸ Ein Port kann eine Anforderung an eine Operation der Klasse weiterleiten.

❹ Ein Port kann auch direkt auf die Attribute der Klasse zugreifen.

❺ Anfragen an einen Port können von ihm gefiltert und gegebenenfalls zurückge-
wiesen werden. Wird in diesem Beispiel ein signal eines unbekannten Senders
gefordert, gibt der Port nur Schnee zurück.

❻ Ein scartanschluss wird, wie im Modell der Abbildung 4.12 gefordert, deklariert.

❼ Eine Klasse ist selbst für die Erschaffung und Beseitigung des Ports zuständig. Die
Erschaffung wird hier im Konstruktor der Klasse SatReceiver sichergestellt. Der
Port scartanschluss wird als Instanzattribut automatisch mit der Klasse SatRecei-
ver beseitigt.

Eine einfache Hauptoperation demonstriert, dass Anfragen an SatReceiver über den
Port scartanschluss möglich sind. Jegliche direkten Zugriffsversuche würden zu
einem Fehler des Compilers führen:

```java
public static void main(String[] args)
{
    SatReceiver sat = new SatReceiver();

    System.out.println(sat.scartanschluss.getFernsehsignal("sender1"));
    System.out.println(sat.scartanschluss.getFernsehsignal("sender2"));
    System.out.println(sat.scartanschluss.getFernsehsignal("sender3"));
    // System.out.println(sat.sender1); //Compiler-Fehler
}
```

Listing 4.3 /beispiele/java/kap4/kap_4_3_2/Test.java

Die Ausgabe lautet:

```
Fernsehsignal von Sender1
Fernsehsignal von Sender2
Schnee
```

Realisierung in C#

Die Deklaration der Schnittstelle Fernsehsignal unterscheidet sich nicht von der in
Java, außer das hier wieder für die Methode Pascal Case verwendet wurde.

Das Port-Konzept wird auch in C# nicht nativ unterstützt und daher auch in diesem
Beispiel als innere Klasse realisiert. Bei der Implementierung sind jedoch sprachspezifische Unterschiede gegenüber Java zu beachten:

```csharp
public interface Fernsehsignal
{
    string GetFernsehsignal(string sender);
}
```

```
public class SatReceiver
{
    private string signalSender1;
    private string signalSender2;
    private string GetSignalSender1() => signalSender1;
    private string GetSignalSender2() => signalSender2;

    public class ScartPort : Fernsehsignal ❶
    {
        private readonly SatReceiver satReceiver; ❷

        public ScartPort(SatReceiver satReceiver)
            => this.satReceiver = satReceiver;

        public String GetFernsehsignal(string sender)
        {
            switch (sender) ❸
            {
                case "sender1":
                    return satReceiver.GetSignalSender1();
                case "sender2":
                    return satReceiver.signalSender2;
                default:
                    return "Schnee";
            }
        }
    }
    public ScartPort Scartanschluss { get; private set; } ❹

    public SatReceiver()
    {
        signalSender1 = "Fernsehsignal von Sender1";
        signalSender2 = "Fernsehsignal von Sender2";
        Scartanschluss = new ScartPort(this); ❺
    }
}
```

Listing 4.4 /beispiele/c#/kap4/kap_4_3_2/Kap_4_3_2.cs

❶ Die Implementierung einer Schnittstelle wird in C# mit einem Doppelpunkt signalisiert.

❷ Der Zugriff auf nicht statische Attribute oder Operationen der äußeren Klasse aus einer inneren Klasse heraus ist in C# nicht erlaubt. Um dies zu ermöglichen, ist die Übergabe einer Referenz auf eine Instanz der äußeren Klasse notwendig.

Aus diesem Grund wird ein Konstruktor zur Verfügung gestellt, der eine solche Referenz erwartet und diese im Attribut satReceiver speichert.

❸ In der zu implementierenden Operation GetFernsehsignal erfolgt der Zugriff auf die Attribute bzw. Operationen der äußeren Klasse über die Referenz satReceiver.

Man sieht hier: Eine innere Klasse hat Zugriff auf private Attribute und Operationen der äußeren Klasse.

❹ Der Scartanschluss wird über ein Property mit privatem Setter vor äußeren Zuweisungen geschützt.

❺ Bei der Instanziierung eines Scartanschlusses übergibt die äußere Klasse eine Referenz auf sich selbst.

Die folgende Hauptoperation demonstriert den Zugriff über den Port Scartanschluss:

```
static void Main(string[] args)
{
    SatReceiver sat = new SatReceiver();

    Console.WriteLine(sat.Scartanschluss.GetFernsehsignal("sender1"));
    Console.WriteLine(sat.Scartanschluss.GetFernsehsignal("sender2"));
    Console.WriteLine(sat.Scartanschluss.GetFernsehsignal("sender3"));
    //Console.WriteLine(dvd.sender1); //Compiler-Fehler
}
```

Listing 4.5 /beispiele/c#/kap4/kap_4_3_2/Kap_4_3_2.cs

4.3.3 Kollaboration

Abbildung 4.13 Kollaboration

Beschreibung

> **Kollaborationen** (engl. *Collaborations*) beschreiben **Strukturen von Objekten**, die in ihren speziellen **Rollen** kollektiv gewünschte Funktionalitäten bereitstellen, sowie die Verbindungen (**Konnektoren**) der Objekte untereinander.

Das primäre Ziel von Kollaborationen ist zu erläutern, wie ein System intern arbeitet, weshalb sie typischerweise nur die Aspekte der Notationselemente enthalten, die für diesen Zweck unbedingt notwendig sind. Details wie Klassenzugehörigkeiten werden daher häufig ausgeblendet.

Die verwendeten **Rollen** spezifizieren Einsatzarten von Objekten, wie sie für die gewünschte Funktionalität notwendig sind. Es ist durchaus üblich, dass dasselbe Objekt in unterschiedlichen Kollaborationen unterschiedliche Rollen einnimmt und jeweils auf unterschiedliche Art zur Bereitstellung der jeweiligen Funktionalität beiträgt.

Konnektoren zwischen den Rollen modellieren die benötigten Kommunikationswege zwischen den teilnehmenden Instanzen.

Abbildung 4.13 zeigt das Beispiel einer Kollaboration Verkauf. Sie definiert, dass an einem Verkauf zwei Objekte in den Rollen Kaeufer und Verkaeufer teilnehmen müssen. Der modellierte Konnektor zwischen den Rollen spezifiziert, dass eine Kommunikation zwischen Kaeufer und Verkaeufer stattfinden muss, damit ein Verkauf durchgeführt werden kann.

Müssen Objekte spezielle Attribute oder auch Operationen besitzen, um die Rollen einer Kollaboration einnehmen zu können, erlaubt die UML, diese innerhalb von Klassen zu definieren.

Abbildung 4.14 Spezifische Darstellung einer Kollaboration

Dem Kollaborationsdiagramm aus Abbildung 4.14 zufolge muss ein Objekt ein Attribut geldbetrag besitzen, um in die Rolle eines Kaeufers schlüpfen zu können. Auf der anderen Seite muss ein Objekt Ware anbieten können, um als Verkaeufer an der Kollaboration teilzunehmen.

Eine Kollaboration wird nicht direkt in Programmcode umgesetzt. Stattdessen wird sie durch die Einhaltung der modellierten Kooperation von Objekten implementiert.

Verwendung

Verwenden Sie Kollaborationen, um Lösungsmuster für erwartete wiederkehrende Problemstellungen in Ihrem Projekt zu spezifizieren. Kollaborationen ermöglichen damit, den gleichen genau geprüften Lösungsansatz konsistent im gesamten System anzuwenden und damit die Qualität und Wartungsfreundlichkeit Ihrer Software deutlich zu erhöhen.

Genau dieser Ansatz wird in der Softwaretechnik bereits seit dem Anfang der 90er-Jahre verfolgt. Man erkannte, dass Software einige immer wiederkehrende Probleme lösen muss. Damit »das Rad nicht jedes Mal neu erfunden werden muss«, wurden diese Probleme von erfahrenen Entwurfsexperten analysiert, die Entwurfsmuster, sogenannte Design Patterns, ausarbeiteten.

Im Jahre 1994 verfasste die *Gang of Four*, wie die Autoren Erich Gamma, Richard Helm, Ralph Johnson und John Vlissides genannt werden, das erste und nach wie vor am meisten genutzte Standardlehrbuch »Design Patterns«, das die ausgearbeiteten Entwurfsmuster katalogisierte und beschrieb.

Dem interessierten Leser ist zu empfehlen, sich einen Überblick über die folgenden gängigsten Entwurfsmuster zu verschaffen, um die häufigsten Modellierungsfehler von vornherein zu vermeiden:

- ▶ Erzeugungsmuster
  - ▶ Factory
  - ▶ Singleton
- ▶ Strukturmuster
  - ▶ Adapter
  - ▶ Composite
- ▶ Verhaltensmuster
  - ▶ Iterator
  - ▶ Observer

Das Design Pattern *Observer* wird beispielsweise in diesem Buch in Abschnitt 9.3.5 als Entwurfsmuster verwendet.

4.3.4   Kollaborationsanwendung

Abbildung 4.15 Kollaborationsanwendung

Beschreibung

> Mit einer **Kollaborationsanwendung** (engl. *CollaborationUse*) wird die **Anwendung einer bereits spezifizierten Kollaboration** auf eine spezifische Situation modelliert.

Eine Kollaborationsanwendung stellt damit eine Art Instanz einer Kollaboration dar. Wie auch bei Objekten von Klassen wird in den Diagrammen der Name der Kollaborationsanwendung vom zugehörigen Namen der Kollaboration durch einen Doppelpunkt getrennt.

So zeigt Abbildung 4.15 die Anwendung der Kollaboration Verkauf aus Abbildung 4.13 auf einen FussballkartenVerkauf. Die Rolle des Verkaeufers wird vom Fussballstadion, die des Kaeufers vom Fussballfan eingenommen. Die verwendete Kollaborationsanwendung erhält den Namen Einzelverkauf.

Die UML definiert eine alternative Notation für Kollaborationsanwendungen, in der die verwendete Kollaboration und die Bindung der Rollen betont werden (siehe Abbildung 4.16):

Abbildung 4.16 Alternative Notation für Kollaborationsanwendungen

Eine Kollaborationsanwendung darf durchaus mehrmals in einer Kollaboration wiederverwendet werden (siehe Abbildung 4.17):

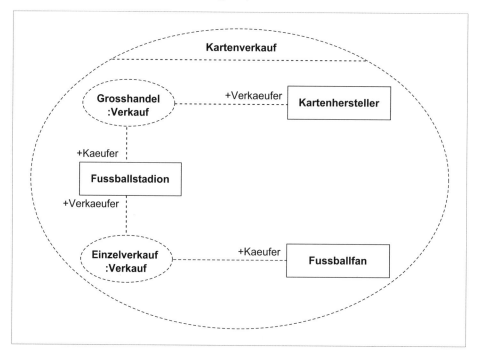

Abbildung 4.17 Kollaboration »Kartenverkauf«

Die Kollaboration Verkauf wird im Kompositionsstrukturdiagramm aus Abbildung 4.17 zweimal verwendet:

▶ als Einzelverkauf
Diese Kollaborationsanwendung zwischen Fussballstadion und Fussballfan wurde bereits oben erläutert.

▶ als Grosshandel
Das Fussballstadion muss dabei mit dem Kartenhersteller einen ähnlichen Vorgang durchführen wie mit dem Fussballfan. Daher kann das einmal definierte Verhaltensmuster (Kollaboration) Verkauf auch an dieser Stelle in Form der Kollaborationsanwendung Grosshandel eingesetzt werden.

Erwähnenswert ist dabei, dass das Fussballstadion gegenüber den verwendeten Kollaborationsanwendungen in unterschiedlichen Rollen auftritt:

▶ Beim Grosshandel nimmt das Fussballstadion die Rolle des Kaeufers an,

▶ beim Einzelverkauf die Rolle des Verkaeufers.

Die in Abbildung 4.17 modellierte Kollaboration Kartenverkauf kann selbst wiederum in weiteren Kollaborationen als Kollaborationsanwendung wiederverwendet werden.

Verwendung

Kollaborationsanwendungen unterstützen die Top-down-Lösungsmethode. Zur Lösung von Problemstellungen großen Umfangs werden häufig kleine Teilprobleme definiert und gelöst. Diese Teillösungen können durch Kollaborationen als Muster dokumentiert werden.

Im nächsten Schritt eröffnen Kollaborationsanwendungen die Möglichkeit, die Teillösungsmuster zu einem großen Lösungsmuster zusammenzusetzen und damit das Gesamtproblem zu bewältigen.

4.4   Lesen eines Kompositionsstrukturdiagramms

Das Kompositionsstrukturdiagramm aus Abbildung 4.18 besteht aus drei Hauptbestandteilen:

▶ Kollaboration Signaluebertragung
Sie spezifiziert, dass an einer Signaluebertragung die zwei Rollen Sender und Empfaenger teilnehmen müssen. Der Konnektor zwischen ihnen drückt die Notwendigkeit einer Interaktion der beiden Rollen untereinander aus.

▶ Kollaboration SatUebertragung
Diese Kollaboration verwendet die zuvor spezifizierte Signaluebertragung wieder und definiert, dass in der Rolle des Senders ein Satellit bzw. in der Rolle des Empfaengers eine SatEmpfangsanlage verwendet werden soll.

▶ Klasse SatEmpfangsanlage

Sie modelliert die innere Struktur einer SatEmpfangsanlage. Demnach besteht sie aus einer SatAntenne, die über einen Konnektor SatKabel mit dem Port SatEingang eines SatReceivers verbunden ist.

Dieser ist selbst wiederum über seinen Port SatAusgang mit dem Port Antenneneingang eines Fernsehgeraets über einen Konnektor Antennenkabel verbunden.

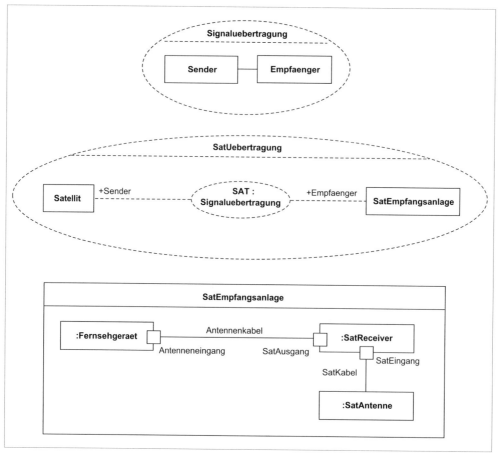

Abbildung 4.18 Beispiel-Kompositionsstrukturdiagramm

4.5 Irrungen und Wirrungen

Abbildung 4.19 weist auf einige häufig gemachte Fehler bei der Nutzung von Kompositionsstrukturdiagrammen hin.

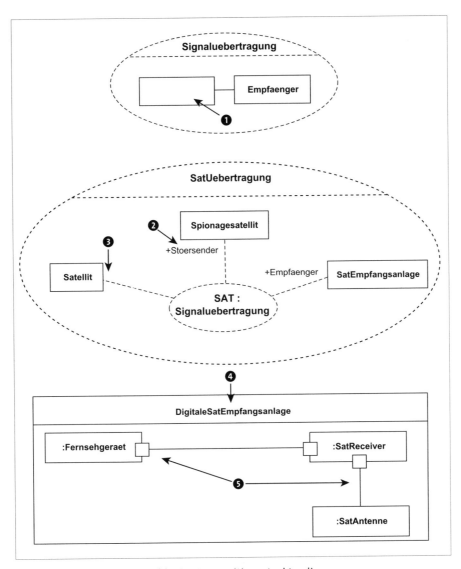

Abbildung 4.19 Mögliche Fehler in Kompositionsstrukturdiagrammen

❶ Rollenbezeichnung fehlt

Rollenbezeichnungen müssen in Kollaborationen spezifiziert werden.

❷ Unbekannte Rolle

An einer Kollaborationsanwendung dürfen nur Rollen teilnehmen, die in der zugehörigen Kollaboration definiert wurden.

❸ Rollenzuordnung fehlt

Die Rollenzuordnung in einer Kollaborationsanwendung muss spezifiziert werden.

❹ Nicht verwendete Klasse

Die Definition der Struktur einer Klasse macht zumeist wenig Sinn, wenn diese Klasse nirgendwo anders verwendet wird. Sollten Sie eine solche Klasse in Ihrem Modell entdecken, überprüfen Sie das Modell daraufhin, ob die Klasse wirklich benötigt wird.

❺ Namen des Konnektors und des Ports fehlen

Die Namen des Konnektors und des Ports sind zwar optional, es ist jedoch empfehlenswert, sie anzugeben, weil sie die Verbindungen zwischen den Parts deutlich klarer gestalten.

4.6 Zusammenfassung

Die folgende Aufzählung benennt die am häufigsten verwendeten Notationselemente von Kompositionsstrukturdiagrammen:

▶ Ein **Part** modelliert eine Untermenge der möglichen Objekte einer Klasse.

Abbildung 4.20 Part

▶ **Ports** spezifizieren Interaktionspunkte, **Konnektoren** die Verbindungen.

Abbildung 4.21 Port

▶ **Kollaborationen** sind abstrakte Beschreibungen von Funktionalitäten.

Abbildung 4.22 Kollaboration

▶ **Kollaborationsanwendungen** stellen konkrete Anwendungen der Kollaborationen dar.

Abbildung 4.23 Kollaborationsanwendung

Kapitel 5
Komponentendiagramm

Das Komponentendiagramm modelliert die Organisation und Abhängigkeiten von Komponenten eines Systems.

5.1 Anwendungsbereiche

Komponentendiagramme (engl. *Component Diagrams*) eignen sich besonders für die Spezifikation von Softwarearchitekturen. Sie werden zumeist parallel zu Verteilungsdiagrammen (siehe Kapitel 6) eingesetzt, in denen die Aufteilung der zu implementierenden Software auf Hardware- und Softwareumgebungen modelliert wird.

In der Phase des Entwurfs und Designs werden u. a. die Aufgaben großer Softwaresysteme auf kleinere Subsysteme verteilt. Eine häufig gewählte Aufteilung ist beispielsweise die Drei-Schichten-Architektur:

▶ Die Datenspeicherung wird einem Datenbankmanagementsystem überlassen.

▶ Die Geschäftslogik wird durch eine Applikationsschicht erledigt.

▶ Die Präsentation und die Benutzerinteraktion werden in einer Präsentationsschicht durchgeführt, z. B. einem Browser.

Erst nachdem die einzelnen Komponenten und ihre Aufgaben identifiziert und deren Kommunikation hinreichend definiert wurden, kann die Entwicklung auf unterschiedliche Personen oder Entwicklerteams aufgeteilt und somit die Phase der Implementierung eingeleitet werden.

Die Dokumentation von Softwarekomponenten und Schnittstellen kann in der Testphase als Grundlage von Integrationstests verwendet werden.

5.2 Überblick

In Abbildung 5.1 sehen Sie eine Übersicht über die Notationselemente von Komponentendiagrammen.

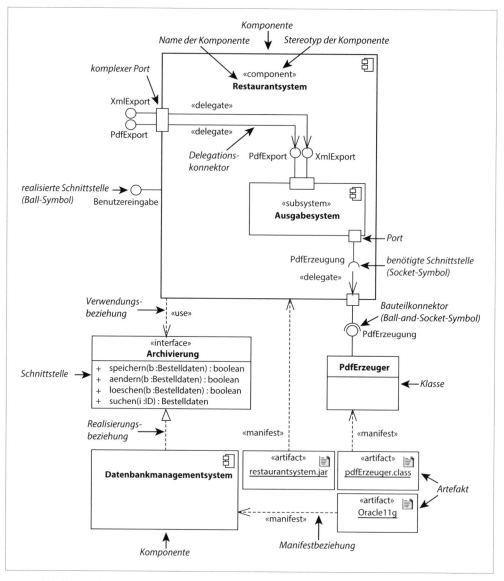

Abbildung 5.1 Notationselemente von Komponentendiagrammen

5.3 Notationselemente

5.3.1 Komponente

Abbildung 5.2 Komponente

Beschreibung

> Eine **Komponente** (engl. *Component*) repräsentiert einen **ersetzbaren modularen Bestandteil eines Systems**, das sein Inneres kapselt. Sie kann eine Ansammlung weniger Klassen bis hin zu großen Softwaresystemen repräsentieren.

Das Verhalten einer Komponente wird durch ihre realisierten und benötigten Schnittstellen vollständig definiert. Sind die Schnittstellen zweier Komponenten zueinander konform, können die Komponenten untereinander ausgetauscht werden.

Schnittstellen können selbst wiederum mithilfe von Ports organisiert werden, und die Komponenten können damit vollständig gekapselt werden.

Abbildung 5.2 definiert eine Komponente `Restaurantsystem` mit drei realisierten Schnittstellen `XmlExport`, `PdfExport` und `Benutzereingabe`. Während über die `Benutzereingabe` direkt mit der Komponente interagiert werden kann, müssen alle Anfragen an die Schnittstellen `XmlExport` und `PdfExport` über einen Port gerichtet werden.

Die Komponente greift ihrerseits über die Schnittstellen `Archivierung` und `PdfErzeugung` auf die Dienste anderer (in diesem Diagramm nicht modellierter) Komponenten zu.

Wie bereits in Abschnitt 2.3.16 dargestellt wurde, kann die Realisierung und Bereitstellung von Schnittstellen auch mit den Realisierungs- bzw. Verwendungsbeziehungen notiert werden (siehe Abbildung 5.3):

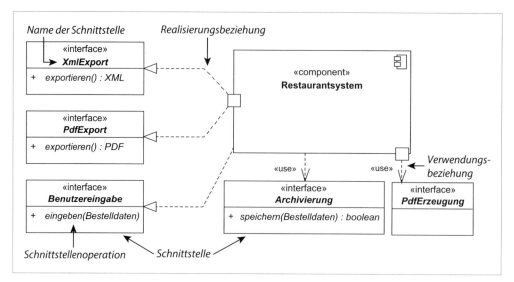

Abbildung 5.3 Alternative Notationsmöglichkeit von Schnittstellen

Sollen Operationen von Schnittstellen genau definiert werden, ist diese Notations-variante den Ball- oder Socket-Symbolen vorzuziehen.

Abbildung 5.2 und Abbildung 5.3 zeigen die sogenannte **Black-Box-Sicht** auf eine Komponente. Während ihr Verhalten nach außen hin durch die Schnittstellen defi-niert wird, bleibt ihr Inneres sozusagen in einem schwarzen Kasten verborgen. Diese Sichtweise kann auch auf die folgende Art dokumentiert werden (siehe Abbil-dung 5.4).

Abbildung 5.4 Black-Box-Darstellung einer Komponente

Komponenten können Klassen oder weitere Komponenten enthalten (siehe Abbil-dung 5.5).

Abbildung 5.5 Eine Komponente, die aus einer Klasse und zwei weiteren Komponenten besteht

Abbildung 5.5 modelliert, dass die Komponente Restaurantsystem aus einer Klasse Restaurant, einer Komponente Benutzerinteraktion und einer Komponente Ausgabesystem besteht, die mit dem Stereotyp <<subsystem>> näher definiert wird.

Die UML stellt eine Reihe solcher Stereotypen zur Verfügung, von denen die wichtigsten im Folgenden vorgestellt werden:

▶ **<<implement>>**
Diese Komponente beinhaltet keinerlei eigene Spezifikationsinformationen. Sie stellt die Implementation einer anderen Komponente dar, die ihrerseits mit dem Stereotyp <<specification>> ausgezeichnet wird.

▶ **<<specification>>**
Diese Komponente spezifiziert lediglich bereitgestellte und benötigte Schnittstellen. Deren Realisierung übernimmt eine zugeordnete <<implement>>-Komponente.

▶ **<<entity>>**
Es handelt sich dabei um eine Komponente, die persistente Informationen speichert.

▶ **<<process>>**
Eine <<process>>-Komponente ist vollständig transaktionsbasiert. Sie folgt dem **ACID-Prinzip**:

  ▶ *Atomic* (unteilbar): Die Komponente führt ihre Aktion entweder vollständig oder gar nicht durch. Sollte während der Verarbeitung ein Fehler auftreten, werden alle bis dato erfolgten Änderungen rückgängig gemacht.

  ▶ *Consistent* (konsistent): Vor und nach Beginn der Aktion befinden sich alle Daten in einem konsistenten Zustand.

  ▶ *Isolated* (isoliert): Jede Aktion wird von weiteren Aktionen isoliert ausgeführt, sodass Inkonsistenzen aufgrund eventuell paralleler Datenzugriffe ausgeschlossen werden.

▶ *Durable* (dauerhaft): Jegliche Änderungen an den Daten werden dauerhaft gesichert.

▶ **<<service>>**

Die <<service>>-Komponente ist eine zustandslose, funktionelle Komponente, die üblicherweise anderen Komponenten Dienste zur Verfügung stellt (z. B. komplexe Berechnungsoperationen).

▶ **<<subsystem>>**

Eine mit dem Stereotyp <<subsystem>> ausgezeichnete Komponente wird üblicherweise zur Dekomposition großer Systeme verwendet und stellt einen abgeschlossenen Bestandteil eines größeren Systems dar.

▶ **<<buildComponent>>**

Komponenten, die nicht Teil des eigentlich zu entwickelnden Systems sind, sondern der Entwicklung des Systems dienen, werden mit dem Stereotyp <<buildComponent>> markiert. Es kann sich dabei beispielsweise um Entwicklungsumgebungen, Compiler oder Versionierungssysteme handeln.

Auch in Komponentendiagrammen erlaubt die UML, eigene Stereotypen zu definieren und zu verwenden.

Die Darstellung der inneren Bestandteile einer Komponente, wie sie in Abbildung 5.5 zu sehen ist, wird auch als **White-Box-Sicht** bezeichnet und kann alternativ wie in Abbildung 5.6 gezeigt notiert werden.

Abbildung 5.6 White-Box-Darstellung einer Komponente

Der <<realizations>>-Abschnitt definiert die realisierenden Bestandteile einer Komponente. Der <<artifacts>>-Abschnitt benennt die physische Einheit, die die Komponente implementiert. (Artefakte werden in Abschnitt 5.3.3 vorgestellt.)

Verwendung

Strukturieren Sie das zu entwerfende Softwaresystem durch Komponenten, und identifizieren Sie Teilsysteme, die möglicherweise auch in weiteren Systemen wiederverwendet werden können.

Setzen Sie Komponenten ein, um modellierte Klassen zu physischen Implementierungseinheiten zu gruppieren.

Komponenten sollten möglichst voneinander unabhängig realisiert und getestet werden können, was am besten durch die Verwendung von Ports und Schnittstellen erreicht werden kann. Damit können Programmieraufgaben während der Implementierungsphase ohne Querabhängigkeiten zueinander verteilt und die Entwicklungsarbeiten am einfachsten parallelisiert werden.

5.3.2   Konnektor

Beschreibung

Die UML unterscheidet in Komponentendiagrammen zwei Arten von Konnektoren:

▸ Bauteilkonnektor

▸ Delegationskonnektor

> Ein **Bauteilkonnektor** (engl. *Assembly Connector*) stellt eine **Verbindung zwischen zwei Bauteilen** dar und spezifiziert, dass ein Bauteil Dienste eines anderen Bauteils in Anspruch nimmt.

Mit dem Begriff »Bauteil« (engl. *Assembly*) umfasst die UML allgemein alle Elemente von Komponentendiagrammen, die Schnittstellen oder Ports besitzen können (z. B. Komponenten und Klassen).

Häufig wird der Bauteilkonnektor in der Literatur auch als *Kompositionskonnektor* bezeichnet. In diesem Buch wird diese Bezeichnung bewusst nicht verwendet, da der hier vorgestellte Konnektor weder eine Komposition im Sinne der UML modelliert noch Kompositionen verbindet. Die Übersetzung »Bauteilkonnektor« wird bevorzugt, weil sie so nah wie möglich an der Originalbezeichnung »Assembly Connector« liegt.

Bauteilkonnektoren werden mit dem bereits aus Abschnitt 2.3.16 bekannten Ball-and-Socket-Symbol notiert. Der in Abbildung 5.7 modellierte Bauteilkonnektor besagt, dass die vom Restaurantsystem benötigte Schnittstelle PdfErzeugung von der Klasse PdfErzeuger bereitgestellt wird.

Ein **Delegationskonnektor** (engl. *Delegation Connector*) stellt eine **Verbindung** zwischen den **externen** Schnittstellen oder Ports und den **inneren** Bestandteilen einer Komponente dar.

Ein Delegationskonnektor von einer nach außen bereitgestellten Schnittstelle zu einer inneren Komponente spezifiziert, dass ein nach außen bereitgestelltes Verhalten (Schnittstelle) nicht von der Komponente selbst, sondern von einem ihrer inneren Bestandteile realisiert wird, der kompatible Schnittstellen zur Verfügung stellt.

In Abbildung 5.7 leitet die Komponente Restaurantsystem beispielsweise alle Anfragen über die Schnittstellen XmlExport und PdfExport an die jeweiligen Schnittstellen ihres Subsystems Ausgabesystem weiter.

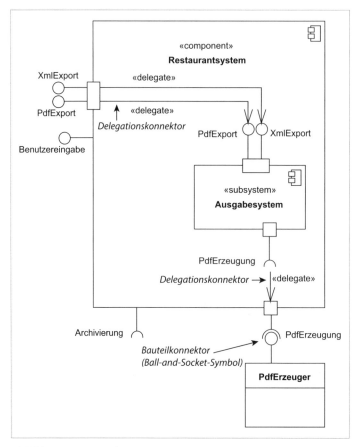

Abbildung 5.7 Konnektor

Verwendung

Komponentendiagramme, die lediglich aus Komponenten, Schnittstellen und Klassen bestehen, stellen lediglich die statischen Bestandteile der Softwarearchitektur dar. Erst durch das Hinzufügen von Konnektoren, die den Zusammenhang der Komponenten deutlich machen, wird das Komponentendiagramm vollständig.

5.3.3 Artefakt

Abbildung 5.8 Artefakt

Beschreibung

Ein **Artefakt** (engl. *Artifact*) repräsentiert eine **physische Informationseinheit**, die beim Softwareentwicklungsprozess verwendet oder hergestellt wird.

Artefakte modellieren konkrete Bestandteile des Softwaresystems aus der realen Welt, wie z. B.:

▶ Dateien mit Programmcode

▶ ausführbare Programmdateien

▶ Datenbanken

▶ Tabellen einer Datenbank

▶ schriftliche Dokumentationen

▶ UML-Modelle

▶ E-Mails

▶ und viele weitere

Das Artefakt aus Abbildung 5.8 spezifiziert beispielsweise ein Java-Archiv (`jar`) mit dem Namen `restaurantsystem`.

Artefakte können selbst weitere Artefakte enthalten (siehe Abbildung 5.9).

Abbildung 5.9 modelliert ein Artefakt `compiler.jar`, das aus drei weiteren Artefakten besteht:

▶ `Parser.class`

▶ `Tokenizer.class`

▶ `Translator.class`

Abbildung 5.9 Geschachtelte Artefakte

Die UML definiert einige Standardstereotypen zur näheren Definition eines Artefakts:

▶ **<<script>>**

Es handelt sich um eine Script-Datei (z. B. eine PHP-Datei), die von einem Programm interpretiert werden kann.

▶ **<<source>>**

Eine <<source>>-Datei beinhaltet Programmcode und kann in eine <<executable>>-Datei kompiliert werden.

▶ **<<executable>>**

Das Artefakt repräsentiert eine ausführbare Programmdatei. In Microsoft-Betriebssystemen handelt es sich dabei zumeist um Dateien mit der Endung exe, bei Linux besitzen sie häufig die Endung bin.

▶ **<<document>>**

Der Stereotyp <<document>> spezifiziert die Art des Artefakts nur recht allgemein: Es handelt sich weder um ein <<source>>- noch um ein <<executable>>-Artefakt. Dieser Artefakttyp wird häufig für Dokumente verwendet, die den anderen Stereotypen nicht zugeordnet werden können.

▶ **<<file>>**

Ein <<file>>-Artefakt kennzeichnet allgemein eine Datei.

▶ **<<library>>**

Das Artefakt steht für eine statische oder dynamische Klassen- oder Funktionsbibliothek.

Wie bei allen bisher vorgestellten Stereotypen stellt die UML es Ihnen frei, weitere Stereotypen zu definieren.

Artefakte können den Komponenten, die sie physisch realisieren, mithilfe der **<<manifest>>-Beziehung** zugeordnet werden (siehe Abbildung 5.10).

Abbildung 5.10 drückt aus, dass die Komponente Restaurantsystem im System physisch in der Datei restaurantsystem.jar (eine Datei mit kompiliertem Class-Code) realisiert wird. Um zu verdeutlichen, dass restaurantsystem.jar den lauffähigen Code für das Restaurantsystem enthält, hätte man statt <<artifact>> als Stereotyp auch <<executable>> verwenden können.

Abbildung 5.10 Manifest-Beziehung

Um die Manifestation näher zu beschreiben, definiert die UML Stereotypen für Manifestationsbeziehungen, wie z. B.:

▶ <<tool-generated>>
Das Artefakt wurde von einem Tool generiert. Viele UML-Tools bieten die Funktionalität, aus einem Modell kompilierfähigen Code einer Zielprogrammiersprache zu generieren.

▶ <<custom code>>
Bei der Realisierung der Komponente ist es notwendig, Programmcode manuell zu entwickeln.

Erwartungsgemäß dürfen Sie auch diese Stereotypen um eigene erweitern (was in der UML-Spezifikation sogar explizit erwartet wird).

Verwendung

Artefakte bieten Ihnen die Möglichkeit, das Modell des Softwaresystems auf tatsächlich physisch vorhandene Bestandteile (einzelne Dateien, ganze Softwaresysteme, UML-Modelle usw.) aufzuteilen und somit die physische Struktur des Systems zu spezifizieren und zu dokumentieren.

5.4   Lesen eines Komponentendiagramms

Das Diagramm aus Abbildung 5.11 modelliert die Komponenten eines Restaurantsystems.

Hauptkomponente ist das Restaurantsystem, das von einem Artefakt restaurantsystem.jar realisiert wird. Das Restaurantsystem bietet drei Schnittstellen an:

▶ Benutzereingabe, die eine direkte Interaktion mit dem Restaurantsystem erlaubt

▶ XmlExport und PdfExport, die über denselben Port ihre Anfragen an das Restaurantsystem weiterreichen

Anfragen über die Schnittstellen XmlExport und PdfExport werden nicht vom Restaurantsystem selbst bearbeitet, sondern über eine <<delegate>>-Beziehung an die korrespondierenden Schnittstellen des Subsystems Ausgabesystem weitergeleitet.

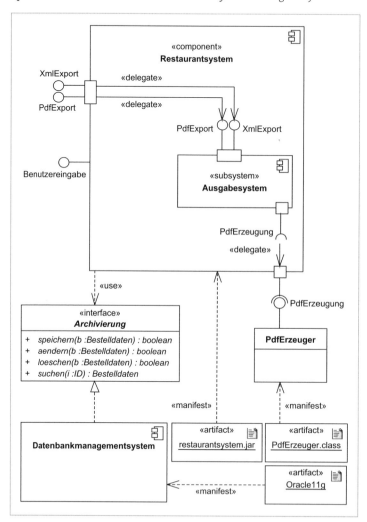

Abbildung 5.11 Komponentendiagramm eines Restaurantsystems

Dieses benötigt für seine Arbeit eine Funktionalität, die von der Schnittstelle PdfErzeugung definiert wird. Da sie nicht innerhalb des Restaurantsystems realisiert ist, werden Anfragen über einen Port an die Klasse PdfErzeuger weitergeleitet, die in PdfErzeuger.class umgesetzt ist.

Die Komponente Benutzerverwaltung verwendet weiterhin die folgenden Operationen der Schnittstelle Archivierung:

▶ speichern

▶ aendern

▶ loeschen

▶ suchen

Realisiert wird diese Schnittstelle von einer Komponente Datenbankmanagementsystem, die durch ein Artefakt Oracle11g bereitgestellt wird.

5.5 Irrungen und Wirrungen

Abbildung 5.12 demonstriert einige der häufig gemachten Fehler bei der Modellierung mit Komponentendiagrammen:

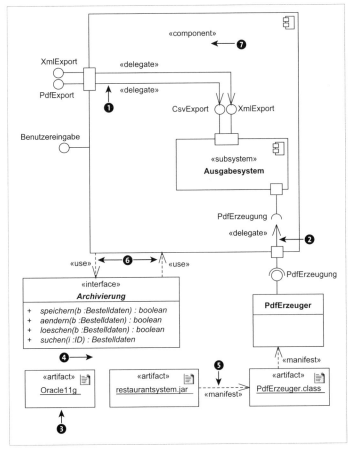

Abbildung 5.12 Ein fehlerhaftes Komponentendiagramm

❶ Ungültige Delegation

Anfragen an eine Schnittstelle dürfen nur an eine kompatible Schnittstelle weitergeleitet werden.

❷ Falsche Delegationsrichtung

Anfragen dürfen nur *aus* einer benötigten Schnittstelle weitergeleitet werden. Ebenso werden Anfragen üblicherweise *in* eine bereitgestellte Schnittstelle geleitet.

❸ Artefakt ohne <<manifest>>-Beziehung

Artefakte sollten einer Komponente zugeordnet werden, um Missverständnisse zu vermeiden, welches Artefakt welche Komponente manifestiert und weshalb es im System notwendig ist. Kann ein Artefakt keiner Komponente zugeordnet werden, sollte überprüft werden, ob es wirklich benötigt wird.

❹ Fehlende Realisierung

Komponentendiagramme werden verwendet, um die Architektur der Software zu beschreiben. Sie sollten daher spezifizieren, von welchen Komponenten die benötigten Schnittstellen realisiert werden.

❺ Falsche <<manifest>>-Beziehung

Artefakte können sich nicht gegenseitig manifestieren. Ein Artefakt stellt bereits eine Realisierung einer Komponente dar und kann somit nicht nochmals realisiert werden.

❻ Zirkulare Abhängigkeiten

Zwei Komponenten, die sich gegenseitig benötigen, um vollständig zu sein, können niemals vollständig werden. Stellen Sie sicher, dass in Ihrem Modell keine zirkularen Abhängigkeiten vorkommen.

❼ Name der Komponente fehlt

Komponenten müssen einen Namen besitzen.

5.6 Zusammenfassung

Die folgende Aufzählung fasst die wichtigsten Elemente von Komponentendiagrammen zusammen:

▸ Eine **Komponente** repräsentiert ein Modul des Systems.

Abbildung 5.13 Komponente

▶ Komponenten kommunizieren untereinander über **Schnittstellen** und **Ports**.

Abbildung 5.14 Schnittstelle und Port

▶ **Delegationskonnektoren** leiten Anfragen an die Ports oder Schnittstellen zu den inneren Bestandteilen der zugehörigen Komponente oder aus ihnen heraus.

Abbildung 5.15 Delegationskonnektor

▶ **Artefakte** modellieren physische Informationseinheiten wie Dateien, Datenbanken, Datenbanktabellen usw.

Abbildung 5.16 Artefakt

Kapitel 6
Verteilungsdiagramm

*Das Verteilungsdiagramm modelliert die Architektur verteilter
Systeme zur Laufzeit.*

6.1 Anwendungsbereiche

Verteilungsdiagramme (engl. *Deployment Diagrams*) spezifizieren die physische
Hardware- und Softwareumgebung und die Verteilung der Komponenten in dieser
Umgebung. Verteilungsdiagramme werden zumeist parallel zu Komponentendiagrammen (siehe Kapitel 5) eingesetzt, die sich auf die Architektur des zu implementierenden Softwaresystems konzentrieren.

Verteilungsdiagramme werden überwiegend in der Entwurf/Design-Phase erstellt.
Auf ihrer Basis werden Entscheidungen über eventuell anzuschaffende Hardware-
und Softwarekomponenten und deren Kommunikationswege getroffen. Bereits
während das modellierte Softwaresystem implementiert wird, kann damit seine
Laufzeitumgebung aufgebaut, installiert und getestet werden.

6.2 Übersicht

In Abbildung 6.1 sehen Sie eine Übersicht über die Notationselemente von Verteilungsdiagrammen.

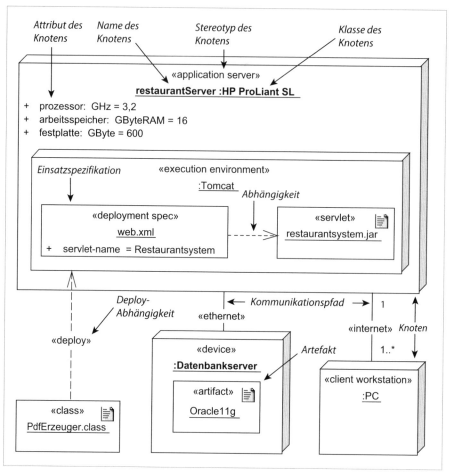

Abbildung 6.1 Notationselemente von Verteilungsdiagrammen

6.3 Notationselemente

6.3.1 Knoten

Beschreibung

Ein **Knoten** (engl. *Node*) repräsentiert eine **Systemressource**.

Ein Knoten wird über die Bestandteile Objektname :Klasse definiert, wobei der Objektname optional ist und damit weggelassen werden kann. Da Verteilungsdiagramme üblicherweise die Architektur und Aufteilung real existierender Objekte modellieren, wird für Knoten auch die Notation für Objekte (bzw. Ausprägungen von Klassen) verwendet, wie sie bereits in Kapitel 3, »Objektdiagramm«, vorgestellt worden ist.

Abbildung 6.2 Knoten

Die UML unterscheidet mehrere Arten von Knoten, die durch Stereotypen gekenn-zeichnet werden:

▶ **<<device>>**

Ein <<device>> ist der allgemeinste Knotentyp und repräsentiert eine physische Recheneinheit, z. B. einen Server mit eigener Rechenkapazität (CPUs) und Spei-cherkapazität (z. B. Festplatten). Ein <<device>> kann auch weitere <<device>>-Kno-ten enthalten.

Abbildung 6.3 <<device>>-Knoten

▶ **<<execution environment>>**

Ein Knoten des Typs <<execution environment>> bietet Komponenten eine Ausfüh-rungsumgebung. Als Beispiele können ein Tomcat-Server für Java-Servlets, J2EE-Server für Enterprise JavaBeans oder ein Betriebssystem genannt werden.

▶ **<<application server>>**

Dies ist ein Knoten, der eine Applikation für einen weiteren Knoten vom Typ <<client workstation>> bereitstellt und zumeist einen oder mehrere Knoten vom Typ <<execution environment>> enthält.

▶ **<<client workstation>>**

Dieser Knoten nimmt die Dienste einer Applikation in Anspruch, die von einem Knoten des Typs <<application server>> bereitgestellt wird. Knoten des Typs

<<client workstation>> und <<application server>> werden üblicherweise gemeinsam modelliert.

▶ **<<mobile device>>**

Mobile Geräte wie Notebooks, PDAs oder Handys werden durch <<mobile device>>-Knoten repräsentiert.

▶ **<<embedded device>>**

Geräte, die transparent in weitere Geräte eingebettet sind, werden mit diesem Stereotyp gekennzeichnet.

Die UML erlaubt Ihnen auch an dieser Stelle, weitere Stereotypen zu definieren.

Knoten können Attribute und Operationen zugeordnet werden (siehe Abbildung 6.4):

Abbildung 6.4 Knoten mit Attributen

Abbildung 6.4 stellt zwei Knoten dar: restaurantServer der Klasse HP ProLiant SL und einen Knoten der Klasse Linux, dessen Objektname nicht relevant ist und daher nicht modelliert wurde.

Der Knoten restaurantServer vom Typ <<application server>> besitzt drei öffentliche (+) Attribute:

▶ prozessor mit einem Vorgabewert 3,2 GHz

▶ arbeitsspeicher mit einem Vorgabewert von 16 GByteRAM

▶ festplatte mit einer Speicherkapazität von 600 GByte

Der Knoten :Linux vom Typ <<execution environment>> hat

▶ ein öffentliches Attribut distribution mit dem Vorgabewert SuSE 12 und zwei öffentliche Operationen

  ▶ boot und

  ▶ shutdown.

Knoten können weitere Knoten oder Artefakte enthalten.

Abbildung 6.5 Hierarchie von Knoten

Das Verteilungsdiagramm aus Abbildung 6.5 modelliert, dass auf einem :HP ProLiant SL ein :Tomcat-Server als Ausführungsumgebung für eine Klasse PdfErzeuger.class arbeitet.

Der Einsatz (engl. *Deployment*) eines Artefakts in einem Knoten kann auch mit der **<<deploy>>-Abhängigkeit** modelliert werden (siehe Abbildung 6.6).

Abbildung 6.6 Deployment eines Artefakts

Manche Ausführungsumgebungen erfordern eine genaue Definition des Einsatzes eines Artefakts. Für diese Fälle sieht die UML eine besondere Art eines Artefakts vor: die **Einsatzspezifikation** (siehe Abbildung 6.7).

Abbildung 6.7 Einsatzspezifikation

In Abbildung 6.7 wird dem Artefakt `restaurantsystem.jar` eine Einsatzspezifikation
`web.xml` zugeordnet.

> Eine **Einsatzspezifikation** (engl. *Deployment Specification*) **definiert Ausführungs-**
> **parameter** eines Artefakts in einem Knoten.

Sie wird an die `<<deploy>>`-Abhängigkeit notiert und definiert die Ausführungsparameter in Form von Attributen.

Innerhalb eines Knotens kann die Einsatzspezifikation über eine Abhängigkeitsbe-
ziehung direkt dem Artefakt zugeordnet werden (siehe Abbildung 6.8).

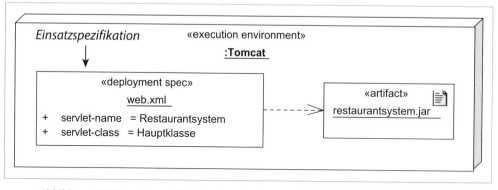

Abbildung 6.8 Einsatzspezifikation innerhalb eines Knotens

Die UML erlaubt zusätzlich, benötigte Ausführungsparameter direkt im jeweiligen
Artefakt innerhalb von geschweiften Klammern zu spezifizieren und somit auf die
explizite Notation einer Einsatzspezifikation vollständig zu verzichten (siehe Abbildung 6.9).

Abbildung 6.9 Einsatzspezifikation innerhalb eines Artefakts

Verwendung

Verwenden Sie Knoten, um die gesamte Hardware- wie auch Softwareumgebung Ihres Softwaresystems zu definieren. Verteilen Sie die in Komponentendiagrammen modellierten Artefakte auf die einzelnen Knoten, um die Verteilung des neuen Systems während der Laufzeit zu spezifizieren und zu dokumentieren.

6.3.2 Kommunikationspfad

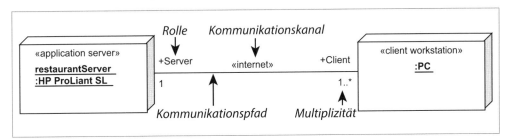

Abbildung 6.10 Kommunikationspfad

Beschreibung

Ein **Kommunikationspfad** (engl. *Communication Path*) definiert eine **Assoziation zwischen zwei Knoten**, über die Signale und Nachrichten ausgetauscht werden können.

Da ein Kommunikationspfad eine spezielle Art einer Assoziation ist (siehe Abschnitt 2.3.4), können ihm alle Attribute einer Assoziation zugeordnet werden, wie Multiplizitäten, Rollen, Stereotypen usw.

Die Stereotypen an Kommunikationspfaden bezeichnen üblicherweise den Kommunikationskanal zwischen den Knoten. UML definiert selbst keine speziellen Stereotypen hierfür und gibt Ihnen die volle Freiheit, eigene Stereotypen zu spezifizieren.

In Abbildung 6.10 modelliert der Kommunikationspfad die Verbindung der Knoten :HP ProLiant SL und :PC über das Internet (Stereotyp <<internet>>).

Den Multiplizitäten entnimmt man, dass ein restaurantServer der Klasse HP ProLiant SL mindestens einem, aber beliebig vielen PCs als <<application server>> Dienste zur Verfügung stellt. Ein PC steht jedoch nur einem restaurantServer als Client gegenüber.

Verzichtet man auf eine explizite Spezifikation der Multiplizitäten, würde dies der Modellierung einer 1-zu-1-Assoziation gleichen.

Verwendung

Ein Verteilungsdiagramm ohne Kommunikationspfade stellt lediglich eine zusammenhanglose Anhäufung von Knoten dar. Verbinden Sie die einzelnen Knoten Ihres verteilten Systems unter Verwendung von Kommunikationspfaden zu einer funktionierenden Einheit.

6.4   Lesen eines Verteilungsdiagramms

Das Verteilungsdiagramm aus Abbildung 6.11 modelliert vier Knoten:

▶ restaurantServer der Klasse HP ProLiant SL mit dem Stereotyp <<application server>>

▶ Tomcat als Ausführungsumgebung (<<execution environment>>)

▶ Datenbankserver als eine Recheneinheit (<<device>>)

▶ PC des Stereotyps <<client workstation>>

Der restaurantServer muss seinen Attributen zufolge ausgestattet sein mit

▶ einem prozessor mit einer Taktfrequenz von 3,2 GHz,

▶ einem arbeitsspeicher von 16 GByte und

▶ einer festplatte, die 600 GByte an Daten sichern kann.

Auf diesem restaurantServer läuft Tomcat als Ausführungsumgebung (<<execution environment>>) für die Klasse PdfErzeuger.class und das Java-Archiv restaurantsystem.jar, dessen Einsatz durch eine Einsatzspezifikation (<<deployment spec>>) beschrieben ist. Demnach kann das Servlet restaurantsystem in Tomcat unter dem Namen Restaurantsystem angesprochen werden.

Die Recheneinheit Datenbankserver ist über einen Kommunikationspfad mit dem restaurantServer über den Kommunikationskanal Ethernet (Stereotyp «ethernet») verbunden und stellt seine Rechenkapazitäten Oracle11g zur Verfügung.

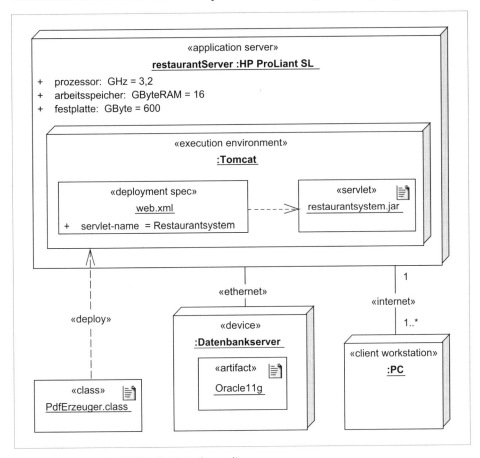

Abbildung 6.11 Beispiel für ein Verteilungsdiagramm

Der Applikationsserver stellt seine Dienste über das Internet einem bis beliebig vielen PCs zur Verfügung (Stereotypen «application server» und «client workstation»). Ein PC nimmt jedoch Dienste von genau einem Applikationsserver in Anspruch.

6.5   Irrungen und Wirrungen

Abbildung 6.12 weist auf einige der häufig gemachten Fehler bei der Nutzung von Verteilungsdiagrammen hin.

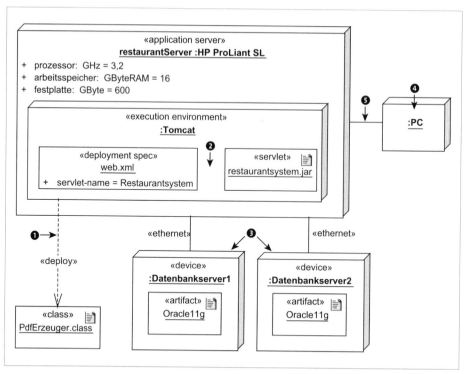

Abbildung 6.12 Häufige Fehler in Verteilungsdiagrammen

❶ Richtung der <<deploy>>-Abhängigkeit falsch

Ein Artefakt kann keine Ausführungsumgebung für einen Knoten darstellen.

❷ Abhängigkeit fehlt

Modellieren Sie mithilfe von Abhängigkeiten, für welches Artefakt eine verwendete Einsatzspezifikation vorgesehen ist, um Missverständnisse zu vermeiden.

❸ Mehrfachknoten

Es ist nicht notwendig, mehrere Knoten zu modellieren, wenn zwei oder mehr Knoten vom selben Typ für denselben Zweck eingesetzt werden sollen. Verwenden Sie lieber Multiplizitäten an den Kommunikationspfaden.

❹ Stereotyp fehlt

Verwenden Sie bei der Modellierung von Knoten Stereotypen. Sie machen die Architektur viel verständlicher. Machen Sie regen Gebrauch von der Möglichkeit, eigene Stereotypen zu definieren.

❺ Kommunikationskanal fehlt

Definieren Sie die Kommunikationspfade genau, indem Sie die Kommunikationskanäle mithilfe von Stereotypen benennen.

6.6   Zusammenfassung

Die bedeutendsten Notationselemente werden noch einmal kurz zusammengefasst:

▶ Ein **Knoten** repräsentiert eine Systemressource, beispielsweise einen Server oder eine Laufzeitumgebung.

Abbildung 6.13 Knoten

▶ **Kommunikationspfade** modellieren Assoziationen zwischen Knoten und zeigen gleichzeitig Kommunikationswege zwischen ihnen auf.

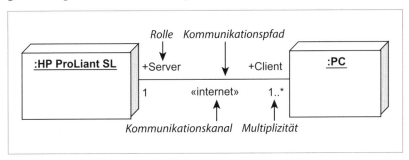

Abbildung 6.14 Kommunikationspfad

▶ **Artefakte** modellieren physische Informationseinheiten wie Dateien, Datenbanken, Datenbanktabellen usw.

Abbildung 6.15 Artefakt

Kapitel 7
Paketdiagramm

Paketdiagramme organisieren und strukturieren Elemente in Paketen.

7.1 Anwendungsbereiche

Paketdiagramme (engl. *Package Diagrams*) werden zumeist in den frühen Phasen der Softwareentwicklung (wie Analyse/Definition und Entwurf/Design) verwendet, um das Modell sowohl horizontal als auch vertikal zu strukturieren.

Mit der horizontalen Strukturierung wird die Möglichkeit bezeichnet, beliebige UML-Elemente, die logisch zusammengehören, in Paketen zusammenzufassen und damit das UML-Modell zu modularisieren.

Pakete können Unterpakete enthalten und erlauben damit eine vertikale Strukturierung. Das Paket auf der obersten Ebene kann beispielsweise das gesamte Projekt repräsentieren, während die Pakete auf den tieferen Ebenen sich den Projektdetails nähern.

Mithilfe der vertikalen Strukturierung werden unterschiedliche Abstraktionsebenen eines Modells definiert, und es wird die Möglichkeit geschaffen, aus einer übersichtsartigen Darstellung schrittweise in die Details zu zoomen.

Strukturieren Sie Ihr Modell sowohl horizontal als auch vertikal, um es möglichst überschaubar und damit verständlich zu gestalten.

7.2 Übersicht

In Abbildung 7.1 sehen Sie die wichtigsten Notationselemente von Paketdiagrammen.

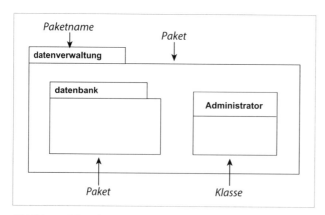

Abbildung 7.1 Notationselemente von Paketdiagrammen

7.3 Notationselemente

7.3.1 Paket

Abbildung 7.2 Paket

Beschreibung

> **Pakete** (engl. *Packages*) **gruppieren** Elemente und **definieren Namensräume** (engl. *Namespaces*), in denen sich diese Elemente befinden.

Abbildung 7.2 zeigt ein Paket datenverwaltung, das ein Unterpaket datenbank und eine Klasse Administrator enthält und damit Elemente gruppiert, die mit der Datenverwaltung im Zusammenhang stehen.

Die UML stellt hierfür eine weitere Notationsmöglichkeit zur Verfügung (siehe Abbildung 7.3).

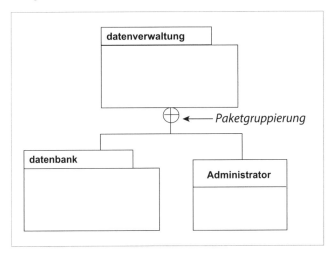

Abbildung 7.3 Gruppierung von Elementen in einem Paket

Die Diagramme aus Abbildung 7.2 und Abbildung 7.3 sind semantisch gleich.

Alle Elemente innerhalb eines durch ein Paket definierten Namensraumes müssen unterschiedliche Namen besitzen. Innerhalb von unterschiedlichen Paketen ist es jedoch durchaus möglich, zwei Elemente mit demselben Namen zu definieren (siehe Abbildung 7.4).

Abbildung 7.4 Pakete definieren Namensräume.

Die Namen der Unterpakete datenbank in Abbildung 7.4 verursachen trotz ihrer Gleichheit keinen Namenskonflikt, weil sie in unterschiedlichen Paketen und damit in unterschiedlichen Namensräumen verwendet werden.

Außerhalb ihrer Pakete können sie jedoch nicht mehr über ihren **unqualifizierten Namen** datenbank angesprochen werden, weil dieser sie nicht eindeutig identifiziert. UML definiert hierfür die **qualifizierten Namen**, in denen zusätzlich die Paketnamen getrennt durch zwei Doppelpunkte angegeben werden müssen. Für die in Abbildung 7.4 modellierten Unterpakete lauten sie beispielsweise restaurantsystem::datenbank bzw. gaesteverwaltung::datenbank.

Der Inhalt ist mit seinem Paket untrennbar verbunden. Alle Elemente eines Pakets werden aus dem Modell entfernt, wenn das Paket gelöscht wird.

Wenn ein Paket keine Elemente aufzeigt, heißt dies nicht automatisch, dass es keine besitzt. Die UML erlaubt, den Inhalt von Paketen auszublenden, um das Paketdiagramm übersichtlicher zu gestalten.

Alle in einem Paket gruppierten Elemente sind innerhalb eines Pakets untereinander sichtbar. Ihre Sichtbarkeit außerhalb ihres Pakets kann eingeschränkt werden, indem sie als protected (#), private (-) oder package (~) (siehe auch Abschnitt 2.3.2) definiert wird (siehe Abbildung 7.5).

In Abbildung 7.5 wird ein Goldbarren als nur innerhalb des tresors sichtbar definiert (private). Von außerhalb darf damit nicht auf den Goldbarren zugegriffen werden (was manchen Einbrechern durchaus Schwierigkeiten bereiten könnte).

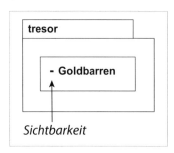

Abbildung 7.5 Sichtbarkeit eines Paketelements

Verzichtet man auf die Spezifikation einer Sichtbarkeit, wird public (+) angenommen, womit das Element auch außerhalb des Pakets über seinen qualifizierten Namen referenziert werden kann.

Verwendung

Durch die Verwendung von Paketen teilen Sie das System horizontal auf. Sie strukturieren die modellierten Klassen und sogar ganze Systeme in logisch und funktionell zusammengehörende Einheiten, modularisieren sie und gestalten ein Modell damit einfacher und überschaubarer.

Hierarchieebenen von Paketen erlauben Ihnen eine vertikale Strukturierung des Modells. Sie gliedern ein Gesamtsystem damit auf abstrakter Ebene bereits in Teilsysteme und deren Bestandteile auf und schaffen damit eine wichtige Grundlage für Komponentendiagramme (siehe Kapitel 5).

Realisierung in Java

Als Beispiel soll das Paketdiagramm aus Abbildung 7.6 verwendet werden.

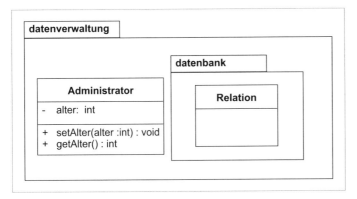

Abbildung 7.6 Beispiel eines Paketdiagramms

Java verlangt die Abbildung modellierter Pakete auf Dateisystem-Ordner und die Implementierung von Klassen in separaten Dateien mit dem Namen der Klasse und einer Dateiendung .java.

Soll demnach das Paketdiagramm aus Abbildung 7.6 in Java implementiert werden, muss ein Ordner mit dem Namen datenverwaltung im Dateisystem erstellt werden. In ihm muss eine Programmcode-Datei mit der Bezeichnung Administrator.java sowie ein weiterer Ordner datenbank angelegt werden, in dem sich wiederum eine Datei namens Relation.java befindet.

Die Zugehörigkeit einer Klasse zu einem Paket wird mit dem Schlüsselwort package deklariert:

```
package datenverwaltung; ❶
public class Administrator
{

  private int alter; ❷
  public void setAlter(int alter)
  {
    this.alter = alter;
```

```
    }
    public int getAlter()
    {
      return this.alter;
    }
}
```

Listing 7.1 /beispiele/java/kap7/datenverwaltung/Administrator.java
(Download der Beispiele: www.rheinwerk-verlag.de/4546)

❶ Die Klasse Administrator gehört zum Paket datenverwaltung. Während die UML die Default-Sichtbarkeit von Elementen mit public definiert, gilt in Java package als Vorgabewert. Um mit dem Paketdiagramm aus Abbildung 7.6 konform zu sein, muss daher die Sichtbarkeit der Klasse explizit mit public angegeben werden.

❷ Alle Attribute und Operationen der Klasse müssen in Java in derselben Datei implementiert werden.

```
package datenverwaltung.datenbank; ❶
public class Relation
{
}
```

Listing 7.2 /beispiele/java/kap7/datenverwaltung/datenbank/Relation.java

❶ In Java erfolgt die Deklaration von Unterpaketen mithilfe des Punkt-Operators. Hier wird definiert, dass die Klasse Relation ein Bestandteil des Pakets datenbank ist, das sich selbst wiederum im Paket datenverwaltung befindet.

Realisierung in C#

Das Paket-Konzept von C# weist einige Unterschiede zum Paket-Konzept von Java auf. C# verlangt nicht, dass jedes Paket durch einen eigenen Ordner im Dateisystem abgebildet wird. Ebenso entfällt die Beschränkung, jede Klasse in einer separaten Datei implementieren zu müssen. C# erlaubt, unterschiedliche Pakete, Unterpakete und Klassen in derselben Datei zu deklarieren und zu implementieren:

```
namespace Datenverwaltung ❶
{
  public class Administrator ❷
  {
      private int _Alter;
      public int Alter
      {
          get => _Alter;
```

```
        set => _Alter = value;
      }
  }
}

namespace Datenbank ❸
{
    public class Relation ❹
    {
    }
}
```

Listing 7.3 /beispiele/c#/kap7/kap_7_3_1/Kap_7_3_1.cs

❶ Pakete definieren Namensräume für Elemente und werden daher in C# mit dem Schlüsselwort `namespace` deklariert, was an dieser Stelle für das Paket Datenverwaltung erfolgt.

❷ Innerhalb des Namensraums wird eine Klasse `Administrator` implementiert. Bezüglich der Default-Sichtbarkeit weist C# denselben Unterschied zur UML auf wie Java (UML: `public`, C#: `package`).

Zur Vereinfachung könnte hier ein automatisches Property verwendet werden, bei dem das Attribut, welches zur eigentlichen Datenablage verwendet wird, erst vom Compiler hinzugefügt wird.

❸ Ein Unterpaket kann in C# intuitiv innerhalb des umfassenden Pakets deklariert werden. Hier wird ein Paket (`namespace`) Datenbank innerhalb des Pakets Datenverwaltung angelegt.

❹ Das Unterpaket Datenbank enthält eine Klasse `Relation`.

Seit der Version 2.0 ist es in C# möglich, die Implementierung einzelner Klassen auf unterschiedliche Dateien zu verteilen. So kann beispielsweise die Deklaration der Attribute von der Implementierung der Operationen getrennt und auf beliebig viele Quellcodedateien aufgeteilt werden.

```
namespace Datenverwaltung
{
  public partial class Administrator ❶
  {
      private int _Alter; ❷
  }
}
```

Listing 7.4 /beispiele/c#/kap7/kap_7_3_1/Admin_Attribute.cs

❶ Die Aufteilung einer Klasse auf mehrere Quellcodedateien wird mit dem Schlüsselwort partial signalisiert.

❷ Es wird nur das private Attribut _Alter deklariert.

In einer weiteren Datei können dann beispielsweise die Zugriffsoperationen implementiert werden:

```
namespace Datenverwaltung
{
    partial class Administrator ❶
    {
        public int Alter ❷
        {
            get => _Alter;
            set => _Alter = value;
        }
    }
}
```

Listing 7.5 /beispiele/c#/kap7/kap_7_3_1/Admin_Operationen.cs

❶ Auch in dieser Quellcodedatei muss die partielle Implementierung mit dem Schlüsselwort partial signalisiert werden.

❷ Es werden nur die Operationen der Klasse implementiert, also hier der Getter und Setter des Properties Alter.

7.3.2 Paket-Import

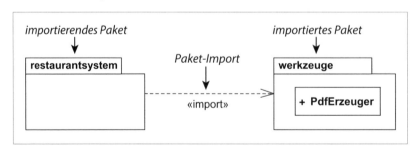

Abbildung 7.7 Paket-Import

Beschreibung

Ein **Paket-Import** (engl. *Package Import*) ist eine Beziehung, die alle **Namen öffentlicher Elemente** eines Pakets dem importierenden Paket **als öffentlich** hinzufügt.

Damit wird die Referenzierung von Elementen eines Pakets über unqualifizierte Namen möglich, so als wenn das importierende Paket diese Elemente selbst enthalten würde. Wird das importierende Paket aus dem Modell entfernt, bleiben die Elemente im importierten Paket erhalten.

Laut Paketdiagramm aus Abbildung 7.7 kann PdfErzeuger im Paket restaurantsystem direkt über seinen unqualifizierten Namen angesprochen werden. In allen anderen Paketen, die werkzeuge nicht importieren, kann seine Referenzierung nur über den qualifizierten Namen werkzeuge::PdfErzeuger erfolgen.

Die importierten Elemente sind im importierenden Paket als öffentlich sichtbar. Damit kann ein weiteres Paket die Elemente erneut importieren (siehe Abbildung 7.8).

Im Paket restaurantkette aus Abbildung 7.8 kann PdfErzeuger direkt über seinen unqualifizierten Namen angesprochen werden. Er ist sowohl in werkzeuge als auch im restaurantsystem als öffentlich zugänglich und damit auch in restaurantkette verfügbar.

Abbildung 7.8 Mehrfacher Paket-Import

Um dies zu verhindern, bietet die UML den **Paket-Access** als eine Einschränkung des Paket-Imports.

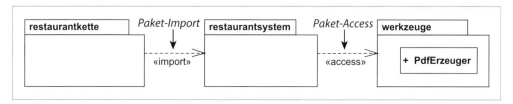

Abbildung 7.9 Paket-Access

> Ein **Paket-Access** (engl. *Package Access*) ist eine Beziehung, die alle **Namen öffentlicher Elemente** eines Pakets dem importierenden Paket **als privat** hinzufügt.

In Abbildung 7.9 importiert das Paket restaurantsystem alle Elementnamen des Pakets werkzeuge über eine <<access>>-Beziehung, wodurch sie als privat (private) deklariert werden.

Trotz der <<import>>-Beziehung zwischen restaurantkette und restaurantsystem kann damit in restaurantkette kein Zugriff auf den PdfErzeuger über seinen unqualifizierten Namen erfolgen.

Etwas kompakter kann die <<import>>- und <<access>>-Beziehung auch innerhalb von Paketen notiert werden (siehe Abbildung 7.10). Die Elemente müssen dabei über ihre qualifizierten Namen eindeutig identifiziert werden.

Abbildung 7.10 Alternative Notation für Paket-Import und -Access

Das Paket restaurantkette aus Abbildung 7.10 importiert alle Elemente des Pakets restaurantsystem, was an dem notierten * (Stern) hinter restaurantsystem zu erkennen ist. Das Paket restaurantsystem macht dagegen von der Möglichkeit Gebrauch, das zu importierende Element genau zu spezifizieren, indem es explizit den PdfErzeuger aus dem Paket werkzeuge benennt. Eventuelle weitere Elemente von werkzeuge werden nicht importiert.

Verwendung

Verwenden Sie Paket-Importe, wenn Sie Elemente eines Pakets häufig in weiteren Paketen wiederverwenden möchten. Paket-Importe ermöglichen nicht nur die Referenzierung über unqualifizierte Namen. Sie verdeutlichen auch die Struktur des Modells und die Beziehungen der Pakete untereinander.

Soll der Zugriff auf die importierten Elemente in weiteren Paketen eingeschränkt werden, ist die Access-Beziehung vorzuziehen.

Realisierung in Java

Java enthält nativ keine Unterstützung des öffentlichen Imports von Paketen, der mit dem Stereotyp <<import>> gekennzeichnet wird. Alle importierten Elementnamen sind nur im jeweils importierenden Paket verfügbar, was der <<access>>-Beziehung in der UML entspricht. Eine <<import>>-Beziehung muss daher in Java durch <<access>>-Beziehungen ersetzt werden. Dies kann z. B. auf die in Abbildung 7.11 dargestellte Art durchgeführt werden.

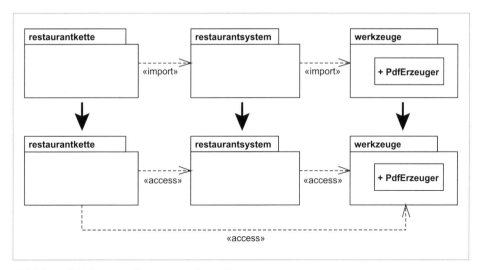

Abbildung 7.11 Umwandlung von <<import>> in <<access>>

Im oberen Teil der Abbildung 7.11 kann vom Paket restaurantkette sowohl auf die (nicht gezeigten) Bestandteile von restaurantsystem als auch auf die von werkzeuge über deren unqualifizierte Namen zugegriffen werden.

Um vergleichbare Zugriffsmöglichkeiten mithilfe von <<access>>-Beziehungen zu modellieren, muss von jedem einzelnen Paket zu allen zuvor direkt oder indirekt über <<import>>-Beziehungen erreichbaren Paketen eine eigene <<access>>-Beziehung modelliert werden (unterer Teil von Abbildung 7.11).

Es muss jedoch darauf hingewiesen werden, dass der obere und untere Teil der Abbildung 7.11 nicht exakt äquivalent sind: Ein weiteres Paket, das restaurantkette importiert, hätte im oberen Teil der Abbildung direkten Zugriff auf PdfErzeuger, im unteren Teil nicht.

Als Vorlage für die Java-Realisierung soll das folgende Paketdiagramm verwendet werden:

Abbildung 7.12 Beispiel für einen Paket-Import

```
package restaurantsystem; ❶
import werkzeuge.PdfErzeuger; ❷

import werkzeuge.xml.*; ❸
public class Restaurant
{
  PdfErzeuger p = new PdfErzeuger();
  XmlErzeuger x = new XmlErzeuger();
}
```

Listing 7.6 /beispiele/java/kap7/restaurantsystem/Restaurant.java

❶ Die im Folgenden implementierte Klasse `Restaurant` befindet sich im Paket `restaurantsystem`.

❷ Der Klassenname `PdfErzeuger` aus dem Paket `werkzeuge` wird in das aktuelle Paket importiert. Im Unterschied zur UML, in der das *Paket* externe Elemente importiert, ist dies in Java die Aufgabe einer jeden *Klasse* des jeweiligen Pakets.

Obwohl es sich im Sinne der UML streng genommen um eine <<access>>-Beziehung handelt, verwendet Java hierfür das Schlüsselwort `import`.

Es sollte an dieser Stelle nochmals betont werden, dass *nicht die Klasse* selbst, sondern *nur deren Name* importiert wird. Es wird also lediglich die Referenzierung der Klasse über ihren unqualifizierten Namen `PdfErzeuger` ermöglicht. Wie von der UML definiert, ist die Klasse auch ohne den Import über ihren qualifizierten Namen `werkzeuge.PdfErzeuger` erreichbar.

❸ Unterpakete werden in Java mit dem Punkt-Operator referenziert. Das an dieser Stelle verwendete *-Zeichen stellt in Java eine Art Joker dar, durch den alle Klassennamen des Pakets importiert werden.

Realisierung in C#

Auch C# unterstützt die <<import>>-Beziehung nicht. Der folgende Programmcode realisiert das Diagramm aus Abbildung 7.12:

```
namespace Restaurantsystem ❶
{
    using Werkzeuge; ❷
    using Werkzeuge.Xml;

    class Restaurant
    {
```

```
        PdfErzeuger p = new PdfErzeuger();
        XmlErzeuger x = new XmlErzeuger();
    }
}
```

Listing 7.7 /beispiele/c#/kap7/kap_7_3_2/Kap_7_3_2.cs

❶ Die im Folgenden implementierten Klassen und Pakete befinden sich im Paket (namespace) Restaurantsystem.

❷ C# verwendet das Schlüsselwort using, um einen Paket-Access zu deklarieren.

Es werden immer alle Klassennamen des Pakets importiert. Der Import eines einzelnen Klassennamens wird von C# nicht unterstützt.

Der Zugriff auf Unterpakete erfolgt wie in Java mithilfe des Punkt-Operators.

7.3.3 Paket-Merge

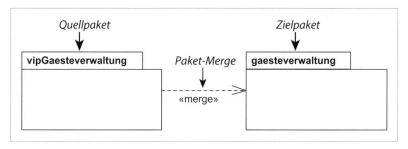

Abbildung 7.13 Paket-Merge

Beschreibung

Ein **Paket-Merge** (engl. *Package Merge*) definiert eine Beziehung zwischen zwei Paketen, bei der die **nicht privaten Inhalte** des Zielpakets mit den Inhalten des Quellpakets **verschmolzen werden**.

Im Beispiel aus Abbildung 7.13 wird der Inhalt des Pakets gaesteverwaltung mit dem Inhalt des Pakets vipGaesteverwaltung verschmolzen.

Im Prinzip stellt eine Merge-Beziehung eine verkürzende Notation für alle Transformationen dar, die bei der Verschmelzung des Zielpakets mit dem Quellpaket benötigt werden. Das Beispiel aus Abbildung 7.14 verdeutlicht die prinzipielle Funktionsweise eines Paket-Merge und zeigt die entsprechenden Transformationen.

Abbildung 7.14 Merge zweier Pakete mit unterschiedlichen Elementen

Im oberen Teil der Abbildung 7.14 wird ein Paket-Merge des Pakets P2 in das Paket P1 modelliert. Paket P1 definiert ein Element A, Paket P2 ein Element B.

Der untere Teil der Abbildung zeigt die Auswirkungen des Merge auf das Paket P1. Das ursprünglich bereits vorhandene Element A bleibt erwartungsgemäß erhalten. Da das Element B zuvor nicht in P1 existierte, wird ein neues Element B definiert, das das Element B des Pakets P2 (P2::B) spezialisiert und damit nach den Regeln der Generalisierung über alle Attribute und Operationen des Elements P2::B verfügt. (Generalisierung wurde in Abschnitt 2.3.12 vorgestellt.)

Was passiert aber, wenn beide Pakete bereits Elemente mit denselben Namen enthalten?

Die Pakete P1 und P2 enthalten im oberen Teil der Abbildung 7.15 beide ein Element A. Bei einem Paket-Merge wird zwischen dem Element aus Paket P2 (P2::A) und dem Element aus Paket P1 (A) eine Generalisierungsbeziehung hinzugefügt, wie im unteren Teil der Abbildung dargestellt ist.

Damit erweitert das Element A seine eigenen Attribute und Operationen durch diejenigen des Elements P2::A. Es entsteht somit ein neues Element, das nach den Regeln der Generalisierung alle Attribute und Operationen der Elemente P1::A und P2::A besitzt.

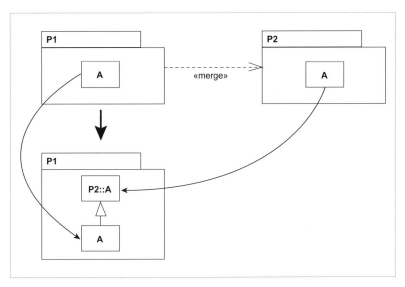

Abbildung 7.15 Merge von Elementen mit demselben Namen

Betrachten wir noch ein weiteres Beispiel, in dem ein leeres Paket zwei weitere Pakete mergt, die beide dasselbe Element enthalten (siehe Abbildung 7.16).

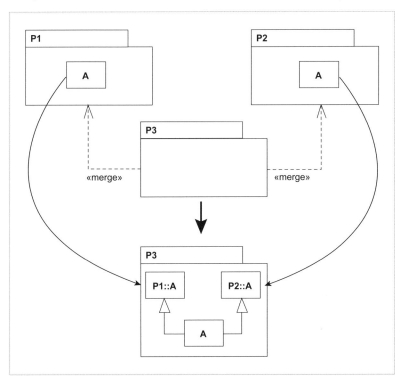

Abbildung 7.16 Ein leeres Paket mergt Elemente mit demselben Namen.

In Abbildung 7.16 werden die zwei Pakete P1 und P2, die jeweils ein Element A definieren, in ein leeres Paket P3 gemergt. Bei der Verschmelzung wird ein neues Element A definiert, das von P1::A und P2::A erbt und damit alle Attribute und Operationen beider Elemente nach den Regeln der Generalisierung in sich vereinigt.

Es ist durchaus üblich, dass in den einzelnen Paketen bereits Generalisierungen und Assoziationen definiert sind. Eine Merge-Beziehung verändert die Generalisierungen und Assoziationen nicht.

Sie verändert lediglich die Elemente, die an ihnen teilnehmen, was am Beispiel der Abbildung 7.17 verdeutlicht wird.

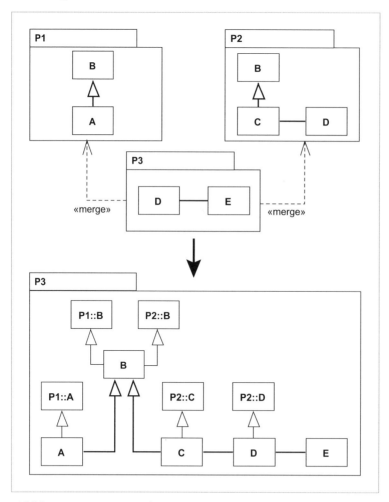

Abbildung 7.17 Merge von Elementen mit Generalisierungen und Assoziationen

Im oberen Teil der Abbildung 7.17 definiert Paket P1 ein Element B, das von A spezialisiert wird. Im Paket P2 wird dagegen B vom Element C spezialisiert, das wiederum eine

Assoziation zu D besitzt. Paket P3 mergt die beiden Pakete P1 und P2 und definiert gleichzeitig zwei Elemente D und E, die miteinander durch eine Assoziation verbunden sind.

Der untere Teil der Abbildung 7.17 zeigt die fünf durch den Merge entstandenen Elemente A, B, C, D und E. Deren Struktur hat sich durchaus verändert, die ursprünglichen Generalisierungen und Assoziationen (hervorgehoben) bleiben jedoch erhalten.

Es bleibt noch zu klären, was bei einem Merge mit Paketen passiert, die selbst in weiteren Paketen enthalten sind. Den einfachsten Fall zeigt Abbildung 7.18.

Im oberen Teil der Abbildung 7.18 beinhaltet das Paket P1 das Paket P3 nicht. Daher wird beim Merge (unterer Teil der Abbildung) in P1 ein neues Paket P3 definiert, das mit dem Unterpaket P3 aus P2 (P2::P3) eine Merge-Beziehung eingeht.

Wie durch dieses Beispiel angedeutet, folgen die Unterpakete bei Merge denselben Regeln wie innere Elemente von Paketen. Während die Elemente durch die Verwendung von Generalisierungen verschmolzen werden, geschieht dies bei Paketen durch Merge-Beziehungen.

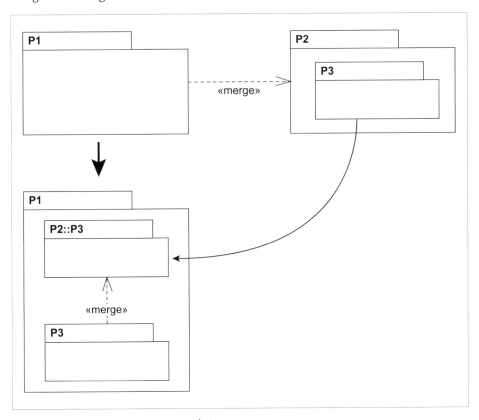

Abbildung 7.18 Merge eines Unterpakets

Weitere Beziehungen zwischen Paketen (<<import>> und <<access>>) bleiben bei einem Paket-Merge erhalten.

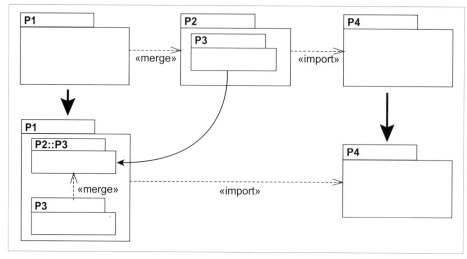

Abbildung 7.19 Import-Beziehungen bleiben beim Merge erhalten.

Der obere Teil der Abbildung 7.19 modelliert ein Merge zwischen dem Paket P1 und dem Paket P2, das seinerseits P4 importiert.

Trotz des Merge muss die Import-Beziehung erhalten bleiben, da das Paket P2::P3 andernfalls nicht mehr funktionsfähig wäre. Daher entsteht eine <<import>>-Beziehung zwischen dem Quellpaket P1 und dem Paket P4, wie im unteren Teil von Abbildung 7.19 dargestellt ist.

Verwendung

Merge-Beziehungen werden verwendet, wenn im Modell Pakete vorhanden sind, deren Inhalte und Konzepte sich ergänzen und daher zu neuer Gesamtheit zusammengesetzt werden können.

Wie eingangs erwähnt, stellt eine Merge-Beziehung lediglich eine abkürzende Notation für Transformationen der einzelnen Elemente aus Paketen unter Zuhilfenahme von Generalisierungen dar. Erkennen Sie, dass Bedarf an der Spezialisierung vieler Objekte aus unterschiedlichen Paketen besteht, um ein ähnlich arbeitendes Paket zu erhalten, können Sie die Merge-Beziehung einsetzen.

Sie sollten die entstehende Vererbungshierarchie jedoch genau überprüfen, da mit der Verwendung der Merge-Beziehung auch unerwünschte Effekte auftreten können (Beispiel in Abbildung 7.20).

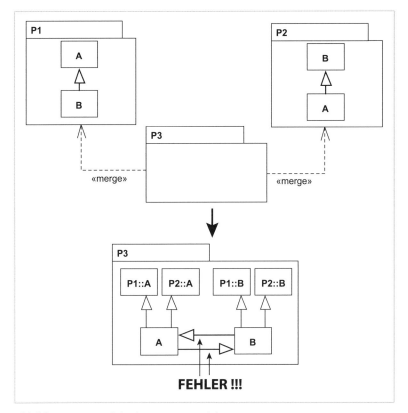

Abbildung 7.20 Gefahr der Merge-Beziehung

Abbildung 7.20 zeigt zwei Pakete P1 und P2. In Paket P1 spezialisiert das Element B ein Element A, in Paket P2 ist es genau umgekehrt: A spezialisiert B.

Werden die beiden Pakete mithilfe der Merge-Beziehung in Paket P3 verschmolzen, entsteht eine fehlerhafte Generalisierungshierarchie, in der sowohl A von B als auch B von A erbt, wovor bereits in Abschnitt 2.5, »Irrungen und Wirrungen«, gewarnt wurde.

Verwenden Sie die Merge-Beziehung daher nur mit großer Vorsicht.

Realisierung in Java

Java bietet kein Sprachmittel, das einem Paket-Merge entspräche, sodass die entstehende Hierarchie der Generalisierungen einzeln realisiert werden muss. Wie man in Java eine Generalisierung implementiert, wird in Abschnitt 2.3.12 erläutert.

Realisierung in C#

Für C# gilt bei der Merge-Beziehung dasselbe wie für Java.

7.4 Lesen eines Paketdiagramms

Das Paketdiagramm aus Abbildung 7.21 definiert sieben Pakete:

- restaurantsystem
- gaesteverwaltung
- werkzeuge
- datenverwaltung mit zwei Unterpaketen datenbank und datenpflege
- vipGaesteverwaltung

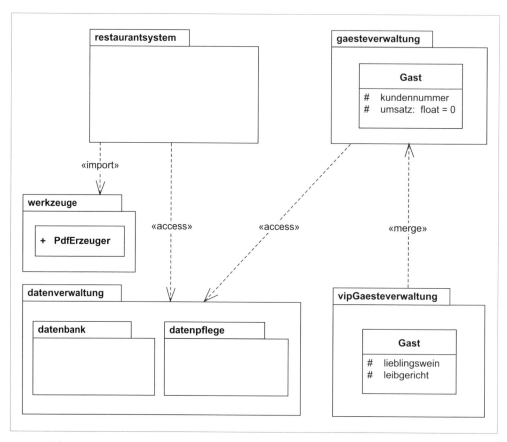

Abbildung 7.21 Beispiel für ein Paketdiagramm

Das Paket restaurantsystem importiert den Klassennamen PdfErzeuger aus dem Paket werkzeuge als öffentlich, die Bestandteile der datenverwaltung als privat. Damit wird der direkte Zugriff auf Elemente der datenverwaltung von allen weiteren Paketen, die restaurantsystem importieren, verboten.

Auch das Paket gaesteverwaltung importiert die datenverwaltung als privat und verbietet damit allen weiteren Paketen den direkten Zugriff.

Die Klasse Gast ist sowohl im Paket gaesteverwaltung als auch in vipGaesteverwaltung enthalten. Da beide Pakete unterschiedliche Namensräume definieren, entsteht dadurch kein Namenskonflikt.

Das Paket vipGaesteverwaltung mergt jedoch die gaesteverwaltung, wodurch eine Generalisierung zwischen den beiden Gast-Klassen definiert wird und die Klasse vipGaesteverwaltung::Gast alle Attribute der Klasse gaesteverwaltung::Gast erbt.

7.5   Irrungen und Wirrungen

Abbildung 7.22 zeigt eine Auswahl der häufigsten Fehler bei der Modellierung mit Paketdiagrammen.

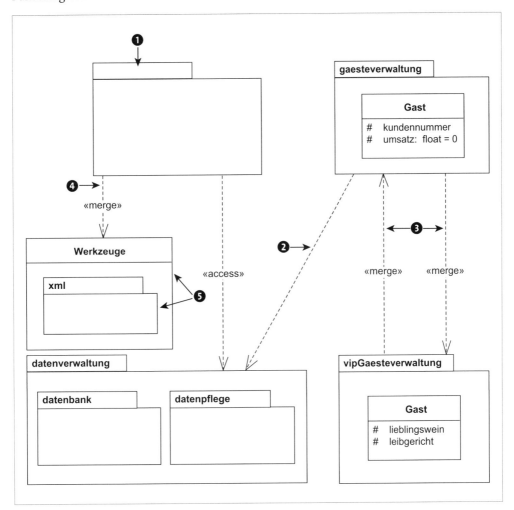

Abbildung 7.22 Ein fehlerhaftes Paketdiagramm

❶ Paketname fehlt

Pakete müssen mit Namen eindeutig definiert werden.

❷ Bezeichnung der Beziehung fehlt

Definieren Sie die Art der modellierten Beziehung. Handelt es sich um eine <<import>>-, <<access>>- oder eine <<merge>>-Beziehung?

❸ Zirkulare <<merge>>-Beziehung

Zwei Pakete dürfen sich nicht gegenseitig mergen. Achten Sie auch darauf, dass keine zirkulare Beziehung zwischen mehreren Paketen entsteht, die möglicherweise nicht so einfach zu erkennen ist wie in diesem Beispiel.

❹ Ungültige <<merge>>-Beziehung

Die <<merge>>-Beziehung darf nur zwischen Paketen modelliert werden. Ein Merge einer Klasse mit einem Paket ist nicht definiert.

❺ Falsche Hierarchie

Klassen können weitere Klassen, jedoch keine Pakete enthalten. Andersherum ist es Paketen durchaus gestattet, Klassen in sich zu gruppieren.

7.6 Zusammenfassung

Abschließend werden die wichtigsten Notationselemente kurz aufgeführt:

▸ **Pakete** gruppieren Elemente wie Klassen oder weitere Pakete und definieren Namensräume.

Abbildung 7.23 Paket

▶ Ein **Paket-Import** importiert alle Namen des importierten Pakets als öffentlich, ein **Paket-Access** als privat.

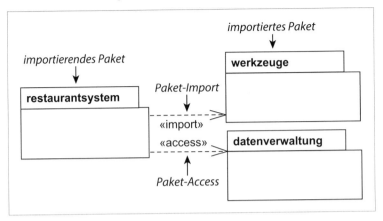

Abbildung 7.24 Paket-Import und -Access

▶ Mithilfe eines **Paket-Merge** können die Inhalte von Paketen verschmolzen werden.

Abbildung 7.25 Paket-Merge

TEIL II

Verhaltensdiagramme

Nachdem die Gruppe der Strukturdiagramme, die sich auf die statischen Elemente eines Systems konzentriert, ausführlich behandelt wurde, wenden wir uns der zweiten großen Gruppe von UML-Diagrammen zu, den Verhaltensdiagrammen. Sie legen den Fokus auf die dynamischen Aspekte, auf das Verhalten eines Systems. In den folgenden drei Kapiteln werden zunächst die Anwendungsfall-, Aktivitäts- und Zustandsdiagramme behandelt (siehe Abbildung auf der Rückseite).

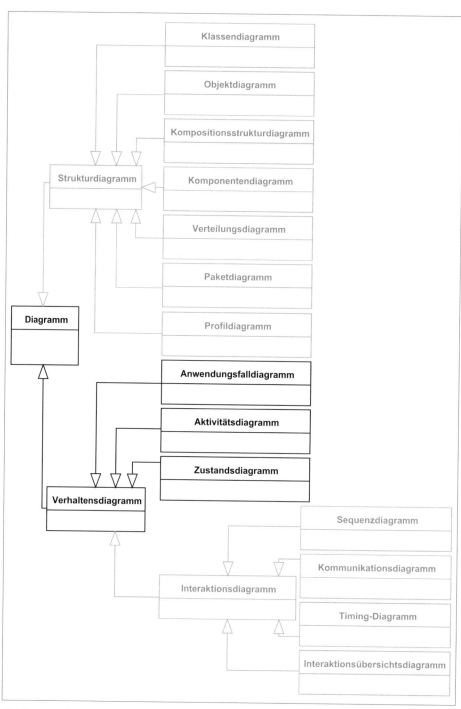

Abbildung Diagrammstruktur der UML

Kapitel 8
Anwendungsfalldiagramm

*Anwendungsfalldiagramme modellieren Anwendungsfälle eines
Systems aus der Sicht externer Akteure.*

8.1 Anwendungsbereiche

Anwendungsfalldiagramme (engl. *Use Case Diagrams*) modellieren die Funktionalität des Systems auf einem hohen Abstraktionsniveau aus der sogenannten Black-Box-Sicht des Anwenders. Es werden nur die Anwendungsfälle definiert, die ein externer Anwender wahrnehmen kann und deren Ausführung ihm einen erkennbaren Nutzen bringt.

Die Modellierung beschreibt, *was* für Anwendungsfälle das System anbietet, und nicht, *wie* sie im System realisiert werden. So wird weder eine Reihenfolge modelliert, in der die Anwendungsfälle abgerufen werden sollten, noch was während der Anwendungsfälle im System eigentlich geschieht. Der Fokus wird darauf gelegt, was ein Anwender von dem System erwarten kann.

Beispielsweise ist es für einen Gast zwar interessant, dass er in einem Restaurant ein Gericht bestellen kann. Es ist für ihn jedoch unbedeutend, wie seine Bestellung vom Kellner zum Koch gereicht wird und wie viele Köche an der Zubereitung beteiligt sind (zumindest solange sie »den Brei nicht verderben«).

Anwendungsfalldiagramme werden überwiegend während der Analyse und Definition im frühen Stadium eines Softwareprojekts eingesetzt. Mit ihrer Hilfe werden Anwenderwünsche erfasst und dokumentiert. Auf der Grundlage der Modellierungsergebnisse werden Anforderungen an das System mit den Anwendern und/oder Auftraggebern diskutiert und auf Vollständigkeit und Korrektheit überprüft. Aus diesem Grund verwenden Anwendungsfalldiagramme nur wenige Notationselemente und sollten auch möglichst einfach gehalten werden.

Von den Anwendungsfalldiagrammen ausgehend, die eine grobe Sicht auf die Funktionalität des Systems darstellen, kann das dynamische Verhalten in einem Top-down-Verfahren durch den Einsatz weiterer Verhaltensdiagramme verfeinert und präzisiert werden.

8.2 Übersicht

Abbildung 8.1 benennt die Notationselemente von Anwendungsfalldiagrammen.

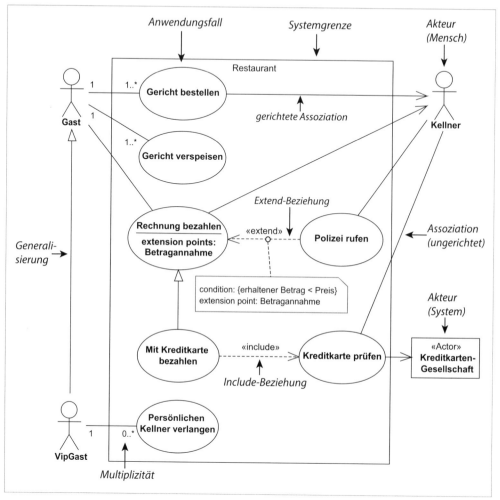

Abbildung 8.1 Notationselemente von Anwendungsfalldiagrammen

8.3 Notationselemente

8.3.1 Systemgrenze

Beschreibung

Die **Systemgrenze** (engl. *System Boundary*) **umfasst ein System**, das die benötigten Anwendungsfälle bereitstellt und mit dem die Anwender interagieren.

Alle Elemente, die innerhalb der Systemgrenzen platziert werden, stellen Bestandteile des Systems dar. Werden beispielsweise Anwendungsfälle innerhalb der Systemgrenzen modelliert, muss das System die spezifizierte Funktionalität bereitstellen.

Abbildung 8.2 Systemgrenze

Verwendung

Die Modellierung einer Systemgrenze wird von der UML nicht verlangt. Es ist jedoch empfehlenswert, das Softwaresystem von seinen Akteuren und externen Systemen abzugrenzen.

8.3.2   Akteur

Abbildung 8.3 Akteur

Beschreibung

Ein **Akteur** (engl. *Actor*) modelliert einen **Typ** oder eine **Rolle**, die ein externer Benutzer oder ein externes System während der Interaktion mit einem System einnimmt.

Abbildung 8.3 zeigt ein Beispiel für einen menschlichen Akteur Gast sowie ein System Kreditkarten-Gesellschaft. Die UML verbietet nicht, die Rechteck-Notation auch für Menschen bzw. die Strichmännchen-Notation (*Stickman*) für weitere Systeme zu verwenden. Die unterschiedliche Verwendung der beiden Notationselemente hat sich im Laufe der Zeit jedoch eingebürgert, weil sie die Unterscheidung der Akteure vereinfacht.

Zusätzlich erlaubt die UML, eigene eventuell aussagekräftigere Symbole für Akteure zu verwenden. Abbildung 8.4 zeigt beispielsweise einen Akteur Autor, für den ein Logo als Symbol gewählt wurde.

Abbildung 8.4 Eigenes Symbol für einen Akteur

Akteure werden immer außerhalb der Systemgrenzen modelliert (Abbildung 8.5).

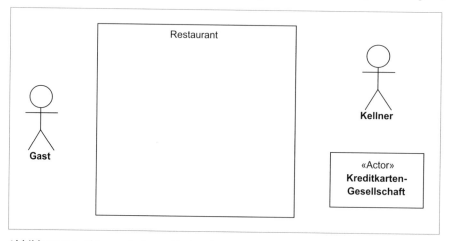

Abbildung 8.5 Akteure sind zum System immer extern.

Ein Akteur muss nicht zwingend eine *einzige* physische Instanz repräsentieren. Unterschiedliche Anwender oder externe Systeme können in Abhängigkeit von ihrer aktuellen Funktion in wechselnden Rollen dem System gegenüber auftreten. Beispielsweise kann dieselbe Person, die in Abbildung 8.5 heute in der Rolle eines Kellners auftritt, morgen schon als Gast die Dienste des Restaurants beanspruchen.

Verwendung

Modellieren Sie Akteure, um Anwender eines Systems oder weitere externe Systeme zu modellieren, die an Interaktionen mit dem System beteiligt sind.

Behalten Sie bitte im Auge, dass Akteure keine physikalischen Instanzen von Personen oder Systemen, sondern Rollen gegenüber dem modellierten System definieren.

8.3.3   Anwendungsfall

Abbildung 8.6 Anwendungsfall

Beschreibung

> Ein **Anwendungsfall** (engl. *Use Case*) spezifiziert eine abgeschlossene Menge von **Aktionen**, die von einem **System bereitgestellt** werden und einen **erkennbaren Nutzen** für einen oder mehrere Akteure erbringen.

Anwendungsfälle definieren, *dass* eine Funktionalität bereitgestellt wird, ohne zu spezifizieren, *wie* dies zu geschehen hat. Der Anwendungsfall aus Abbildung 8.6 definiert beispielsweise, dass ein Gericht bestellt werden kann, ohne auszudrücken, welche einzelnen Aktionen dabei ablaufen oder in welcher Reihenfolge und von wem die Aktionen durchgeführt werden müssen (z. B. Kellner rufen, Bestellung mitteilen, Bestellung an den Koch weiterleiten usw.).

Wie in Abbildung 8.7 dargestellt, erlaubt die UML, Anwendungsfälle auf drei Arten zu notieren.

Semantisch gibt es keinen Unterschied zwischen den drei in Abbildung 8.7 gezeigten Notationsarten.

Abbildung 8.7 Drei Notationsarten von Anwendungsfällen

Die Positionierung von Anwendungsfällen innerhalb von Systemgrenzen definiert, welche Anwendungsfälle von welchen Systemen bereitgestellt werden (siehe Abbildung 8.8):

Abbildung 8.8 Anwendungsfall innerhalb einer Systemgrenze

Abbildung 8.8 modelliert, dass der Anwendungsfall Gericht bestellen vom System Restaurant bereitgestellt wird.

Verwendung

Anwendungsfälle werden zumeist eingesetzt, um eine initiale grobe Sicht auf die funktionalen Anforderungen an ein System zu modellieren. Fassen Sie daher Aktionen, die zu einem einzigen für den Akteur sichtbaren Ergebnis führen, auch zu einem einzigen Anwendungsfall zusammen.

Bedenken Sie, dass Anwendungsfälle die Kommunikation zwischen Anwendern/Auftraggebern und dem Software-Ingenieur erleichtern sollen, und verzichten Sie daher auf eine zu feine Aufteilung der Anwendungsfälle.

Oft ist es hierzu hilfreich, sich die wahrnehmbare Funktionalität des Systems aus der Sicht des Anwenders vorzustellen oder nach Möglichkeit ihn selbst seine Sicht erläutern zu lassen, um nicht in die Modellierung von technischen Details oder Abläufen zu geraten.

8.3.4 Assoziation

Abbildung 8.9 Assoziation

Beschreibung

> Eine **Assoziation** (engl. *Association*) modelliert in Anwendungsfalldiagrammen eine **Beziehung zwischen Akteuren und Anwendungsfällen.**

Es handelt sich hierbei um die bereits aus Klassendiagrammen bekannten binären Assoziationen (siehe Abschnitt 2.3.4). Erwartungsgemäß können sie ebenfalls mit Multiplizitäten oder Navigationsrichtungen versehen werden. N-äre Assoziationen werden in Anwendungsfalldiagrammen nicht verwendet.

Das Anwendungsfalldiagramm aus Abbildung 8.9 modelliert einen Gast, der in einem Restaurant ein bis beliebig viele Gerichte bei einem Kellner bestellen kann. Ein Gericht wird jedoch gleichzeitig nur von einem Gast bei einem Kellner bestellt.

Die Modellierung von Assoziationen zwischen *einem* Anwendungsfall und *mehreren* Akteuren verlangt, dass *alle* Akteure mit einer Assoziation zum jeweiligen Anwendungsfall für die Ausführung des Anwendungsfalls benötigt werden. Abbildung 8.9 spezifiziert, dass sowohl ein Gast als auch ein Kellner notwendig sind, um den Anwendungsfall Gericht bestellen auszuführen.

Eine gerichtete Assoziation spezifiziert die erlaubte Kommunikationsrichtung zwischen dem Anwendungsfall und dem Akteur. In Abbildung 8.9 definiert sie beispielsweise, dass ein Kellner zwar am Anwendungsfall beteiligt sein muss, er den Anwendungsfall jedoch nicht selbst initiieren kann. Die Kommunikation kann nur unidirektional vom Anwendungsfall zum Kellner stattfinden.

Zwischen Gast und Gericht bestellen bleibt die Navigations- und damit Kommunikationsrichtung unspezifiziert, was eine bidirektionale Kommunikation zwischen ihnen erlaubt. Ein Gast kann damit sowohl den Anwendungsfall aufrufen als auch Informationen von ihm erhalten.

Verwendung

Modellieren Sie mithilfe von Assoziationen, welche Anwendungsfälle von welchen Akteuren ausgeführt werden dürfen.

8.3.5   Generalisierung/Spezialisierung

Beschreibung

> Eine **Generalisierung** (engl. *Generalization*) kann in Anwendungsfalldiagrammen zwischen Akteuren oder Anwendungsfällen modelliert werden und definiert eine **Beziehung zwischen einem spezifischen und einem allgemeinen Element.**

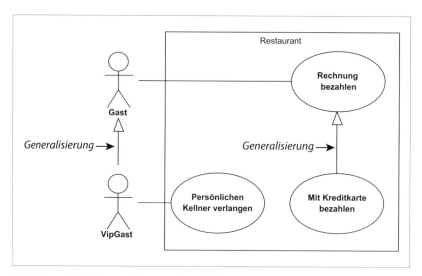

Abbildung 8.10 Generalisierung/Spezialisierung

Abbildung 8.10 zeigt ein Anwendungsfalldiagramm, das eine Generalisierung, wie sie bereits aus Klassendiagrammen bekannt ist (Abschnitt 2.3.12), zwischen einem Gast und einem VipGast modelliert.

Ein Gast besitzt eine Assoziation zum Anwendungsfall Rechnung bezahlen. Der ihn spezialisierende VipGast erbt alle seine Fähigkeiten und darf somit den Anwendungsfall ebenfalls in Anspruch nehmen, auch wenn keine direkte Assoziation zwischen VipGast und Rechnung bezahlen modelliert ist.

Zusätzlich darf ein VipGast einen persönlichen Kellner verlangen, was dem »einfachen« Gast jedoch nicht gestattet ist.

Der Anwendungsfall Rechnung bezahlen wird vom Anwendungsfall Mit Kreditkarte bezahlen spezialisiert. Die in Rechnung bezahlen definierte Menge an Aktionen wird damit vom Anwendungsfall Mit Kreditkarte bezahlen geerbt und verfeinert.

Die Assoziation von Rechnung bezahlen zu Gast wird ebenfalls vererbt. Ein Gast und ein VipGast können somit auch Mit Kreditkarte bezahlen, auch wenn keine gesonderten Assoziationen zwischen ihnen und dem spezialisierenden Anwendungsfall modelliert wurden.

Verwendung

Generalisierungen und Spezialisierungen erlauben, Anwendungsfälle mit ähnlichen Funktionalitäten hierarchisch zu ordnen und wiederzuverwenden.

Im Zusammenhang mit Akteuren werden Generalisierungen/Spezialisierungen zumeist eingesetzt, um unterschiedliche Rechte zu modellieren und deren Beziehung hervorzuheben (Beispiel: Anwender und Administrator).

8.3.6   Include-Beziehung

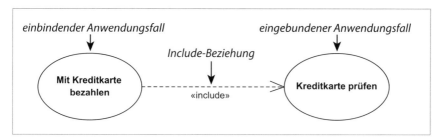

Abbildung 8.11 Include-Beziehung

Beschreibung

> Eine **Include-Beziehung** (engl. *Include Relationship*) modelliert die **unbedingte Einbindung der Funktionalität eines Anwendungsfalls** in einen anderen Anwendungsfall.

Jedes Mal, wenn der einbindende Anwendungsfall ausgeführt wird, *muss* auch der eingebundene Anwendungsfall aufgerufen werden. Der einbindende Anwendungsfall ist abhängig vom Ausführungsergebnis des eingebundenen Anwendungsfalls und damit ohne ihn nicht vollständig. Insgesamt kann die Include-Beziehung auch mit dem Aufruf einer Unterfunktion verglichen werden.

Ein Anwendungsfall kann von beliebig vielen Anwendungsfällen eingebunden werden und kann auch selbst Anwendungsfälle einbinden (achten Sie jedoch darauf, keine Zyklen entstehen zu lassen).

Die Include-Beziehung aus Abbildung 8.11 modelliert, dass der Anwendungsfall Mit Kreditkarte bezahlen die Funktionalität des Anwendungsfalls Kreditkarte prüfen einbindet. *Jedes Mal*, wenn eine Zahlung mit der Kreditkarte erfolgt, *muss* die Kreditkarte geprüft werden. Die Funktionalität des Anwendungsfalls Mit Kreditkarte bezahlen ist vom Ergebnis der Kreditkarten-Prüfung abhängig und kann ohne sie nicht durchgeführt werden.

Verwendung

Die Include-Beziehung wird zumeist bei der Wiederverwendung von Anwendungsfällen eingesetzt. Häufig gibt es im Modell Anwendungsfälle mit gleicher Teilfunktionalität, die als ein eigenständiger Anwendungsfall ausgegliedert und zentral gepflegt werden können.

Sie verdeutlicht die Zusammenhänge zwischen den Anwendungsfällen und steigert die Ausdrucksstärke des Diagramms.

Wie bereits erwähnt wurde, kann die Include-Beziehung als eine Art Unterfunktionsaufruf betrachtet werden, wobei die »Unterfunktion« ein vollständiger Anwendungsfall ist. Bedenken Sie bei der Modellierung, dass Anwendungsfälle die Funktionalität eines Systems übersichtsartig darstellen, und erliegen Sie nicht der Versuchung, tatsächliche Unterfunktionsaufrufe im Sinne des Programmablaufs zu modellieren.

8.3.7 Extend-Beziehung

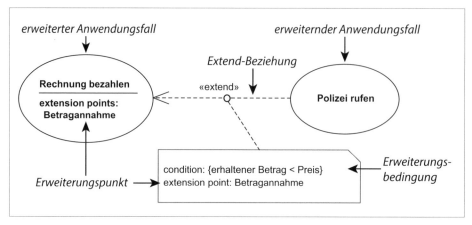

Abbildung 8.12 Extend-Beziehung

Beschreibung

> Eine **Extend-Beziehung** (engl. *Extend Relationship*) modelliert die **bedingte Einbindung der Funktionalität eines Anwendungsfalls** in einen weiteren Anwendungsfall.

Die Funktionalität des erweiternden Anwendungsfalls *kann* in die Funktionalität des erweiterten Anwendungsfalls am Erweiterungspunkt eingebunden werden. Im Unterschied zu einer Include-Beziehung ist der erweiterte Anwendungsfall vom erweiternden unabhängig und kann auch ohne ihn ausgeführt werden.

Ein Anwendungsfall kann beliebig viele weitere Anwendungsfälle erweitern und selbst durch weitere Anwendungsfälle erweitert werden. (Achten Sie auch hierbei darauf, keine Zyklen entstehen zu lassen.)

Die Liste der möglichen Erweiterungspunkte wird unterhalb eines Trennstrichs mit der Überschrift **extension points** notiert. Eine optionale Anmerkung an der Extend-Beziehung spezifiziert den Erweiterungspunkt, an dem der erweiternde Anwendungsfall eingefügt werden kann, sowie die Bedingung (engl. *Condition*), wann dies geschieht. Die Funktionalität des erweiternden Anwendungsfalls wird aufgerufen, falls diese Bedingung während der Durchführung des erweiterten Anwendungs falls zu wahr ausgewertet wird oder wenn keine Bedingung angegeben ist. (In diesem Fall handelt es sich eigentlich um eine <<include>>-Beziehung, da die Funktionalität des erweiternden Anwendungsfalls immer aufgerufen wird.)

Im Beispiel aus Abbildung 8.12 erweitert der Anwendungsfall Polizei rufen den Anwendungsfall Rechnung bezahlen und drückt damit aus, dass im Laufe der Bezahlung die Polizei gerufen werden *kann*. Eine Rechnung kann ebenso gut bezahlt werden, ohne dass die Polizei gerufen wird.

Der Erweiterungspunkt ist im Anwendungsfall Rechnung bezahlen mit Betragannahme definiert. Der zugehörigen Anmerkung entnimmt man, dass die Erweiterung durchgeführt und damit die Polizei gerufen wird, falls der erhaltene Betrag kleiner als der eigentliche Preis ist.

Verwendung

Die Extend-Beziehung erlaubt es, Anwendungsfälle mit Teilfunktionalität wiederzuverwenden und die Abhängigkeiten zwischen ihnen hervorzuheben. Im Gegensatz zu der Include-Beziehung muss die Funktionalität des erweiternden Anwendungsfalls nicht zwingend eingebunden werden.

Obwohl die Extend-Beziehung eine Art »If-Then-Else-Modellierung« erlaubt, sei an dieser Stelle davon abgeraten, Programmabläufe zu modellieren. Es ist empfehlenswert, sich durch den Einsatz von Anwendungsfalldiagrammen einen Überblick über die benötigten Funktionalitäten des Systems zu verschaffen, bevor die Details mit weiteren Verhaltensdiagrammen modelliert werden.

8.4   Lesen eines Anwendungsfalldiagramms

Das Anwendungsfalldiagramm aus Abbildung 8.13 modelliert ein System Restaurant und vier Akteure:

▶ Gast

▶ VipGast

▶ Kellner

▶ Kreditkarten-Gesellschaft

Ein menschlicher Akteur Gast darf im Restaurant ein bis beliebig viele Gerichte bestellen und Gerichte verspeisen. An der Bestellung eines Gerichts ist weiterhin ein menschlicher Akteur Kellner beteiligt, der die Bestellung jedoch nicht selbst initiieren kann (gerichtete Assoziation).

Dem Kellner ist es ebenfalls nicht erlaubt, Gerichte zu verspeisen (fehlende Assoziation zwischen Gericht verspeisen und Kellner).

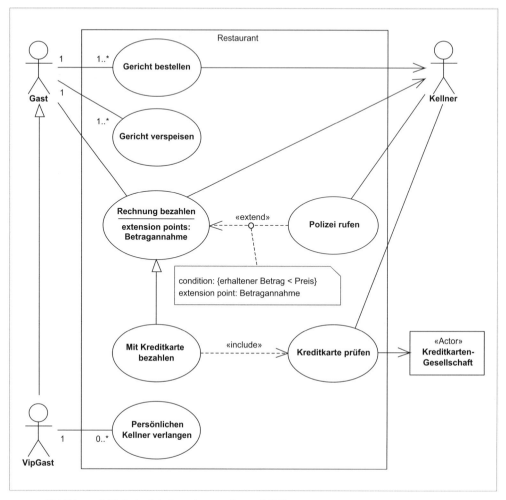

Abbildung 8.13 Beispiel eines Anwendungsfalldiagramms

Ein Gast bezahlt seine Rechnung genau einmal (keine Multiplizitätsangabe an der Assoziation gleicht einer 1-zu-1-Assoziation). Während der Betragannahme kann die Polizei vom Kellner gerufen werden, falls der erhaltene Betrag kleiner ist als der Preis.

Ein Gast kann die Bezahlung auch mit einer Kreditkarte vornehmen. In diesem Fall muss ein Kellner in Zusammenarbeit mit einer Kreditkarten-Gesellschaft die Kreditkarte prüfen. Obwohl die Kreditkarten-Gesellschaft bei diesem Anwendungsfall zwingend erforderlich ist, kann sie die Prüfung nicht selbst veranlassen (gerichtete Assoziation).

Der menschliche Akteur VipGast spezialisiert den Akteur Gast. Alle Anwendungsfälle, die ein Gast wahrnehmen kann, können auch vom VipGast in Anspruch genommen werden. Zusätzlich darf ein VipGast beliebig oft (auch keinmal) einen Persönlichen Kellner verlangen.

8.5   Irrungen und Wirrungen

Das Diagramm aus Abbildung 8.14 weist auf einige der häufig gemachten Fehler bei der Modellierung mit Anwendungsfalldiagrammen hin.

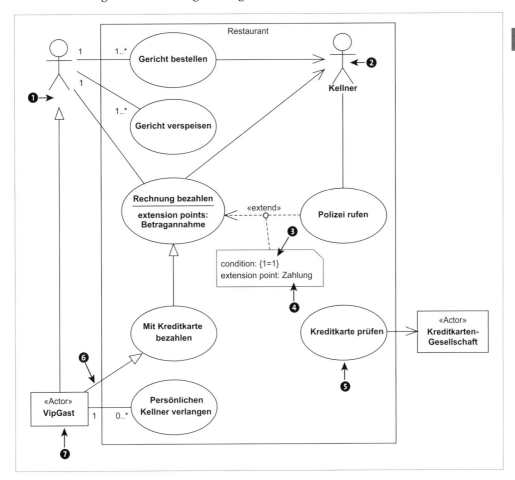

Abbildung 8.14 Ein fehlerhaftes Anwendungsfalldiagramm

❶ Name des Akteurs fehlt
Akteure müssen einen Namen erhalten, der ihre Rollen eindeutig definiert.

❷ Akteur innerhalb des Systems
Akteure definieren Rollen, die gegenüber einem System auftreten, und können damit nicht als ein Teil des Systems modelliert werden.

❸ Falsche Bedingung oder falsche Erweiterungsbeziehung

Die Bedingung in der Anmerkung ist immer wahr (true), weshalb die Erweiterung immer durchgeführt wird.

Soll der Anwendungsfall Gericht bezahlen nur in speziellen Fällen erweitert werden, muss die Bedingung korrigiert werden.

Ist es gewünscht, die Funktionalität des Anwendungsfalls Polizei rufen immer einzubinden, ist eine <<include>>-Beziehung die bessere Wahl.

❹ Unbekannter Erweiterungspunkt

Die Anmerkung weist dem erweiternden Anwendungsfall Polizei rufen einen Erweiterungspunkt Zahlung zu, der im erweiterten Anwendungsfall Gericht bezahlen nicht definiert ist.

Einem erweiternden Anwendungsfall dürfen nur bereits definierte Erweiterungspunkte zugewiesen werden.

❺ Nicht durchführbarer Anwendungsfall

Der Anwendungsfall Kreditkarte prüfen besitzt eine gerichtete Assoziation zu dem Akteur Kreditkarten-Gesellschaft, weshalb diese den Anwendungsfall selbst nicht initiieren kann. Die Funktionalität des Anwendungsfalls kann nicht abgerufen werden, weil er weder weitere Assoziationen zu Akteuren noch Beziehungen zu Anwendungsfällen hat.

Überprüfen Sie in solchen Fällen das Diagramm daraufhin, ob Assoziationen fehlen oder der Anwendungsfall entfernt werden kann.

❻ Falsche Generalisierung

Generalisierungen dürfen nur zwischen Akteuren *oder* zwischen Anwendungsfällen modelliert werden, nicht zwischen Akteuren *und* Anwendungsfällen.

Soll eine Kommunikationsrichtung modelliert werden, sollte die gerichtete Navigation verwendet werden.

❼ Rechtecksymbol für einen menschlichen Akteur

Es empfiehlt sich, für menschliche Akteure das »Strichmännchensymbol« und für externe Systeme das »Rechtecksymbol« zu modellieren. Die UML schreibt eine solche Verwendung zwar nicht vor, sie hilft Ihnen jedoch, die Art der Akteure zu unterscheiden, und macht das Diagramm damit leichter verständlich.

8.6 Zusammenfassung

Die folgende Aufzählung bietet eine Kurzübersicht über die wichtigsten Notationselemente von Anwendungsfalldiagrammen:

▶ **Akteure** modellieren Rollen von Benutzern oder externen Systemen gegenüber einem System.

Abbildung 8.15 Akteur

▶ **Anwendungsfälle** definieren abgeschlossene Mengen von Aktionen mit erkennbarem Nutzen für einen oder mehrere Akteure.

Abbildung 8.16 Anwendungsfall

▶ **Assoziationen** verbinden Akteure und Anwendungsfälle und setzen damit fest, welcher Akteur welche Anwendungsfälle wahrnehmen darf.

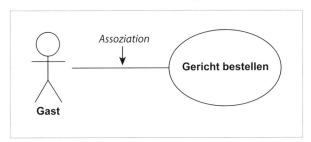

Abbildung 8.17 Assoziation

▶ **Generalisierungen** werden zwischen Akteuren oder Anwendungsfällen modelliert und spezifizieren Vererbungshierarchien zwischen den beteiligten Elementen.

223

Abbildung 8.18 Generalisierung

▶ Eine **Include-Beziehung** modelliert eine unbedingte Einbindung der Funktionalität eines Anwendungsfalls in einen weiteren Anwendungsfall, die **Extend-Beziehung** modelliert eine bedingte Einbindung.

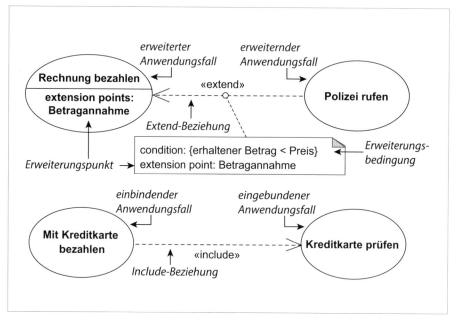

Abbildung 8.19 Extend- und Include-Beziehungen

Kapitel 9
Aktivitätsdiagramm

Aktivitätsdiagramme modellieren das Verhalten von Systemen und bedienen sich dabei eines Kontroll- und Datenflussmodells.

9.1 Anwendungsbereiche

Aktivitätsdiagramme (engl. *Activity Diagrams*) bieten sehr viele Möglichkeiten, das Verhalten von Systemen zu modellieren. Sie stellen zahlreiche Notationselemente bereit, mit deren Hilfe beispielsweise

- alternative Abläufe,
- Reihenfolgen von Aktivitäten,
- parallele Aktivitäten,
- verschachtelte Aktivitäten,
- Verantwortungsbereiche oder
- Ausnahmen und deren Behandlung

modelliert werden können.

Aktivitätsdiagramme können in allen Phasen der Softwareentwicklung eingesetzt werden:

- Während der **Analyse/Definition**-Phase werden Aktivitätsdiagramme verwendet, um Geschäftsprozesse zu modellieren und zu analysieren. Sie zeigen die Reihenfolge der Prozesse und Tätigkeiten sowie mögliche Alternativabläufe auf.

  Die visuelle Darstellung der Geschäftsprozesse erleichtert deren Analyse und Optimierung. Die entstehenden Optimierungen werden direkt wieder in Aktivitätsdiagrammen dokumentiert und können als Vorgaben zur Umsetzung verwendet werden.

  Die in dieser Phase erstellten Aktivitätsdiagramme beschreiben die Prozesse aus der Sicht der Anwender und/oder der Auftraggeber. Sie verwenden nur wenige Notationselemente und sind bewusst einfach gehalten, um als Kommunikationsgrundlage zwischen dem Software-Architekten und den Anwendern/Auftraggebern dienen zu können.

Wie bereits in Kapitel 8, »Anwendungsfalldiagramm«, erläutert wurde, werden während der Analyse-Phase die Anforderungen an ein System durch Anwendungsfälle modelliert. Sie definieren auf einem hohen Abstraktionsniveau die Funktionalitäten, die ein System bereitzustellen hat, blenden jedoch aus, wie sie realisiert werden bzw. welche internen Abläufe sich dahinter verbergen.

Aktivitätsdiagramme werden eingesetzt, um genau diese internen Abläufe zu spezifizieren und damit die Funktionalitäten hinter den Anwendungsfällen zu präzisieren.

▶ In der **Entwurf/Design**-Phase bieten Aktivitätsdiagramme vielfältige Möglichkeiten zur Modellierung interner Systemprozesse. In dieser Phase erlangen Aktivitätsdiagramme auch ihre Hauptbedeutung.

So können beispielsweise umfangreiche Abläufe in einem System (oder zwischen unterschiedlichen Systemen) oder gar Umsetzungsvorschriften komplexer Algorithmen spezifiziert werden.

Aktivitätsdiagramme aus dieser Phase werden als Arbeitsvorlage für Programmierer entwickelt. Die Vielfalt und Mächtigkeit der Notationselemente kann daher voll ausgeschöpft werden, um das interne Verhalten der Software möglichst präzise zu beschreiben.

▶ Die spezifizierten Abläufe werden während der **Implementierung** als Realisierungsvorlage verwendet.

▶ In der **Test**-Phase können die exakten Ablaufspezifikationen als Grundlagen für Definitionen von Testfällen wiederverwendet werden.

9.2 Übersicht

Abbildung 9.1 beinhaltet eine Auswahl der Notationselemente von Aktivitätsdiagrammen.

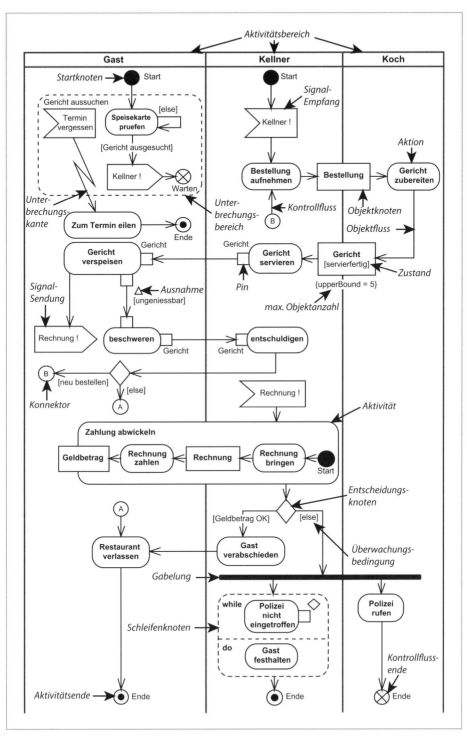

Abbildung 9.1 Notationselemente von Aktivitätsdiagrammen

9.3 Notationselemente

Bevor die einzelnen Notationselemente von Aktivitätsdiagrammen vorgestellt werden, soll Ihnen das Klassendiagramm aus Abbildung 9.2 eine erste Übersicht bieten und die Einordnung der Notationselemente vereinfachen.

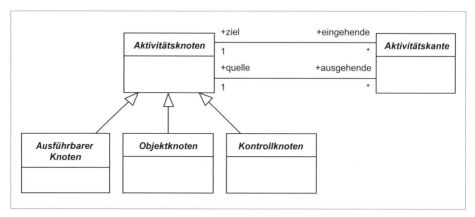

Abbildung 9.2 Unterteilung von Knotenarten in Aktivitätsdiagrammen

Die UML nennt die in Aktivitätsdiagrammen verwendeten Knotenarten als **Aktivitätsknoten** (engl. *Activity Nodes*) und unterteilt sie in drei Gruppen (siehe Abbildung 9.2):

▶ **Ausführbare Knoten** (engl. *Executable Nodes*)
In diese Gruppe werden alle Knoten eingeordnet, die Tätigkeiten durchführen können, z. B. eine Aktion (siehe Abschnitt 9.3.1).

▶ **Objektknoten** (engl. *Object Nodes*)
Als Objektknoten werden alle Notationselemente bezeichnet, die in Aktivitätsdiagrammen Daten speichern können, z. B. ein Datastore (siehe Abschnitt 9.3.4).

▶ **Kontrollknoten** (engl. *Control Nodes*)
Kontrollknoten, z. B. Start- und Endknoten (siehe Abschnitt 9.3.7) oder Entscheidungs- und Verbindungsknoten (siehe Abschnitt 9.3.8), koordinieren den Ablauf zwischen anderen Knoten und bestimmen maßgeblich den Ablauf von Aktivitätsdiagrammen.

Einen weiteren wesentlichen Bestandteil von Aktivitätsdiagrammen stellen die **Aktivitätskanten** (engl. *Activity Edges*) dar, zu denen beispielsweise der Kontrollfluss (siehe Abschnitt 9.3.2) oder der Objektfluss (siehe Abschnitt 9.3.4) gehören. Sie modellieren gerichtete Verbindungen zwischen den Aktivitätsknoten und legen damit die Reihenfolge des Ablaufs eines Aktivitätsdiagramms fest.

Die folgenden Seiten stellen Ihnen alle wichtigen Notationselemente der Aktivitätsdiagramme im Detail vor.

9.3.1   Aktion

Abbildung 9.3 Aktion

Beschreibung

> Eine **Aktion** (engl. *Action*) stellt die fundamentale **Einheit ausführbarer Funktionali-**
> **tät** dar, die im Modell nicht weiter zerlegt wird und somit **atomar** ist.

Die Aktion ist ein ausführbarer Knoten und stellt die grundlegende Einheit einer Ver-
haltensspezifikation dar. Die meisten weiteren Notationselemente von Aktivitätsdiagrammen werden verwendet, um Aktionen in Reihenfolgen zu bringen, zu
gruppieren, zu strukturieren, ihnen Ein- und Ausgabeparameter bereitzustellen usw.

Aktionen können sehr einfache und kurze Funktionalitäten, wie die Addition zweier
Zahlen, modellieren, aber auch umfangreiche an sich nicht atomare Tätigkeiten, die
jedoch im Modell als atomar angesehen werden und nicht weiter aufgeteilt werden
sollen.

Abbildung 9.3 zeigt eine Aktion Gericht servieren, die damit als eine einzige Tätigkeit
angesehen wird. Eine genauere und verfeinernde Modellierung dieser Tätigkeit wird
als nicht notwendig angesehen.

Aktionen können **lokale Vor- und Nachbedingungen** (engl. *Local Preconditions/*
Local Postconditions) besitzen, die vor bzw. nach der Ausführung *einer* Aktion erfüllt
sein müssen.

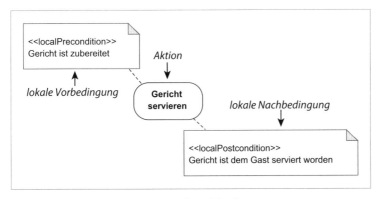

Abbildung 9.4 Aktion mit Vor- und Nachbedingungen

Abbildung 9.4 zeigt ein Beispiel für die vorgeschriebene Notationsart von Vor- und Nachbedingungen einer Aktion mithilfe von Anmerkungen.

Verwendung

Modellieren Sie mithilfe von Aktionen Funktionalitäten, die nicht weiter zerlegt werden sollen. Es ist dabei nicht zwingend, dass die Aktion an sich nicht mehr zerlegbar ist. Aus der Sicht des Modells sind die Einzelschritte einer Aktion nicht von Bedeutung.

So kann es durchaus vorkommen, dass eine Aktion Gericht servieren aus der Sicht eines Gastes als eine einzige Tätigkeit modelliert wird und somit eine Aktion darstellt. Aus der Sicht eines Kellners handelt es sich jedoch um mehrere Einzeltätigkeiten, die durch mehrere Aktionen modelliert würden (z. B. Gericht holen, mit der Bestellung vergleichen, Gericht zustellen).

Realisierung in Java

Eine Aktion stellt in Java einen einzigen Operationsaufruf dar.

Realisierung in C#

In C# werden Aktionen ebenfalls durch Operationsaufrufe repräsentiert.

9.3.2   Kontrollfluss

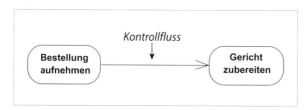

Abbildung 9.5 Kontrollfluss

Beschreibung

> Der **Kontrollfluss** (engl. *Control Flow*) ist eine **gerichtete Verbindung zwischen Aktivitätsknoten** und repräsentiert deren **Ausführungsreihenfolge**.

Abbildung 9.5 zeigt einen Kontrollfluss zwischen zwei Aktionen. Er spezifiziert, dass nach der Aktion Bestellung aufnehmen die Aktion Gericht zubereiten ausgeführt wird.

Würde der Kontrollfluss das Diagramm unübersichtlich machen, weil sich beispielsweise mehrere Kontrollflüsse schneiden, erlaubt die UML ihre Auftrennung durch **Konnektoren** (engl. *Connectors*):

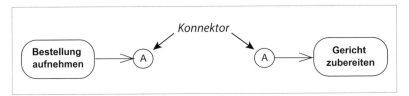

Abbildung 9.6 Konnektor

Abbildung 9.5 und Abbildung 9.6 sind semantisch äquivalent.

Jeder Konnektor muss einen eindeutigen Namen und genau einen aus- bzw. eingehenden Kontrollfluss besitzen.

Verwendung

Definieren Sie mithilfe von Kontrollflüssen, in welcher Reihenfolge Aktivitätsknoten ausgeführt werden sollen.

Realisierung in Java

Der Kontrollfluss wird realisiert, indem die spezifizierte Reihenfolge der aufzurufenden Aktionen eingehalten wird.

Realisierung in C#

Der Kontrollfluss wird in C# wie in Java durch die Einhaltung der Aufruf-Reihenfolge der Operationen realisiert.

9.3.3 Aktivitätsbereich

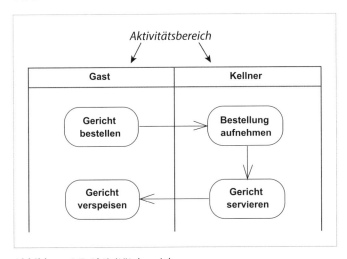

Abbildung 9.7 Aktivitätsbereiche

Beschreibung

> **Aktivitätsbereiche** (engl. *Activity Partitions*) **gruppieren Aktivitätsknoten zu Organisationseinheiten.**

In Abbildung 9.7 werden die dargestellten Aktionen den Aktivitätsbereichen Gast und Kellner zugeordnet, womit die Verantwortung für die Ausführung der jeweiligen Aktionen festgelegt wird. Aktivitätsbereiche werden daher auch häufig als **Verantwortungsbereiche** bezeichnet.

Aktivitätsbereiche können selbst weitere Aktivitätsbereiche enthalten (siehe Abbildung 9.8).

Abbildung 9.8 modelliert einen Aktivitätsbereich Restaurant, der die Aktivitätsbereiche von Gast und Kellner umfasst. Ein Gast bzw. ein Kellner sind damit nur innerhalb eines Restaurants für die modellierten Aktionen verantwortlich.

Aktivitätsbereiche dürfen sowohl vertikal als auch horizontal modelliert werden und sich sogar schneiden.

Abbildung 9.8 Hierarchie von Aktivitätsbereichen

Dem Aktivitätsdiagramm aus Abbildung 9.9 zufolge bestellt ein Gast ein Gericht in einem Speisesaal. Nachdem ein Kellner im selbigen die Bestellung aufgenommen hat, bereitet ein Koch das Gericht in einer Kueche zu. Daraufhin serviert ein Kellner das Gericht, was sowohl in der Kueche (Abholen des Gerichts) als auch im Speisesaal (Abliefern) durchgeführt wird. Letztlich kann ein Gast im Speisesaal sein Gericht verspeisen.

Dem Diagramm ist leicht zu entnehmen, dass ein Koch keinerlei Aktionen im Speisesaal übernehmen muss und ein Gast nichts in der Kueche zu suchen hat. Ein Kellner ist dagegen sowohl im Speisesaal als auch in der Kueche aktiv.

Abbildung 9.9 Überschneidung von Aktivitätsbereichen

Wird ein Aktivitätsbereich benötigt, der mit dem Kern des Modells nur wenig zu tun hat, kann dieser mit dem Stereotyp <<external>> gekennzeichnet werden (siehe Abbildung 9.10):

Abbildung 9.10 <<external>>-Stereotyp eines Aktivitätsbereichs

Verwendung

Aktivitätsbereiche werden verwendet, um die durchzuführenden Aufgaben eindeutig den Akteuren zuzuordnen. (Akteure wurden bereits in Abschnitt 8.3.2 vorgestellt.)

Akteure repräsentieren Klassen, die bereits in einem Ihrer Klassendiagramme in einer früheren Phase des Entwicklungsprozesses modelliert worden sind. Anhand von Aktivitätsbereichen können die Operationen dieser »Akteur-Klassen« auf Vollständigkeit und Korrektheit überprüft werden.

Muss ein Akteur in seinem Aktivitätsbereich eine Aktion durchführen, die durch keine seiner Operationen abgedeckt ist, ist seine Klassendefinition zu erweitern.

Gibt es andersherum Aktionen in den Akteur-Klassen, die in keinem der Aktivitätsdiagramme abgerufen werden, sollte überprüft werden, ob sie tatsächlich benötigt werden.

9.3.4 Objektknoten und Objektfluss

Abbildung 9.11 Objektknoten und Objektfluss

Beschreibung

Objektknoten (engl. *Object Nodes*) modellieren die **Übergabe von Objekten** zwischen Aktionen und können als eine Art **Speicher für Objekte der spezifizierten Klasse** betrachtet werden.

Der **Objektfluss** (engl. *Object Flow*) repräsentiert den **Transport von Objekten**.

Objekte werden zumeist von Aktivitätsknoten erzeugt und verbraucht. Abbildung 9.11 zeigt einen Speicher für ein Objekt der Klasse Gericht, das von der Aktion Gericht zubereiten produziert und an die Aktion Gericht servieren weitergereicht wird.

Die eigentliche Funktion der Objekte der Klasse Gericht als Ausgabeparameter von Gericht zubereiten und als Eingabeparameter von Gericht servieren wird durch den Einsatz der **Pin-Notation** noch deutlicher (siehe Abbildung 9.12).

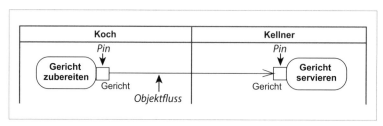

Abbildung 9.12 Pin-Notation des Objektflusses

Die UML erlaubt, den Pin über dem Objektfluss zu notieren, um den Transport des Objekts zu betonen (siehe Abbildung 9.13).

Abbildung 9.13 Pin-Notation des Objekttransports

Objekte können während ihrer Bearbeitung in Aktionen ihren Zustand ändern (Details zu Zuständen erfahren Sie in Kapitel 10, »Zustandsdiagramm«). Der Objektknoten kann daher angewiesen werden, nur Objekte in einem bestimmten Zustand zu speichern.

Abbildung 9.14 Objektknoten mit Zustandsangabe

Abbildung 9.14 spezifiziert, dass ein von Gericht zubereiten produziertes Objekt Gericht sich im Zustand servierfertig befindet und auch in diesem Zustand die Aktion Gericht servieren erreicht.

Auch beim Einsatz der Pin-Notation ist die Angabe von Zuständen möglich. Die Zustände müssen auf beiden Seiten des Kontrollflusses gleich sein (siehe Abbildung 9.15).

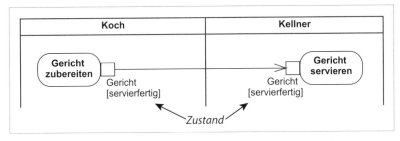

Abbildung 9.15 Pin-Notation mit Zustandsangabe

Es gibt durchaus Aktionen (z. B. bei einer Signalverarbeitung), die bereits neue Objekte als Parameter akzeptieren, obwohl sie die Abarbeitung der bereits übergebenen Objekte noch nicht beendet haben. Die Aktion ist damit fähig, Objekte in einem Datenstrom (engl. *Stream*) zu empfangen (siehe Abbildung 9.16).

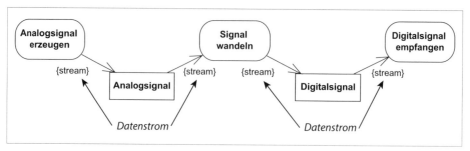

Abbildung 9.16 Stream-Objektfluss

Um einen Stream in der Pin-Notation zu spezifizieren, werden die Pins grau eingefärbt (siehe Abbildung 9.17).

Abbildung 9.17 Stream-Objektfluss mit der Pin-Notation

Mehrere Objektknoten (Pins) können zu sogenannten **Parametersätzen** (engl. *Parameter Sets*) zusammengefasst werden.

Abbildung 9.18 Parametersatz

Sowohl die Eingabe- als auch die Ausgabe-Pins können zu Parametersätzen gruppiert werden. Parametersätze können getrennt nebeneinander modelliert werden oder sich, wie in Abbildung 9.18 dargestellt, überschneiden. Die Gruppierung von Pins zu Parametersätzen gleicht der Modellierung einer AND-Verbindung der einzelnen Pins innerhalb eines Parametersatzes. Zwischen unterschiedlichen Parametersätzen besteht eine XOR-Verbindung.

Dieser Sachverhalt wird anhand der Abbildung 9.18 deutlicher: Die Aktion Toast zubereiten kann beispielsweise nur ausgeführt werden, wenn **entweder** Schinken, Kaese *und* Toastbrot **oder** Toastbrot, Ei *und* Tomate verfügbar sind. Die gleichzeitige Übergabe aller Parameter ist gestattet, aufgrund der XOR-Beziehung zwischen den Parametersätzen werden jedoch gleichzeitig nur die Objekte eines Parametersatzes angenommen und verarbeitet.

Zusätzliche Pins, die keinem Parametersatz zugeordnet werden, müssen als stream gekennzeichnet werden.

Die möglicherweise bisher wenig nachvollziehbare Unterscheidung zwischen Objekt und Objektknoten als Speicher für Objekte wird deutlich, wenn man beachtet, dass Objektknoten durchaus mehrere Objekte enthalten können.

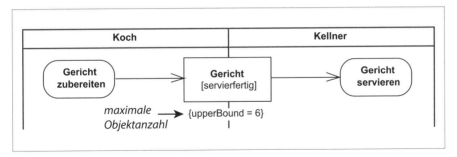

Abbildung 9.19 Objektknoten als Speicher für mehrere Objekte

Abbildung 9.19 modelliert einen Objektknoten Gericht, der aufgrund der **upper-Bound**-Angabe maximal sechs Objekte der Klasse Gericht im Zustand servierfertig aufnehmen kann. Ist die maximale Anzahl der erlaubten Objekte im Objektknoten erreicht, können keine weiteren abgelegt werden.

Fehlt die Spezifikation der oberen Grenze, bedeutet dies laut UML nicht, dass nur genau ein Objekt aufgenommen werden kann. Die Anzahl der maximal möglichen Objekte ist lediglich nicht spezifiziert und kann auch beliebig viele betragen. In der Praxis wird jedoch zumeist ein Objektknoten für genau ein Objekt modelliert und damit die direkte Übergabe eines Objekts zwischen zwei Aktionen ausgedrückt.

Die minimale Anzahl der Objekte, die gleichzeitig über einen Objektfluss weitergereicht werden dürfen, kann ebenfalls definiert werden.

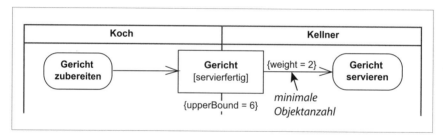

Abbildung 9.20 Objektfluss mit Angabe der Objektanzahl

Die **weight**-Angabe aus Abbildung 9.20 spezifiziert, dass immer mindestens 2 Objekte der Klasse Gericht im Zustand servierfertig im Objektknoten vorhanden sein müssen, bevor die Aktion Gericht servieren durchgeführt werden kann. Verzichtet man auf die Spezifikation der Anzahl, wird der Wert 1 angenommen.

Auch die Reihenfolge, in der die Objekte vom Objektknoten bereitgestellt werden, kann spezifiziert werden (siehe Abbildung 9.21).

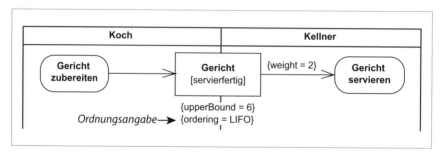

Abbildung 9.21 Ordnungsangabe der Objekte im Objektknoten

Die UML definiert vier Werte für Ordnungsangaben (engl. *Ordering*):

▶ **unordered**
Der Objektknoten stellt die Objekte der entnehmenden Aktion in ungeordneter, zufälliger Reihenfolge bereit.

▶ **ordered**
Die Objekte werden in einer geordneten Reihenfolge bereitgestellt.

▶ **LIFO**
LIFO steht für Last In First Out und bedeutet, dass das zuletzt im Objektknoten eingetroffene Objekt als Erstes weitergereicht wird.

▶ **FIFO**
FIFO ist das Gegenteil von LIFO und steht für First In First Out. Ein damit gekennzeichneter Objektknoten gibt die Objekte in der Reihenfolge weiter, wie sie ihm überreicht wurden (das erste Objekt als Erstes). Dies ist auch der Vorgabewert, falls man keine der drei weiteren Ordnungsangaben verwendet.

Weitere Vorgaben für Reihenfolgen, mit denen die Objekte vom Objektknoten bereitgestellt werden sollen, können mit Selektionsangaben modelliert werden (siehe
Abbildung 9.22):

Abbildung 9.22 Selektionsangabe

Eine Selektionsangabe wird mithilfe einer Anmerkung notiert, die durch den Stereotyp <<selection>> gekennzeichnet wird.

Das Aktivitätsdiagramm aus Abbildung 9.22 modelliert beispielsweise, dass die Gerichte in der Reihenfolge bereitgestellt werden sollen, in der sie vom Kellner ange-
fordert werden.

Ein Objektknoten kann durchaus von mehreren Aktionen befüllt und geleert werden. Er wird in dem Fall als ein **zentraler Puffer** zwischen den Aktionen angesehen
und mit dem Stereotyp <<centralBuffer>> markiert (siehe Abbildung 9.23):

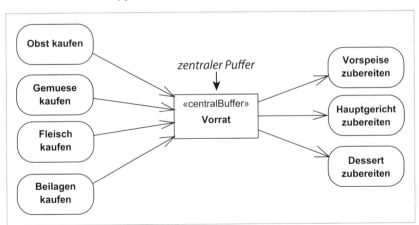

Abbildung 9.23 Objektknoten als zentraler Puffer

In Abbildung 9.23 fungiert der Objektknoten für Vorrat-Objekte als zentraler Puffer (engl. *Central Buffer*) zwischen mehreren Aktionen. Er wird sowohl von den
Aktionen

- ▶ Obst kaufen,

- ▶ Gemuese kaufen,

- ▶ Fleisch kaufen und

- ▶ Beilagen kaufen

befüllt als auch von den Aktionen

- ▶ Vorspeise zubereiten,

- ▶ Hauptgericht zubereiten und

- ▶ Dessert zubereiten

geleert.

Soll der Objektknoten nicht geleert werden, sondern soll er die in ihm abgelegten Objekte persistent speichern, muss er als <<datastore>> markiert werden.

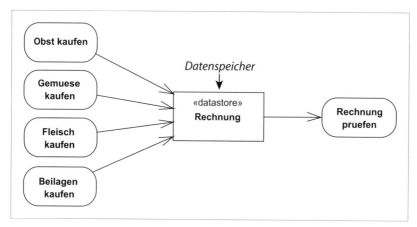

Abbildung 9.24 Objektknoten als Datenspeicher

Der Objektknoten Rechnung wird in Abbildung 9.24 von den bereits bekannten Aktionen befüllt (diesmal allerdings mit Rechnungen). Die Aktion Rechnung pruefen entnimmt ihm Rechnung-Objekte. Im Gegensatz zu einem Objektknoten des Stereotyps <<centralBuffer>> werden nicht die gespeicherten Objekte selbst, sondern immer nur deren Kopien herausgegeben. Die gespeicherten Rechnungen gehen damit nach ihrer Prüfung nicht verloren.

Eine spezielle Art der Objektknoten stellen die Exception-Objektknoten dar. Tritt während der Abarbeitung einer Aktion ein unerwarteter Ausnahmefall auf, so wird die Aktion abgebrochen und ein Exception-Objekt an eine weitere Aktion gesendet, die als Exception-Handler bezeichnet wird.

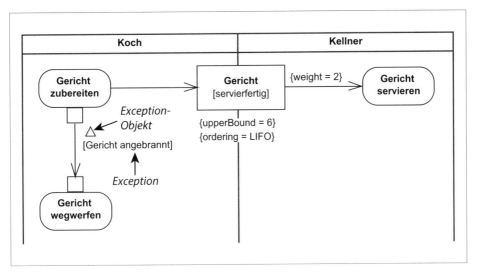

Abbildung 9.25 Exception-Objekt

Kann die Aktion Gericht zubereiten aus Abbildung 9.25 wie vorhergesehen ausgeführt werden, wird ein Gericht-Objekt an den Objektknoten gesendet und die Aktion Gericht servieren ausgeführt.

Tritt jedoch die unerwartete Ausnahme Gericht angebrannt ein, wird die Ausführung von Gericht zubereiten abgebrochen und der Exception-Handler Gericht wegwerfen aufgerufen.

Verwendung

Mithilfe von Objektknoten und Objektflüssen wird der Datenaustausch zwischen einzelnen Aktionen und damit der Datenfluss in einem Aktivitätsdiagramm modelliert.

Realisierung in Java

Der am häufigsten auftretende Fall, in dem genau ein Objekt von einer Aktion zur anderen gereicht wird, soll zunächst realisiert werden (siehe Abbildung 9.26).

Abbildung 9.26 Beispiel für einen Objektfluss

Die Klasse Eingabe kapselt lediglich einen String:

```
class Eingabe
{
  public String e;
  public Eingabe(String e)
  {
    this.e = e;
  }
}
```

Listing 9.1 /beispiele/java/kap9/kap_9_3_4/Eingabe.java
(Download der Beispiele: www.rheinwerk-verlag.de/4546)

Die Realisierung des Objektflusses kann durch eine einfache Übergabe eines Eingabe-Objekts erfolgen:

```
class Objektfluss
{

  public Eingabe eingabeLesen() ❶
  {
    Eingabe eing = null;
    BufferedReader br = new BufferedReader(
                       new InputStreamReader(System.in));
    try
    {
      System.out.print("Eingabe: ");
      eing = new Eingabe(br.readLine());
    }
    catch(Exception e)
    {
      System.out.println(e.getStackTrace());
    }
    return eing;
  }

  public void eingabeAusgeben(Eingabe eing) ❷
  {
    System.out.println("Ausgabe: " +eing.e);
  }
  public static void main(String[] args)
  {
    Objektfluss o = new Objektfluss();
```

```
    Eingabe eing = o.eingabeLesen();  ❸
    o.eingabeAusgeben(eing);
  }
}
```

Listing 9.2 /beispiele/java/kap9/kap_9_3_4/Objektfluss.java

❶ Die Aktion Eingabe lesen wird durch eine Operation realisiert. Sie liest die Benutzereingabe von der Konsole, erzeugt ein neues Eingabe-Objekt und gibt es als Ausgabeparameter zurück.

❷ Auch die Aktion Eingabe ausgeben wird als Operation realisiert.

❸ Die Operation eingabeLesen erzeugt als Ausgabeparameter ein neues Eingabe-Objekt, das wiederum als Eingabeparameter der Operation eingabeAusgeben verwendet wird.

Nach der Eingabe des Strings

```
Eingabe: Hello from Rheinwerk!
```

erzeugt das Programm erwartungsgemäß die folgende Ausgabe:

```
Ausgabe: Hello from Rheinwerk!
```

Ein Objektknoten, der mehrere Objekte aufnehmen kann, soll anhand der Abbildung 9.27 realisiert werden:

Abbildung 9.27 Objektknoten für mehrere Objekte

Die zusätzlich modellierte Eigenschaft {ordering = LIFO} spezifiziert, dass die Eingabe-Objekte vom Objektknoten in umgekehrter Reihenfolge wieder ausgegeben werden müssen.

Java stellt hierfür den Stack bereit, der eine beliebige Anzahl an Java-Objekten speichern und in umgekehrter Reihenfolge wieder herausgeben kann. Man kann sich einen Stack als eine Art Tellerstapel vorstellen, auf dem die Teller (= Java-Objekte) immer oben abgelegt werden und von dem sie wieder von oben heruntergenommen werden.

```
class ObjektflussStack
{

  [...] ❶
  public static void main(String[] args)
  {
    ObjektflussStack o = new ObjektflussStack();
    Eingabe eing = null;

    Stack s = new Stack(); ❷
    for(int i = 0; i < 5; i++) ❸
    {
      eing = o.eingabeLesen();
      s.push(eing);
    }

    for(int i = 0; i < 5; i++) ❹
    {
      o.eingabeAusgeben((Eingabe)s.pop());
    }
  }
}
```

Listing 9.3 /beispiele/java/kap9/kap_9_3_4/ObjektflussStack.java

❶ Die bereits im vorangegangenen Beispiel implementierten Operationen bleiben unverändert und werden daher ausgeblendet.

❷ Ein neuer Stack, der den modellierten Objektknoten realisiert, wird angelegt.

❸ Um das Beispiel nicht unnötig zu verkomplizieren, legt die Aktion (hier als Operation implementiert) eingabeLesen zunächst 5 Eingabe-Objekte mithilfe der push-Operation auf dem Stack ab.

Testweise werden fünf Strings eingegeben:

```
Eingabe: Eins
Eingabe: Zwei
Eingabe: Drei
Eingabe: Vier
Eingabe: Fünf
```

❹ Die Aktion eingabeAusgeben nimmt die 5 Eingabe-Objekte nacheinander wieder vom Stack herunter (Operation pop) und verarbeitet sie.

Die erzeugte Ausgabe lautet hierbei:

```
Ausgabe: Fünf
Ausgabe: Vier
```

```
Ausgabe: Drei
Ausgabe: Zwei
Ausgabe: Eins
```

Realisierung in C#

Auch in C# kann die Übergabe eines Objekts, wie sie in Abbildung 9.26 modelliert ist, auf die gleiche Art wie in Java implementiert werden:

```csharp
public class Eingabe
{
    public string Value { get; private set; } ❶
    public Eingabe(string value) => Value = value;
}


public class Objektfluss
{
    public Eingabe EingabeLesen() ❷
    {
        Eingabe eingabe;
        Console.Write("Eingabe: ");
        eingabe = new Eingabe(Console.ReadLine());
        return eingabe;
    }
    public void EingabeAusgeben(Eingabe eingabe) ❸
        => Console.WriteLine("Ausgabe: " + eingabe.Value);

    public static void Main(string[] args)
    {
        Objektfluss objektFluss = new Objektfluss();

        Eingabe eingabe = objektFluss.EingabeLesen(); ❹
        objektFluss.EingabeAusgeben(eingabe);
    }
}
```

Listing 9.4 /beispiele/c#/kap9/kap_9_3_4/Objektfluss.cs

❶ Das Property Value mit privatem Setter wird genutzt, um den im Konstruktor empfangenen Wert von außen unveränderbar abzulegen.

❷ Die Operation liest eine Zeile von der Konsole und gibt sie in einem Eingabe-Objekt gekapselt zurück.

❸ Die Implementierung der Aktion Eingabe ausgeben erwartet ein Eingabe-Objekt als Parameter und gibt seinen Inhalt aus.

❹ Ein Eingabe-Objekt wird von der Operation EingabeLesen erzeugt und an Eingabe-Ausgeben weitergereicht, ganz wie in Abbildung 9.26 modelliert.

Bei der Implementierung eines Objektknotens, der eine beliebige Anzahl von Objekten zwischenspeichern und in umgekehrter Reihenfolge weiterreichen kann (LIFO, siehe Abbildung 9.27), ist auch in C# die Klasse Stack hilfreich. Wie in Java bietet sie auch in C# die Operationen push zum Ablegen und pop zum Abrufen von Objekten:

```
public class ObjektflussStack
{
    [...] ❶

    public static void Main(string[] args)
    {
        ObjektflussStack objektFlussStack = new ObjektflussStack();

        Stack<Eingabe> stack = new Stack<Eingabe>(); ❷

        for (int i = 0; i < 5; i++) ❸
        {
            Eingabe eingabe = objektFlussStack.EingabeLesen();
            stack.Push(eingabe);
        }

        for (int i = 0; i < 5; i++)
        {
            objektFlussStack.EingabeAusgeben(stack.Pop()); ❹
        }
    }
}
```

Listing 9.5 /beispiele/c#/kap9/kap_9_3_4/ObjektflussStack.cs

❶ Die unveränderten Operationen werden in diesem Beispiel ausgeblendet.

❷ Ein neuer Stack wird erzeugt. Hier wird ein typsicherer, generischer Stack<Eingabe> verwendet.

❸ Fünf Eingabe-Objekte werden erzeugt und auf dem Stack abgelegt.

❹ Alle fünf Objekte werden wieder vom Stack geholt und verarbeitet.

9.3.5   Signal-Sendung und Signal-Empfang

Abbildung 9.28 Signal-Sendung und Signal-Empfang

Beschreibung

Eine **Signal-Sendung** (engl. *Send Signal Action*) ist eine spezielle Art einer Aktion, die asynchron ein **Signal an ein Zielobjekt sendet**.

Ein **Signal-Empfang** (engl. *Accept Event Action*) ist eine spezielle Art einer Aktion, die auf den **Empfang eines Signals wartet**.

Der Unterschied in den englischen Bezeichnungen *Send Signal Action* und *Accept Event Action* beruht auf der leicht differenzierten Sichtweise der UML auf diese beiden Aktionen. Während bei *Send Signal Action* stärker das *Absenden* eines Signals im Vordergrund steht, betrachtet die UML bei *Accept Event Action* das *Ereignis* des Signal-Empfangs. Dieses Buch verzichtet auf den Wechsel der Sichtweisen und übersetzt die beiden Aktionsnamen daher mit Signal-Sendung und Signal-Empfang, ohne dabei vom Sinn der Originaldefinition abzuweichen.

In Abbildung 9.28 sendet beispielsweise ein Gast das Signal Kellner! an den darauf wartenden Kellner.

Nach dem Senden des Signals fährt der Sender sofort mit seiner Arbeit fort und wartet nicht auf eine Antwort des Empfängers.

Hat der Gast beispielsweise den Kellner gerufen, fängt er sofort mit dem Lesen der Zeitung an und wartet nicht erst, bis der Kellner sich aufrafft, die Bestellung aufzunehmen.

Der Kellner verharrt seinerseits nach dem Start in der Aktion (genauer: im Signal-Empfang) Kellner!, bis das erwartete Signal bei ihm eintrifft. Erst dann führt er die Aktion Bestellung aufnehmen durch.

Hat der Signal-Empfang eingehende Kontrollflüsse, wird er für den Empfang von Signalen aktiviert, sobald er vom Ablauf erreicht wird. Andernfalls ist er nach dem Beginn des Ablaufs (gleichgültig wo dieser beginnt) sofort aktiviert und wartet auf das Eintreffen von Signalen.

Signale können jederzeit bei einem Empfänger eintreffen und müssen auch jederzeit empfangen werden können. Ein Empfänger muss ein Signal jedoch nicht sofort nach seinem Eintreffen verarbeiten. (Es ist z. B. denkbar, dass während der Verarbeitung eines Signals bereits ein weiteres eintrifft.)

Signale müssen nicht zwingend von einer Aktion gesendet, sondern können auch zeitlich getriggert werden.

Abbildung 9.29 Zeitliches Ereignis

Der Signal-Empfang eines zeitlich ausgelösten Signals wird mithilfe eines Sanduhr-Symbols notiert (siehe Abbildung 9.29). Das modellierte Kind wird dem Aktivitätsdiagramm zufolge jeden Tag spätestens um 22 Uhr schlafen gehen. Die Zeitangabe kann sowohl Zeitpunkte (22 Uhr) als auch Zeiträume definieren (nach 20 min).

Verwendung

Signal-Sendung und Signal-Empfang werden in Aktivitätsdiagrammen an Stellen eingesetzt, an denen ein asynchroner Nachrichtenaustausch modelliert werden soll.

Obwohl ein Signal von mehreren unterschiedlichen Aktionen ausgesendet werden kann, darf nur genau eine Aktion dieses Signal empfangen. Andernfalls kann nicht vorausgesehen werden, an welcher Stelle des Aktivitätsdiagramms der Ablauf fortgesetzt wird.

Realisierung in Java

Es soll der folgende Signalaustausch realisiert werden:

Abbildung 9.30 Beispiel eines Signalaustauschs

Ein (wohl ungeduldiger) `Gast` soll dem Diagramm aus Abbildung 9.30 zufolge an beliebig viele `Kellner` auf einmal ein Signal senden können. Ein `Kellner` muss andererseits fähig sein, von beliebig vielen `Gästen` dieses Signal zu empfangen.

Es ist in den meisten Restaurants durchaus üblich, dass ein Kellner für mehrere Gäste an unterschiedlichen Tischen zuständig ist. Die Gäste gehen wiederum üblicherweise nicht zum `Kellner` hin, um ihre Wünsche mitzuteilen, sondern geben ihm ein Signal, sei es durch Handzeichen, Nicken oder Zurufen. Ein aufmerksamer `Kellner` *beobachtet* alle seine Gäste, um möglichst zeitnah auf deren Signale reagieren zu können.

Genau für dieses Szenario hat die *Gang of Four*, wie die Autoren Erich Gamma, Richard Helm, Ralph Johnson und John Vlissides bezeichnet werden, das Design Pattern *Observer* (= Beobachter) entworfen (siehe auch Abschnitt 4.3.3), das wir an dieser Stelle als Entwurfsmuster heranziehen wollen.

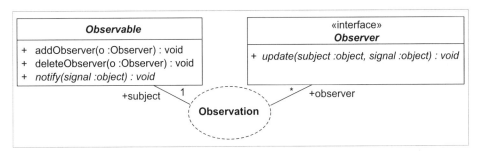

Abbildung 9.31 Kompositionsstrukturdiagramm eines Observer Patterns

Als ein abstraktes Design Pattern definiert Abbildung 9.31 eine Kollaboration `Observation`, an der eine abstrakte Klasse `Observable` in der Rolle des Beobachteten (`subject`) und eine Schnittstelle `Observer` in der Rolle eines Beobachters (`observer`) teilnehmen.

Den Multiplizitäten ist zu entnehmen, dass die Kollaboration die Beobachtung genau eines Observable-Objekts definiert, das von beliebig vielen (auch keinem) Observer durchgeführt werden kann.

Observable bietet die zwei Operationen addObserver und deleteObserver, mit denen sich ein Observer als Beobachter anmelden bzw. abmelden kann. Weiterhin muss eine notify-Operation implementiert werden, die bei Bedarf jeden angemeldeten Beobachter durch ein Signal benachrichtigt.

Ein Observer muss eine Operation update implementieren, durch die er beim Eintreffen eines Signals benachrichtigt werden will.

Der Kollaboration folgend wird nun ein Klassendiagramm mit den in Abbildung 9.30 modellierten Aktivitätsbereichen Gast und Kellner entworfen, die als Klassen realisiert werden.

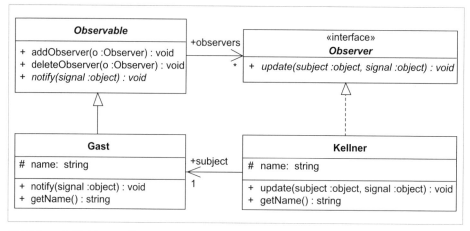

Abbildung 9.32 Klassendiagramm eines Observer Patterns

Die Klasse Gast muss dem Klassendiagramm aus Abbildung 9.32 zufolge die abstrakte Klasse Observerable implementieren und nimmt damit die Rolle des Beobachteten ein. Zu Ausgabezwecken wird noch das Attribut name und die zugehörige get-Operation hinzugefügt.

Kellner implementiert das Interface Observer und fungiert damit als Beobachter. Das Attribut name wird auch hier mit seiner get-Operation zusätzlich hinzugefügt.

Java stellt für genau dieses Design Pattern eine Klasse Observable und ein Interface Observer bereits zur Verfügung und vereinfacht damit die Implementierung enorm. Schauen wir uns zunächst die Klasse Gast an:

```
import java.util.Observable;
```

```
class Gast extends Observable ❶
```

```
{
  protected String name;
  public String getName()
  {
    return name;
  }
  public Gast(String n)
  {
    name = n;
  }

  public void notify(Object signal) ❷
  {

    setChanged(); ❸
    notifyObservers(signal); ❹
  }

  public void kellnerRufen() ❺
  {
    notify("Kellner!");
  }
}
```

Listing 9.6 /beispiele/java/kap9/kap_9_3_5/Gast.java

❶ Wie im Klassendiagramm aus Abbildung 9.32 modelliert, spezialisiert Gast die Klasse Observable.

❷ Obwohl Java die Implementation der Operation notify nicht explizit verlangt, wird sie in dieser Klasse durchgeführt, um mit dem ursprünglichen Design Pattern konform zu sein.

Durch die Verwendung des Typs Object für signal können beliebige Java-Objekte als Signale übermittelt werden.

❸ Bevor die Beobachter benachrichtigt werden können, muss als Besonderheit der Klasse Observable die Operation setChanged aufgerufen werden, um eine Statusänderung der Klasse anzuzeigen.

❹ Die Superklasse Observable stellt die Operation notifyObservers zur Verfügung, die allen registrierten Beobachtern ein signal übermittelt.

❺ Allen Kellnern wird das Signal Kellner! geschickt, wie im Aktivitätsdiagramm der Abbildung 9.30 modelliert.

Die Operationen addObserver und deleteObserver werden bereits von der Superklasse bereitgestellt und müssen nicht nochmals implementiert werden.

Kellner muss das Interface Observer implementieren:

```
public class Kellner implements Observer
{
  protected String name;
  public String getName()
  {
    return name;
  }
  public Kellner(String n)
  {
    name = n;
  }

  public void update(Observable subject, Object signal) ❶
  {
    System.out.println(((Gast)subject).getName()+
                      " => "+name+": "+signal);
  }
}
```

Listing 9.7 /beispiele/java/kap9/kap_9_3_5/Kellner.java

❶ Die einzige zu implementierende Operation update bescheinigt lediglich das Eintreffen eines Signals durch eine Ausgabe auf der Konsole.

Die Kommunikation zwischen Gast und Kellner lässt sich mithilfe einer einfachen Hauptoperation testen:

```
public static void main(String[] args)
{

  Kellner kellner1 = new Kellner("Kellner1"); ❶
  Kellner kellner2 = new Kellner("Kellner2");
  Gast gast1 = new Gast("Gast1");
  Gast gast2 = new Gast("Gast2");

  gast1.addObserver(kellner1); ❷
  gast1.addObserver(kellner2);

  gast2.addObserver(kellner2); ❸
```

```
  gast1.kellnerRufen();  ❹
  gast2.kellnerRufen();
}
```

Listing 9.8 /beispiele/java/kap9/kap_9_3_5/Test.java

❶ Zunächst werden zwei Kellner und zwei Gäste instanziiert.

❷ kellner1 und kellner2 melden sich bei gast1 als Beobachter an. Beachten Sie, dass an dieser Stelle eine von der Superklasse Observable geerbte Operation zum Einsatz kommt.

❸ kellner2 meldet sich zusätzlich bei gast2 als Beobachter an.

❹ Beide Gäste rufen ihre Kellner. Die Signale werden von der Superklasse an die jeweils angemeldeten Kellner asynchron versendet. Die Ausgabe der Kellner lautet:

```
Gast1 => Kellner2: Kellner!
Gast1 => Kellner1: Kellner!
Gast2 => Kellner2: Kellner!
```

Damit ist das Aktivitätsdiagramm aus Abbildung 9.30 vollständig implementiert worden. Beachten Sie die Flexibilität und Eleganz der Lösung mithilfe des Observer Patterns. Beliebig viele Kellner können sich bei beliebig vielen Gästen an- und abmelden und asynchron Nachrichten empfangen, ohne dass der Programmcode der Klasse Gast abgeändert werden muss.

Die Flexibilität geht sogar noch einen Schritt weiter: Durch die Verwendung der allgemeinen Typen Observer, Observable und Object können sich sogar beliebige Klassen, die Observer implementieren, als Beobachter bei Gast anmelden und von ihm beliebige Java-Objekte als Signale empfangen.

Realisierung in C#

Die Klasse Observable bzw. die Schnittstelle Observer wird von C# nicht wie in Java nativ bereitgestellt. Trotzdem ist es erwartungsgemäß in C# möglich, das Observer Pattern sehr ähnlich wie in Java zu implementieren.

Im Gegensatz zu Java unterstützt C# das Konzept der Ereignisse (engl. *Events*) von Hause aus, von dem die folgende Implementierung Gebrauch macht:

```
public class Gast
{
    public string Name { get; private set; }

    public delegate void BestellHandler(object sender, object signal);  ❶
    public event BestellHandler BestellEvent;  ❷
```

```
    public Gast(string gastName) => Name = gastName;

    private void Notify(object signal) => BestellEvent?.Invoke(this, signal);  ❸

    public void KellnerRufen() => Notify("Kellner!");  ❹
}
```

Listing 9.9 /beispiele/c#/kap9/kap_9_3_5/Kap_9_3_5.cs

❶ Das Konzept der Delegation wurde bereits in Abschnitt 5.3.2 behandelt. Delegationskonnektoren, die man sich als eine Art *Weiterleitung* an Operationen vorstellen kann, werden in C# unmittelbar durch delegates unterstützt. Der an dieser Stelle verwendete Delegationskonnektor definiert, dass eine Operation, auf die eine Weiterleitung erfolgen soll, zwei Eingabeparameter vom Typ object erwarten und keinen Parameter (void) zurückgeben soll.

❷ Ein erwartetes Ereignis (event) mit dem Namen BestellEvent wird deklariert und an den Delegationskonnektor BestellHandler gebunden. Wenn ein BestellEvent auftritt, können damit nur Operationen mit derselben Parametersignatur wie der BestellHandler aufgerufen werden.

In der Praxis ist es anders als im Beispiel üblich, hier konkrete Typen anstelle des allgemeinen object zu verwenden.

❸ In der zu implementierenden Methode Notify (siehe Abbildung 9.32) wird ein BestellEvent mit dem übergebenen signal ausgelöst. Durch die Verwendung des Parametertyps object kann jedes beliebige C#-Objekt als Signal gesendet werden.

Wichtig ist hier, immer zu prüfen, ob überhaupt Empfänger registriert sind. Wenn nicht, dann ist BestellEvent null und der Aufruf BestellEvent(this, signal) führt zu einer Ausnahme.

❹ Das Signal Kellner! wird mithilfe dieser Operation an alle als Beobachter angemeldeten Objekte (in diesem Beispiel Kellner) gesendet.

Die Kellner-Klasse muss im Wesentlichen nur die Update-Operation implementieren:

```
public class Kellner
{
    private string kellnerName;
    public Kellner(string kellnerName) => this.kellnerName = kellnerName;

    public void Update(object sender, object signal)  ❶
    {
        if (sender is Gast gast)
        {
```

```
        Console.WriteLine($"{gast.Name} => {kellnerName} : {signal}");
      }
   }
}
```

Listing 9.10 /beispiele/c#/kap9/kap_9_3_5/Kap_9_3_5.cs

❶ Durch die Update-Operation wird ein Kellner benachrichtigt, von wem (sender) er ein signal empfangen hat. Die Operation muss natürlich nicht Update heißen, sie muss nur dieselbe Signatur aufweisen wie der in Gast deklarierte Delegationskonnektor BestellHandler.

Beachten Sie bitte, dass auch an dieser Stelle durch die Verwendung der object-Typen beliebige Signale von beliebigen C#-Objekten empfangen werden können.

Das folgende Test-Programm verdeutlicht das Zusammenspiel bei der Kommunikation zwischen Kellnern und Gästen:

```
public static void Main(string[] args)
{
    Kellner kellner1 = new Kellner("Kellner1"); ❶
    Kellner kellner2 = new Kellner("Kellner2");
    Gast gast1 = new Gast("Gast1");
    Gast gast2 = new Gast("Gast2");

    gast1.BestellEvent += kellner1.Update; ❷
    gast1.BestellEvent += kellner2.Update;

    gast2.BestellEvent += kellner2.Update; ❸

    gast1.KellnerRufen(); ❹
    gast2.KellnerRufen();
}
```

Listing 9.11 /beispiele/c#/kap9/kap_9_3_5/Kap_9_3_5.cs

❶ Zwei Kellner und zwei Gäste werden zunächst instanziiert.

❷ Dem BestellEvent von gast1 werden zwei neue BestellHandler zugewiesen, die auf die jeweiligen Update-Operationen von kellner1 bzw. kellner2 verweisen. Bei jedem Eintreffen eines BestellEvents werden damit die Update-Operationen der beiden Kellner aufgerufen.

❸ Kellner2 registriert sich auch bei gast2 als Beobachter.

❹ Sowohl gast1 als auch gast2 erzeugen die Ereignisse BestellEvent, wodurch eine automatische Benachrichtigung an alle angemeldeten Objekte (in diesem Beispiel die Kellner) gesendet wird. Die Ausgabe des Programms lautet erwartungsgemäß:

```
Gast1 => Kellner1: Kellner!
Gast1 => Kellner2: Kellner!
Gast2 => Kellner2: Kellner!
```

9.3.6   Aktivität

Abbildung 9.33 Aktivität

Beschreibung

Eine **Aktivität** (engl. *Activity*) umfasst eine geordnete **Folge von Aktivitätsknoten**.

Abbildung 9.33 zeigt eine Aktivität Zahlung abwickeln, die zwei Aktionen und einen Objektknoten umfasst. Als Aktivität kann sie in weiteren Aktivitätsdiagrammen konsistent wiederverwendet werden.

Abbildung 9.34 modelliert den Aufruf einer Aktivität mittels einer Aktion (erkennbar am annotierten »Gabel«-Symbol).

Abbildung 9.34 Aufruf einer Aktivität mittels einer Aktion

Aktivitäten können mit **Vor- und Nachbedingungen** (engl. *Preconditions/Postconditions*) versehen werden, die vor bzw. nach der Ausführung einer Aktivität erfüllt sein müssen. Im Gegensatz zu den lokalen Vor- und Nachbedingungen von Aktionen (siehe Abschnitt 9.3.1) werden sie innerhalb von Aktivitäten notiert und müssen für die gesamte Aktivität erfüllt sein (nicht für jede Aktion einzeln, siehe Abbildung 9.35):

Abbildung 9.35 Aktivität mit Vor- und Nachbedingungen

Die UML erlaubt weiterhin, Aktivitäten mit **Eingabe- und Ausgabeparametern** (engl. *Input Parameters/Output Parameters*) zu versehen.

Abbildung 9.36 Parametrisierte Aktivität

Die Aktivität Zahlung abwickeln wird in Abbildung 9.36 durch einen Eingabeparameter TischNr und einen Ausgabeparameter Geldbetrag erweitert. Deren Notation auf den Rändern der Aktivität verdeutlicht, dass sie außerhalb der Aktivität sichtbar sind und in die Aktivität hinein- bzw. aus ihr hinausfließen und somit die Schnittstelle der Aktivität bilden.

Sie stellen eine Art des bereits aus Abschnitt 9.3.4 bekannten Objektflusses dar und können ebenfalls mithilfe von Pins notiert werden. Ebenso gestattet die UML, sie als Stream- oder Exception-Knoten zu modellieren oder den akzeptierten Zustand zu definieren.

Die Typdefinitionen der Parameter werden unterhalb des Aktivitätsnamens in der bereits von Attributen (siehe Abschnitt 2.3.2) bekannten Weise notiert.

Verwendung

Aktivitäten werden verwendet, um Aktivitätsknoten zu übergeordneten Einheiten zu gruppieren und hierarchisch zu strukturieren. Sie eröffnen die Möglichkeit, die modellierte Funktionalität mit unterschiedlichen Detaillierungsgraden auf unterschiedlichen Ebenen darzustellen. Damit kann von einer hohen Abstraktionsebene bis in einzelne Details der Funktionalität gezoomt werden.

Jedes vollständige Aktivitätsdiagramm bildet eine abgeschlossene Aktivität, was eine konsistente Wiederverwendung einmal spezifizierter Abläufe ermöglicht.

Realisierung in Java

Die folgende Beispiel-Aktivität soll umgesetzt werden:

Abbildung 9.37 Beispiel-Aktivität

Zunächst werden die drei Aktionen als Operationen implementiert:

```
String entferneLeerzeichen(String text) ❶
{
  text = text.replaceAll("[ ]+"," ");
  text = text.trim();
  return text;
}
String beginnGross(String text) ❷
{
```

```
text = text.replaceFirst(text.substring(0,1),
                    text.substring(0,1).toUpperCase());
return text;
}

String beendeMitPunkt(String text) ❸
{
  text = text+".";
  return text;
}
```

Listing 9.12 /beispiele/java/kap9/kap_9_3_6/TextCleaner.java

❶ Dem Diagramm entsprechend bekommt die Operation entferneLeerzeichen das String-Objekt text übergeben. Sie entfernt alle mehrfach vorkommenden Leerzeichen (replaceAll), alle Leerzeichen am Ende und am Anfang des Strings (trim) und gibt wieder ein String-Objekt text zurück.

❷ Die Operation beginnGross implementiert die Aktion Mit Grossbuchstaben beginnen. Sie erwartet ebenfalls ein String-Objekt, wandelt seinen ersten Buchstaben in einen Großbuchstaben um und gibt ein String-Objekt zurück.

❸ Die Aktion Mit Punkt beenden wird von der Operation beendeMitPunkt realisiert.

Nachdem die einzelnen Aktionen realisiert wurden, kann die gesamte Aktivität textSaeubern leicht umgesetzt werden:

```
String textSaeubern(String text) ❶
{

  if(text != null) ❷
  {
    text = entferneLeerzeichen(text); ❸
    text = beginnGross(text);
    text = beendeMitPunkt(text);
  }

  return text; ❹
}
```

Listing 9.13 /beispiele/java/kap9/kap_9_3_6/TextCleaner.java

❶ Java trifft keine Unterscheidung zwischen Aktion und Aktivität. Daher kann eine Aktivität wie eine Aktion auch durch eine Operation realisiert werden.

259

❷ Die modellierte <<precondition>> wird überprüft. Nur wenn sie eingehalten wurde, werden die Aktionen der Aktivität ausgeführt.

❸ Die Aktionen werden in der spezifizierten Reihenfolge aufgerufen. Der Pin-Notation folgend, wird das String-Objekt text zwischen ihnen weitergereicht.

❹ Schlussendlich gibt die Aktivität das String-Objekt text wieder zurück.

Mit einer einfachen Hauptoperation kann die Implementierung getestet werden:

```java
public static void main(String[] args)
{
  String text = new String("  rheinwerk    Computing    ");
  System.out.println("Vorher: "+text);
  TextCleaner tc = new TextCleaner();
  text = tc.textSaeubern(text);
  System.out.println("Nachher: "+text);
}
```

Listing 9.14 /beispiele/java/kap9/kap_9_3_6/TextCleaner.java

Die Ausgabe lautet:

```
Vorher:    rheinwerk      Computing
Nachher: Rheinwerk Computing.
```

Realisierung in C#

Die Umsetzung der Aktivität aus Abbildung 9.37 erfolgt prinzipiell auf die gleiche Art wie in Java, wobei einige sprachspezifische Unterschiede beachtet werden müssen. Zunächst werden die einzelnen Aktionen implementiert:

```csharp
private string EntferneLeerzeichen(string text)
{
    text = Regex.Replace(text, "[ ]+", " "); ❶
    text = text.Trim();
    return text;
}

private string BeginnGross(string text)
{
    if (text.Length > 0)
    {
        text = text.Substring(0, 1).ToUpper() ❷
                + text.Substring(1);
    }
```

```
        return text;
}

private string BeendeMitPunkt(string text)
{
    text += ".";
    return text;
}
```

Listing 9.15 /beispiele/c#/kap9/kap_9_3_6/Kap_9_3_6.cs

❶ Die Ersetzung der mehrfach vorkommenden Leerzeichen übernimmt in diesem Beispiel die Klasse Regex.

❷ Buchstaben können in C#-Strings nicht ersetzt werden, daher wird der string neu zusammengesetzt.

Die Aktivität aus Abbildung 9.37 kann wie in Java realisiert werden:

```
public string TextSaeubern(string text)
{
    if (text != null)
    {
        text = EntferneLeerzeichen(text);
        text = BeginnGross(text);
        text = BeendeMitPunkt(text);
    }
    return text;
}
```

Listing 9.16 /beispiele/c#/kap9/kap_9_3_6/Kap_9_3_6.cs

9.3.7 Start- und Endknoten

Beschreibung

Ein **Startknoten** (engl. *Initial Node*) stellt den **Startpunkt des Kontrollflusses** innerhalb einer Aktivität dar.

In Abbildung 9.38 definiert der Startknoten Start_1 den Ablaufbeginn des Diagramms. Der Startknoten Start_2 definiert den Startpunkt der Aktivität Zahlung abwickeln. In ihm beginnt die Abarbeitung der Aktivität, sobald diese vom Kontrollfluss erreicht wird.

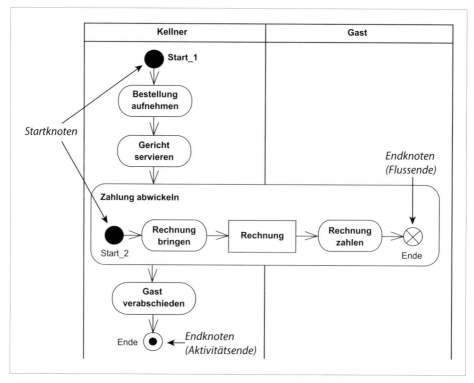

Abbildung 9.38 Start- und Endknoten

Sollen innerhalb einer Aktivität mehrere Abläufe gleichzeitig starten, können auch mehrere Startknoten modelliert werden (siehe Abbildung 9.39).

Abbildung 9.39 zeigt eine Aktivität, die zwei Startknoten enthält. Wird ein Gericht verspeist, sollen demnach gleichzeitig und parallel die Gabel und das Messer benutzt werden.

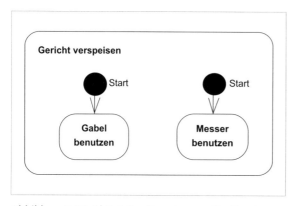

Abbildung 9.39 Aktivität mit mehreren Startknoten

Die UML definiert zwei unterschiedliche **Endknoten**.

Abbildung 9.40 Endknoten

> Das **Flussende** (engl. *Flow Final Node*) **beendet nur den in ihn hineinlaufenden Kontrollfluss**. Er hat keine Auswirkung auf die weiteren Kontrollflüsse der Aktivität.
>
> Das **Aktivitätsende** (engl. *Activity Final Node*) **beendet alle Kontrollflüsse** der Aktivität und somit die Aktivität selbst.

In Abbildung 9.40 ist der rechte Ablauf beendet, sobald die Aktion Messer benutzen endet. Der verwendete Flussende-Knoten drückt aus, dass der linke Ablauf davon nicht betroffen ist. Ein Gericht kann also auch weiterhin nur mit einer Gabel verspeist werden. Auf der anderen Seite wird durch die Modellierung des Aktivitätsendes im linken Ablauf die gesamte Aktivität und damit auch die Aktion Messer benutzen beendet, sobald die Aktion Gabel benutzen abgeschlossen wird.

Im Gegensatz zu den in Abschnitt 9.3.4 beschriebenen Ausnahmen (engl. *Exceptions*) brechen die Endknoten die Aktivität nicht abrupt ab, sondern beenden sie wie geplant und geben eventuelle Ausgangsobjekte der Aktivität zurück.

Eine Aktivität darf durchaus mehrere Endknoten besitzen. Das erste Aktivitätsende, das vom Ablauf erreicht wird, beendet alle weiteren Abläufe und damit die Aktivität.

Verwendung

Start- und Endknoten werden verwendet, um den Beginn bzw. das Ende des Ablaufs einer Aktivität eindeutig zu definieren.

9.3.8   Entscheidungs- und Verbindungsknoten

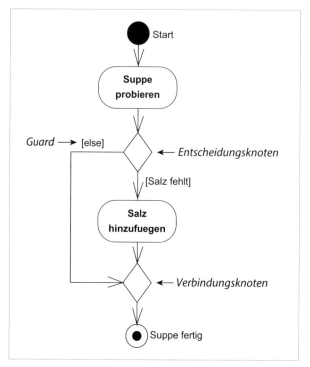

Abbildung 9.41 Entscheidungs- und Verbindungsknoten

Beschreibung

> Ein **Entscheidungsknoten** (engl. *Decision Node*) stellt eine **Verzweigung des Kontroll-flusses** dar, an der genau einer der möglichen Kontrollflüsse ausgewählt wird.

Ein Entscheidungsknoten hat einen eingehenden und beliebig viele ausgehende Kontrollflüsse, von denen bei der Ausführung genau einer fortgeführt wird. Die **Überwachungsbedingungen** (engl. *Guards*) werden in eckigen Klammern an den ausgehenden Kontrollflüssen notiert und bestimmen den weiteren Kontrollfluss. Die Überwachungsbedingungen müssen zueinander disjunkt (sich gegenseitig aus-schließend) sein und alle Auswahlmöglichkeiten abdecken. Andernfalls kann der weitere Kontrollfluss nicht eindeutig bestimmt werden. Die Reihenfolge, in der die Überwachungsbedingungen ausgewertet werden, ist nicht festgelegt.

In Abbildung 9.41 wird am dargestellten Entscheidungsknoten gewählt, ob der Suppe noch Salz hinzugefügt werden soll. Trifft die Bedingung nicht zu (else), ist die Suppe fertig.

Die Entscheidungsgrundlage kann am Entscheidungsknoten in Form einer Anmer-kung notiert werden:

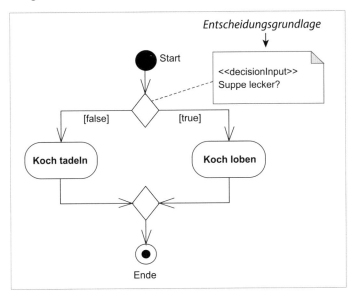

Abbildung 9.42 Entscheidungsgrundlage

Die Frage Suppe lecker? dient als Entscheidungsgrundlage (engl. *Decision Input*) in Abbildung 9.42. Trifft sie zu (true), wird der Koch gelobt, andernfalls getadelt.

Als Gegenteil des Entscheidungsknotens definiert die UML den Verbindungsknoten (siehe Abbildung 9.41).

> Ein **Verbindungsknoten** (engl. *Merge Node*) **fasst** mehrere alternative **Kontrollflüsse zusammen.**

Nur einer der beliebig vielen eingehenden Kontrollflüsse wird in genau einem ausge-henden Kontrollfluss fortgeführt.

Die UML erlaubt die Kombination von Entscheidungs- und Verbindungsknoten zu einem Notationselement, um mehrere ein- und ausgehende Kontrollflüsse an einem einzigen Knoten zu ermöglichen (siehe Abbildung 9.43).

Im Aktivitätsdiagramm der Abbildung 9.43 wird nach dem ersten Entscheidungs-knoten und den jeweiligen Aktionen Koch tadeln oder Koch loben der Kontrollfluss durch einen Verbindungsknoten wieder zusammengeführt. Gleichzeitig verzweigt ein Entscheidungsknoten den Kontrollfluss zu der Aktion Kellner tadeln oder Kell-ner loben. Die beiden Knoten werden zu einem Diagrammelement zusammenge-fasst.

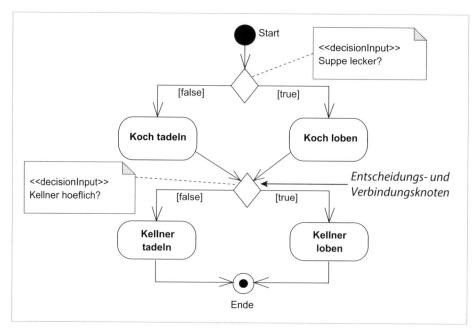

Abbildung 9.43 Entscheidungs- und Verbindungsknoten

Entscheidungs- und Verbindungsknoten erlauben ebenfalls die Modellierung von Schleifen in Aktivitätsdiagrammen (siehe Abbildung 9.44).

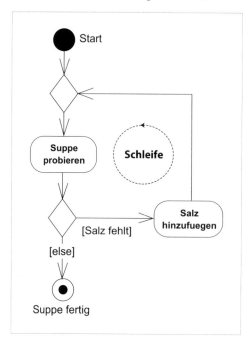

Abbildung 9.44 Schleife mit Entscheidungs- und Verbindungsknoten

Fehlt nach dem ersten Probieren der Suppe Salz, so wird es hinzugefügt. Der Kontrollfluss führt daraufhin wieder zurück zur Aktion Suppe probieren und zur erneuten Entscheidung, ob Salz fehlt. Dieser Vorgang wird so oft wiederholt, bis kein Salz in der
Suppe fehlt ([else]). Im Gegensatz zu Abbildung 9.41 kann in diesem Aktivitätsdiagramm Salz demnach beliebig häufig hinzugefügt werden.

Verwendung

Verwenden Sie Entscheidungs- und Verbindungsknoten, um einfache alternative
Abläufe und Schleifen in einem Aktivitätsdiagramm zu modellieren. Für die Modellierung komplexer Schleifen und Alternativen bietet die UML spezielle Knoten an,
die in Abschnitt 9.3.10 und Abschnitt 9.3.11 vorgestellt werden.

Beachten Sie bitte, dass die spezifizierten Überwachungsbedingungen an den ausgehenden Kontrollflüssen eines Entscheidungsknotens disjunkt sein müssen, sich also
gegenseitig ausschließen. Werden beispielsweise Überwachungsbedingungen wie
zahl < 10 und zahl > 7 an zwei Kontrollflüssen notiert, kann der weitere Kontrollfluss
bei zahl = 8 nicht eindeutig bestimmt werden, weil beide zutreffen.

Durch die gewählten Überwachungsbedingungen müssen weiterhin alle Auswahlmöglichkeiten abgedeckt werden. Lauten z. B. die Überwachungsbedingungen zahl
< 0 und zahl > 0, so trifft keine der beiden zu, falls zahl = 0 ist, was zur Folge hat, dass
der Kontrollfluss stehen bleibt.

Falls es nicht möglich oder notwendig ist, jede Alternative des Kontrollflusses einzeln zu betrachten, fügen Sie eine Überwachungsbedingung [else] hinzu, die alle
nicht bereits definierten Überwachungsbedingungen umfasst.

Es ist in der UML durchaus gestattet, mehrere Kontrollflüsse von einer Aktion oder
Aktivität ausgehend zu modellieren, sie mit Überwachungsbedingungen zu versehen und damit auf Entscheidungsknoten zu verzichten. Ebenfalls können mehrere
Kontrollflüsse in eine Aktion oder Aktivität eintreten, wodurch die Verwendung
von Verbindungsknoten umgangen werden kann. Während von dieser Option in
der Praxis häufig bei Verbindungsknoten Gebrauch gemacht wird, verzichtet man
sehr selten auf die Modellierung von Entscheidungsknoten, da sie die mögliche Verzweigung des Kontrollflusses und seine Alternativen eindeutig hervorheben und
das Diagramm übersichtlicher gestalten.

Realisierung in Java

Als Umsetzungsvorgabe soll das nachfolgende Aktivitätsdiagramm verwendet werden.

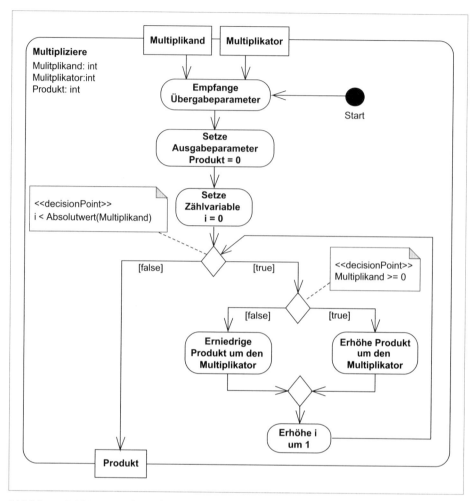

Abbildung 9.45 Verwendungsbeispiel für Entscheidungs- und Verbindungsknoten

Das Diagramm aus Abbildung 9.45 modelliert die Durchführung einer Multiplikation von zwei int-Zahlen, bei der nur die Addition und Subtraktion als mathematische Operationen verwendet werden dürfen.

```
public int multipliziere(int multiplikator, ❶
                         int multiplikand)
{

  int produkt = 0; ❷
  int i = 0; ❸
```

```
while(i < Math.abs(multiplikand)) ❹
{

    if(multiplikand >= 0) ❺
      produkt = produkt + multiplikator;
    else
      produkt = produkt - multiplikator;

    i++; ❻
}

return produkt; ❼
}
```

Listing 9.17 /beispiele/java/kap9/kap_9_3_8/Multiplikation.java

❶ Die Aktivität wird als eine Operation implementiert. Dem Aktivitätsdiagramm entsprechend werden zwei int-Zahlen als Übergabeparameter erwartet, und eine int-Zahl wird als Ausgabeparameter zurückgegeben.

❷ Der Ausgabeparameter produkt wird erzeugt und mit 0 initialisiert.

❸ Die Zählvariable i wird mit 0 initialisiert.

❹ Das Aktivitätsdiagramm modelliert mithilfe der Entscheidungs- und Verbindungs-knoten eine Schleife. Java unterscheidet drei Schleifenkonstrukte (for, while, do), von denen an dieser Stelle die while-Schleife verwendet wird.

Die Schleife wird wiederholt, solange die Zählvariable i den Absolutwert des multiplikanden nicht erreicht.

❺ Ein einfacher Entscheidungsknoten kann in Java mithilfe einer if-Abfrage reali-siert werden.

❻ Bevor die Schleife wieder von vorne beginnt, wird die Zählvariable i um 1 erhöht.

❼ Sind keine Schleifendurchläufe mehr durchzuführen, wird das produkt zurückge-geben und die Aktivität beendet.

Realisierung in C#

C# unterstützt die Schleifenkonstrukte (for, while, do) und if-Abfragen auf dieselbe Art wie Java, sodass sich die Implementierung in C# nicht wesentlich unterscheidet und daher nicht gesondert aufgeführt wird. Sie kann in der Datei *beispiele/c#/kap9/kap_9_3_8/Kap_9_3_8.cs* gefunden werden.

9.3.9 Gabelung und Vereinigung

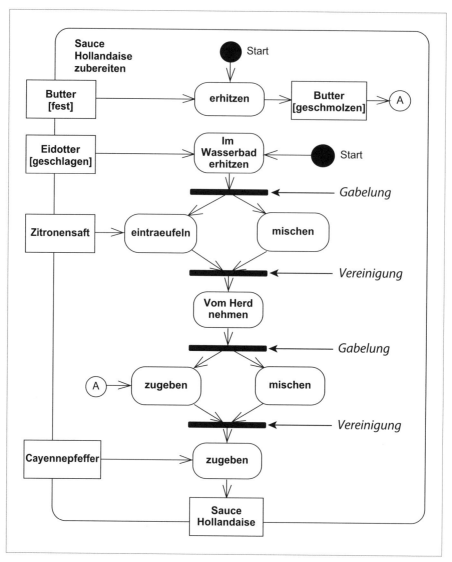

Abbildung 9.46 Gabelung und Vereinigung

Beschreibung

Eine **Gabelung** (engl. *Fork Node*) **teilt einen Kontrollfluss** in mehrere parallele Kontrollflüsse auf.

Eine **Vereinigung** (engl. *Join Node*) **fasst mehrere Kontrollflüsse** zu einem einzigen Kontrollfluss **zusammen**.

Im Gegensatz zu einem Entscheidungsknoten (siehe Abschnitt 9.3.8), bei dem genau einer der möglichen ausgehenden Kontrollflüsse ausgewählt wird, entstehen durch die Verwendung einer Gabelung zwei parallele (auch »nebenläufig« genannte) Abläufe, die unabhängig voneinander abgearbeitet werden.

Abbildung 9.46 enthält solche parallel ablaufenden Kontrollflüsse. Beispielsweise muss das Eintraeufeln von Zitronensaft parallel zum Mischen durchgeführt werden. Das jeweilige Erhitzen von Butter und des Eidotters wird durch die Modellierung zweier Startknoten ebenfalls parallel durchgeführt.

Die Vereinigung ist das Gegenstück zur Gabelung. Sie synchronisiert mehrere Kontrollflüsse zu einem einzigen Ablauf (fasst sie zusammen), indem sie den sie verlassenden Kontrollfluss erst freigibt, nachdem *alle* in sie eingehenden Kontrollflüsse tatsächlich an ihr angelangt sind (AND-Verknüpfung). Sie »wartet« sozusagen auf alle parallelen Abläufe, die sie synchronisieren soll.

Soll eine andere Verknüpfung zur Vereinigung von Kontrollflüssen verwendet werden, kann dies durch eine Vereinigungsspezifikation (engl. *Join Spec*) spezifiziert werden.

Abbildung 9.47 Join-Spezifikation

Die Vereinigungsspezifikation in Abbildung 9.47 definiert, dass der Kontrollfluss nach der Vereinigung weitergeführt werden kann, sobald einer der beiden Kontrollflüsse A oder B den Knoten erreicht.

Während der Aktivität Essen wird demnach gleichzeitig ein Gericht verspeist und der Hunger gestillt. Sobald *eine* der beiden Aktionen beendet ist, wird auch die Aktivität Essen beendet.

Wie die Entscheidungs- und Verbindungsknoten (siehe Abschnitt 9.3.8) können Gabelung und Vereinigung zu einem Diagrammelement zusammengefasst werden (siehe Abbildung 9.47).

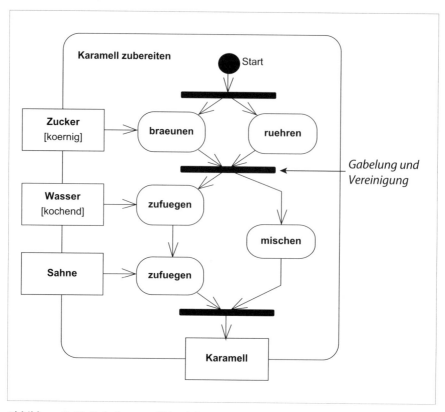

Abbildung 9.48 Gabelung und Vereinigung

Das Aktivitätsdiagramm aus Abbildung 9.48 modelliert die Zubereitung von Karamell. Zunächst muss der Zucker unter ständigem Rühren gebräunt werden. Nachdem nacheinander kochendes Wasser und Sahne hinzugemischt wurden, ist das Karamell fertig.

Verwendung

Verwenden Sie die Gabelung, um einen sequenziellen Kontrollfluss in mehrere parallele Kontrollflüsse aufzuteilen, und die Vereinigung, um parallele Kontrollflüsse zu synchronisieren.

Realisierung in Java

Als Umsetzungsvorgabe wird das folgende Diagramm verwendet:

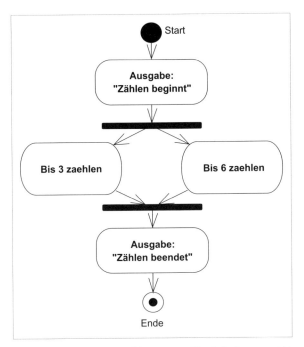

Abbildung 9.49 Beispieldiagramm für Gabelung und Vereinigung

Dem Aktivitätsdiagramm aus Abbildung 9.49 zufolge soll parallel bis 3 bzw. bis 6 gezählt werden.

Da die Programmierung paralleler Abläufe ein sehr umfangreiches Gebiet darstellt, können die folgenden Beispiele nur einen kleinen Ausschnitt der damit einhergehenden Möglichkeiten und Schwierigkeiten präsentieren. Dem interessierten Leser empfehle ich umfangreiche Werke zu Java und C#, wie z. B. »Java ist auch eine Insel« von Christian Ullenboom und »C#« von Andreas Kühnel.

Java unterstützt die parallele Verarbeitung mit ihrem Thread-Konzept und bietet hierfür eine Superklasse, deren Funktionalität nur noch an die jeweilige Aufgabe mittels Spezialisierung (siehe Abschnitt 2.3.12) angepasst werden muss:

```
class Zaehler extends Thread ❶
{
  protected int zahl;

  public Zaehler(String name, int z) ❷
  {
    super(name);
    zahl = z;
  }
```

```
    public void run() ❸
    {

      for (int i = 1; i <= zahl; i++) ❹
      {
        System.out.println(getName() + ": " + i);
        try
        {
            sleep(100);
        }
        catch (InterruptedException e) {}
      }
    }
}
```

Listing 9.18 /beispiele/java/kap9/kap_9_3_9/Zaehler.java

❶ Soll die Funktionalität einer Klasse parallel ablaufen können, muss sie Attribute und Operationen der Superklasse Thread erben.

❷ Im Konstruktor werden der Name des Threads und die Zahl gesetzt, bis zu der hochgezählt werden soll.

❸ Beim Aufruf der Klasse als Thread kommt per Definition ihre run-Operation zum Einsatz, die an dieser Stelle überschrieben wird.

❹ Die Operation zählt von 1 bis zahl. Nach jedem Hochzählen legt sie sich selbst für 100 Millisekunden schlafen.

Nun kann die in Abbildung 9.49 modellierte Aktivität vollständig implementiert werden:

```
class Aktivitaet
{
  public static void main(String[] args)
  {

    System.out.println("Zählen beginnt"); ❶

    Zaehler z1 = new Zaehler("Thread A", 3); ❷
    Zaehler z2 = new Zaehler("Thread B", 6);
    z1.start();
    z2.start();

    while(z1.isAlive() && z2.isAlive()) ❸
    {
```

```
    try
    {
      Thread.sleep(1000);
    }
    catch (InterruptedException e){}
  }

  System.out.println("Zählen beendet"); ❹
  }
}
```

Listing 9.19 /beispiele/java/kap9/kap_9_3_9/Aktivitaet.java

❶ Zunächst erfolgt die im Aktivitätsdiagramm der Abbildung 9.49 modellierte Ausgabe.

❷ Dann werden zwei neue Zaehler, z1 und z2, initialisiert und durch den Aufruf der von Thread geerbten Operation start parallel aufgerufen.

❸ Die modellierte Synchronisation erfolgt in dieser Schleife. Solange der parallele Ablauf beider Zaehler nicht beendet ist, wird der weitere sequenzielle Ablauf immer wieder für 1000 Millisekunden verzögert (schlafen gelegt).

❹ An diese Stelle gelangt der Kontrollfluss erst, wenn beide Zaehler beendet sind. Wie in Abbildung 9.49 modelliert, erfolgt lediglich eine Ausgabe.

Es ist interessant, den beiden Zaehlern bei ihrer Arbeit »zuzusehen«. Das Programm erzeugt die folgende Ausgabe:

```
Zählen beginnt
Thread A: 1
Thread B: 1
Thread A: 2
Thread B: 2
Thread A: 3
Thread B: 3
Thread B: 4
Thread B: 5
Thread B: 6
Zählen beendet
```

Man erkennt an der Ausgabe deutlich, dass zunächst Thread A und B parallel hochzählen. Nachdem Thread A seine Arbeit beendet hat (bis 3 gezählt), kommt nur noch Thread B zur Ausführung, bis auch er seinen Ablauf beendet, also bis 6 gezählt hat. Erst nachdem beide Threads abgearbeitet wurden, erfolgt die abschließende Ausgabe Zählen beendet.

Realisierung in C#

Die Sprache C# stellt ebenfalls ein Thread-Konzept zur Parallelisierung von Abläufen bereit, das jedoch etwas anders als in Java implementiert ist.

Zunächst wird eine einfache Klasse `Zaehler` implementiert, die in C# von keiner besonderen Superklasse erben muss:

```
public class Zaehler
{
    private string name;
    private int zahl;

    public Zaehler(string name, int zahl)
    {
        this.zahl = zahl;
        this.name = name;
    }

    public void Zaehle() ❶
    {
        for (int i = 1; i <= zahl; i++)
        {
            Console.WriteLine(name + ": " + i);
            Thread.Sleep(100);
        }
    }
}
```

Listing 9.20 /beispiele/c#/kap9/kap_9_3_9/Kap_9_3_9.cs

❶ Beachten Sie, dass eine einfache Operation `Zaehle` das modellierte Hochzählen implementiert. Da in C# von keiner besonderen Superklasse geerbt werden muss, muss auch keine definierte Operation überschrieben werden.

Die `Aktivitaet`-Klasse implementiert den in Abbildung 9.49 modellierten Kontrollfluss:

```
public class Aktivitaet
{
    public static void Main(String[] args)
    {
        Console.WriteLine("Zählen beginnt"); ❶

        Zaehler zaehler1 = new Zaehler("Thread A", 3); ❷
```

```
        Zaehler zaehler2 = new Zaehler("Thread B", 6);

        Thread thread1 = new Thread(zaehler1.Zaehle); ❸
        Thread thread2 = new Thread(zaehler2.Zaehle);

        thread1.Start(); ❹
        thread2.Start();

        thread1.Join(); ❺
        thread2.Join();

        Console.WriteLine("Zählen beendet"); ❻
    }
}
```

Listing 9.21 /beispiele/c#/kap9/kap_9_3_9/Kap_9_3_9.cs

❶ Die modellierte Ausgabe wird implementiert.

❷ Zwei neue Zaehler, zaehler1 und zaehler2, werden instanziiert.

❸ Zwei neue Threads, thread1 und thread2, werden instanziiert. Als Parameter werden die Zaehle-Operationen des jeweiligen Zaehlers übergeben, die beim Start des Threads aufgerufen werden sollen.

❹ Beide Threads werden zur Ausführung gebracht.

❺ Die Synchronisation der Threads lässt sich in C# sehr elegant mit der Join-Operation bewerkstelligen. Sie bewirkt, dass die aufrufende Operation auf die Beendigung des aufgerufenen Threads wartet, was eine in Java notwendige Warteschleife obsolet macht. Hier soll die Operation auf die Beendigung beider Threads warten.

❻ Nachdem beide Threads ihre Zählarbeit beendet haben, erfolgt die letzte in Abbildung 9.49 modellierte Ausgabe.

Das C#-Programm erzeugt erwartungsgemäß eine äquivalente Ausgabe wie sein Java-Pendant.

Praxistipp

Anstelle von Threads ist in C# die Verwendung von Tasks möglich, die eine Abstraktion der Threads darstellen, bei der die Ressourcenverwaltung dem System überlassen wird. Threads werden hier wiederverwendet, anstatt immer neue Threads zu erzeugen.

Für die Parallelisierung mithilfe von Tasks steht im .Net Framework auch eine mächtige Library, die Task Parallel Library (kurz TPL), zur Verfügung.

9.3.10 Schleifenknoten

Beschreibung

> Ein **Schleifenknoten** (engl. *Loop Node*) ist eine **zusammengesetzte Aktivität**, die eine **Initialisierung** (for-Bereich), einen **Test** (while-Bereich) und einen **Schleifenkörper** (do-Bereich) repräsentiert.

Die *Initialisierung* wird genau einmal beim erstmaligen Betreten des Schleifenknotens ausgeführt. Die Bereiche *Test* und *Schleifenkörper* werden iterativ aufgerufen.

Der Test-Bereich entscheidet, ob und wie oft der Schleifenkörper ausgeführt wird, und muss einen boolean-Wert zurückgeben, der durch einen annotierten Pin und einen Entscheidungsknoten symbolisiert wird.

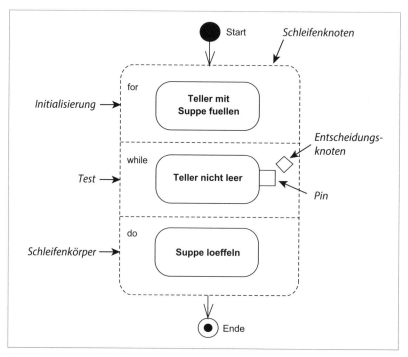

Abbildung 9.50 Schleifenknoten

Im Schleifenkörper, der so lange aufgerufen wird, bis der Test-Bereich ein false zurückgibt, werden die Aktionen und Aktivitäten modelliert, die bei jeder Iteration ausgeführt werden sollen.

Abbildung 9.50 beinhaltet einen Schleifenknoten, der den Verzehr einer Suppe modelliert. Im Initialisierungsbereich wird der Suppenteller zunächst gefüllt. Solange der `Teller nicht leer` ist, wird die Aktion `Suppe loeffeln` aufgerufen.

Der Test-Bereich kann sowohl vor als auch nach dem Schleifenkörper modelliert werden.

Im linken Schleifenknoten der Abbildung 9.51 wird der Test (`while`-Bereich) vor dem Schleifenkörper (`do`-Bereich) ausgewertet, sodass dieser gegebenenfalls kein einziges Mal betreten wird. Im rechten Schleifenknoten wird der Schleifenkörper `Suppe loeffeln` mindestens einmal ausgeführt.

Erst danach erfolgt der Test (`Teller nicht leer`), ob ein weiterer Schleifendurchlauf erforderlich ist.

Schleifenknoten können wie andere Aktivitäten auch Objekte empfangen und zurückgeben (siehe Abbildung 9.52).

Der Schleifenknoten in Abbildung 9.52 bekommt die Objekte `Teller` und `Suppe` als Eingabeparameter übergeben. Nachdem der Schleifenknoten beendet ist, gibt er als Ausgabeparameter den `Teller` wieder zurück.

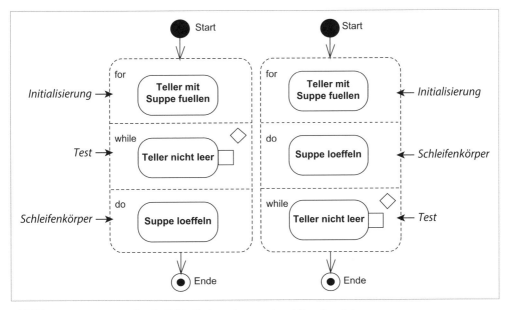

Abbildung 9.51 Vertauschmöglichkeit der »do«- und »while«-Bereiche

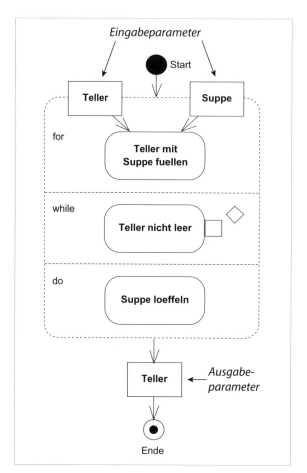

Abbildung 9.52 Objekte als Eingabe- und Ausgabeparameter von Schleifenknoten

Verwendung

Schleifen können in Aktivitätsdiagrammen auch durch Entscheidungs- und Verbindungsknoten etwas umständlich modelliert werden, sodass sie häufig schwierig zu erkennen sind (siehe Abschnitt 9.3.8).

Schleifenknoten schaffen genau an dieser Stelle Abhilfe, indem sie eine Schleife in einem Notationselement kompakt und übersichtlich darstellen.

Realisierung in Java

Das Aktivitätsdiagramm aus Abbildung 9.53 soll als Umsetzungsvorschrift verwendet werden:

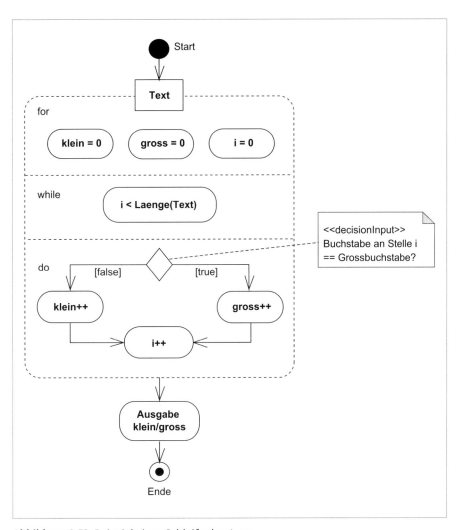

Abbildung 9.53 Beispiel eines Schleifenknotens

Der folgende Java-Code implementiert den Schleifenknoten aus Abbildung 9.53, der die Anzahl der Klein- und Großbuchstaben eines Textes zählt:

```
public void zaehleBuchstaben(String text)
{
  int klein, gross, i;

  for(klein = gross = i = 0; ❶
      i < text.length(); ❷
```

```
      i++ ) ❸
   {

     if(Character.isUpperCase(text.charAt(i))) ❹
       gross++;
     else
       klein++;
   }

   System.out.println("Grossbuchstaben: "+gross); ❺
   System.out.println("Kleinbuchstaben: "+klein);
}
```

Listing 9.22 /beispiele/java/kap9/kap_9_3_10/BuchstabenZaehler.java

❶ Java stellt drei Schleifenarten zur Verfügung: die for-Schleife, die while-Schleife und die do-Schleife. Obwohl deren Namen den Bereichen eines UML-Schleifenknotens entsprechen, repräsentiert jede Schleifenart einen vollständigen UML-Schleifenknoten.

Bei diesem Implementierungsbeispiel wurde die for-Schleife gewählt. Sie besteht aus vier Bestandteilen:

- Initialisierung
- Test
- Inkrement
- Schleifenkörper

Im ersten und hier hervorgehobenen Teil, der Initialisierung, werden dem Diagramm entsprechend die Variablenwerte gesetzt.

❷ Der zweite Teil der Schleife umfasst den Test (while-Bereich des Schleifenknotens), ob ein weiterer Schleifendurchlauf notwendig ist.

❸ Im Inkrement werden die Aktionen implementiert, die *nach* jedem vollständigen Schleifendurchlauf ausgeführt werden. Dem Aktivitätsdiagramm aus Abbildung 9.53 ist zu entnehmen, dass der Wert der Variable i nach jedem Durchlauf um 1 erhöht werden muss (i++).

❹ Der Schleifenkörper (do-Bereich des Schleifenknotens) implementiert die bei jeder Iteration ausgeführten Aktionen.

❺ Nach Beendigung der Schleife erfolgen die im Aktivitätsdiagramm modellierten Ausgaben der Variablenwerte von gross und klein.

Realisierung in C#

Auch C# unterstützt alle drei Schleifenarten (for, while, do), sodass die Implementierung des Schleifenknotens aus Abbildung 9.53 der Java-Implementierung sehr ähnelt:

```
public void ZaehleBuchstaben(string text)
{
    int klein, gross, i;

    for (klein = gross = i = 0; i < text.Length; i++)
    {
        if (Char.IsUpper(text[i]))
            gross++;
        else
            klein++;
    }
    Console.WriteLine("Grossbuchstaben: " + gross);
    Console.WriteLine("Kleinbuchstaben: " + klein);
}
```

Listing 9.23 /beispiele/c#/kap9/kap_9_3_10/Kap_9_3_10.cs

9.3.11   Bedingungsknoten

Beschreibung

Ein **Bedingungsknoten** (engl. *Conditional Node*) ist eine **zusammengesetzte Aktivität**, die eine exklusive **Wahl zwischen einer oder mehreren Alternativen** repräsentiert.

Ein Bedingungsknoten besteht aus mindestens einem Test (if-Bereich) und einem Körper (then-Bereich). Seine Ausführung beginnt im Test-Bereich, wo anhand einer oder mehrerer Aktionen entschieden wird, ob der Körper ausgeführt werden soll. Die Aktion muss daher einen Wert vom Typ boolean zurückgeben, was durch den verwendeten Pin und Entscheidungsknoten angedeutet wird.

Das Aktivitätsdiagramm aus Abbildung 9.54 modelliert beispielsweise, dass eine Beschwerde beim Kellner nur erfolgt, falls das Gericht versalzen ist.

Mehrere bedingte Ausführungen können in einem einzigen Bedingungsknoten modelliert werden.

283

Abbildung 9.54 Bedingungsknoten

Ist das `Gericht versalzen`, erfolgt eine Beschwerde beim Kellner; ist es `zu scharf`, erfolgt ebenfalls eine Beschwerde beim Kellner (siehe Abbildung 9.55).

Abbildung 9.55 Bedingungsknoten mit mehreren »if«-Bereichen

Die Reihenfolge der Auswertung der if-Bereiche ist nicht festgelegt und kann sogar parallel erfolgen. Ist das Gericht versalzen und zu scharf, können die Beschwerden beim Kellner somit in beliebiger Reihenfolge abgegeben werden.

If-Bereiche, denen wie in Abbildung 9.55 derselbe then-Bereich folgt, können in Bedingungsknoten kaskadiert werden.

Ist das Gericht versalzen *oder* zu scharf, erfolgt eine Beschwerde beim Kellner (siehe Abbildung 9.56).

Soll eine Aktion nur ausgeführt werden, wenn keine der zuvor definierten if-Bedingungen erfüllt wird, kann diese im else-Bereich modelliert werden.

Ist laut Abbildung 9.57 das Gericht versalzen oder zu scharf, erfolgt eine Beschwerde beim Kellner, andernfalls wird der Koch gelobt.

Die if- und else-Bereiche können ebenfalls beliebig häufig hintereinander modelliert und verschachtelt werden.

Ist das Gericht versalzen oder zu scharf, erfolgt eine Beschwerde beim Kellner (siehe Abbildung 9.58). Trifft dies nicht zu, wird überprüft, ob das Gericht zu heiss ist. In diesem Fall wird 5 Min gewartet, andernfalls wird der Koch gelobt.

Abbildung 9.56 Kaskadierte »if«-Bereiche

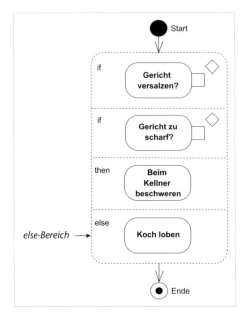

Abbildung 9.57 »else«-Bereich eines Bedingungsknotens

Abbildung 9.58 Kaskadierte »else«-Bereiche eines Bedingungsknotens

Die Verwendung von else if-Bereichen legt zusätzlich die Reihenfolge fest, in der die Überprüfung von if-Bedingungen durchgeführt werden soll. Die Bedingung Gericht zu heiss? wird nur überprüft, falls (und damit nachdem) die Bedingungen Gericht versalzen? und Gericht zu scharf? nicht zutreffen.

Verwendung

Alternative Abläufe können auch mit den in Abschnitt 9.3.8 vorgestellten Entscheidungs- und Verbindungsknoten modelliert werden. Für eine geringe Anzahl von Alternativen auf einer Entscheidungsebene oder bei einer hohen Schachtelungstiefe ist diese Modellierungsmöglichkeit durchaus sehr gut geeignet und sollte dem Bedingungsknoten vorgezogen werden.

Bei vielen Entscheidungsalternativen auf einer Entscheidungsebene sollte jedoch ein Bedingungsknoten verwendet werden, da er in diesem Fall eine kompaktere Darstellung ermöglicht.

Abbildung 9.59 Beispiel für einen Bedingungsknoten

Realisierung in Java

Die Umsetzung eines einfachen if-then-else-Bedingungsknotens wurde bereits im Zusammenhang mit den Entscheidungs- und Verbindungsknoten in Abschnitt 9.3.8 gezeigt. An dieser Stelle soll daher die Realisierung einer Folge von if-then-else-Konstrukten vorgestellt werden.

Der folgende Programmcode realisiert den Bedingungsknoten aus Abbildung 9.59:

```
int zahl = 2;

switch(zahl) ❶
{

  case 1: ❷
    System.out.println("Ausgabe: Eins");
    break;
  case 2:
    System.out.println("Ausgabe: Zwei");
    break;
  case 3:
    System.out.println("Ausgabe: Drei");
    break;

  default: ❸
    System.out.println("Ausgabe: Unbekannte Zahl");
    break;
}
```

Listing 9.24 /beispiele/java/kap9/kap_9_3_11/Bedingungsknoten.java

❶ Java stellt das Schlüsselwort switch zur Verfügung, um mehrere aufeinanderfolgende if-then-else Konstrukte einfach und übersichtlich abbilden zu können. In diesem Beispiel wird die Variable zahl betrachtet.

❷ Falls (engl. *case*) zahl == 1 ist, wird Eins ausgegeben. Das Schlüsselwort break bricht die Überprüfung der weiteren Bedingungen ab.

❸ Treffen alle vorherigen Bedingungen nicht zu, wird der default-Bereich (dem else-Bereich des Diagramms entsprechend) ausgeführt.

Realisierung in C#

C# bietet wie Java das switch-Sprachelement, sodass der Bedingungsknoten wie in Java umgesetzt werden kann (*/beispiele/c#/kap9/kap_9_3_11/Kap_9_3_11.cs*).

9.3.12   Unterbrechungsbereich

Beschreibung

Ein **Unterbrechungsbereich** (engl. *Interruptible Activity Region*) umfasst eine **Gruppe von Aktivitätsknoten**, deren **Ausführung abgebrochen** werden kann.

Bei der Unterbrechungskante handelt es sich um einen Kontrollfluss (siehe Abschnitt 9.3.2), der das abrupte Verlassen des Unterbrechungsbereichs symbolisiert. Er kann damit mit allen Attributen eines gewöhnlichen Kontrollflusses versehen werden.

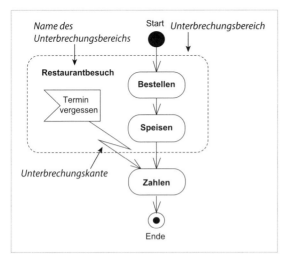

Abbildung 9.60 Unterbrechungsbereich

Die Ausführung sämtlicher, eventuell paralleler Aktionen wird zumeist als Reaktion auf einen Signal-Empfang abgebrochen, und der Unterbrechungsbereich wird über den Blitz-Pfeil verlassen. In Abbildung 9.60 wird beispielsweise der Restaurantbesuch abgebrochen, falls das Signal Termin vergessen empfangen wird. Es ist jedoch durchaus möglich, dass eine der Aktivitäten oder Aktionen innerhalb des Unterbrechungsbereichs einen Abbruch erzwingt.

Alternativ kann die Unterbrechungskante mit einem kleinen Blitz-Symbol über dem Kontrollfluss notiert werden (siehe Abbildung 9.61).

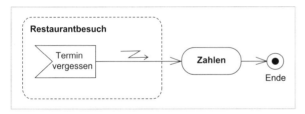

Abbildung 9.61 Alternativnotation einer Unterbrechungskante

Verwendung

Unterbrechungsbereiche werden zumeist eingesetzt, wenn mehrere verschachtelte oder parallele Abläufe auf einmal in einem Fehlerfall abgebrochen werden sollen oder die Behandlung von Fehlern in speziell dafür bereitgestellte Aktionen ausgelagert werden soll.

Realisierung in Java

Das Senden und Empfangen von Signalen wurde bereits in Abschnitt 9.3.5 vorgestellt. Im Unterbrechungsbereich aus Abbildung 9.62 wird der Abbruch daher von einer Aktivität ausgelöst.

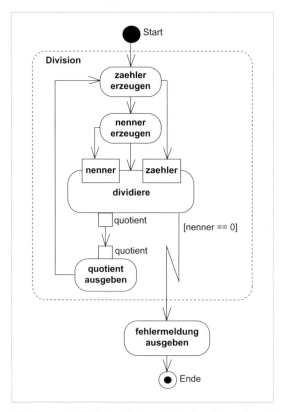

Abbildung 9.62 Beispiel eines Unterbrechungsbereichs

Zunächst werden der zaehler und nenner erzeugt (siehe Abbildung 9.62), um dann innerhalb einer Aktivität dividiert zu werden. Läuft die Division wie erwartet ab, wird daraufhin ein quotient zwecks Ausgabe zurückgegeben.

Im Normalfall wird dieser Ablauf unendlich häufig wiederholt. Wird der Aktivität dividiere jedoch ein nenner übergeben, der gleich 0 ist, erzwingt sie einen Abbruch des gesamten Bereichs.

Java unterstützt die Umsetzung von Unterbrechungsbereichen durch das Exception-Konzept:

```java
public double dividiere(double zaehler, double nenner) ❶
throws Exception
{

  if(nenner == 0) ❷
    throw new Exception("Zaehler ist gleich 0");
  return zaehler/nenner;
}
```

Listing 9.25 /beispiele/java/kap9/kap_9_3_12/Division.java

❶ Durch den Zusatz throws Exception signalisiert die Operation dividiere, dass sie unter bestimmten Umständen ihren Ablauf infolge einer Ausnahme (engl. *Exception*) unterbrechen muss und diese sozusagen »hochwerfen« wird. Im Kontext, in dem sie ausgeführt wird, muss diese Ausnahme entweder gefangen und verarbeitet oder wiederum »hochgeworfen« werden.

❷ Ist der nenner gleich 0, wird die deklarierte Ausnahme geworfen und damit der Ablauf der Operation abgebrochen.

Die folgende Operation implementiert das Aktivitätsdiagramm aus Abbildung 9.62 und zeigt die Behandlung einer geworfenen Ausnahme:

```java
public static void main(String[] args)
{
  Division d = new Division();
  double zaehler, nenner, quotient;

  try ❶
  {

    while(true) ❷
    {

      zaehler = Math.round(Math.random()); ❸
      nenner = Math.round(Math.random());
      System.out.print(zaehler+" / "+nenner+" = ");

      quotient = d.dividiere(zaehler, nenner); ❹
      System.out.println(quotient);
    }
  }
```

```
   catch (Exception e)  ❺
   {
     e.printStackTrace();
   }
}
```

Listing 9.26 /beispiele/java/kap9/kap_9_3_12/Test.java

❶ Mit dem Schlüsselwort try wird der Beginn eines Unterbrechungsbereichs eingeleitet.

❷ In einer Endlos-Schleife …

❸ … werden die Variablen zaehler und nenner per Zufallsgenerator mit einer 1 oder 0
belegt …

❹ … und dividiert.

❺ Am Ende des Unterbrechungsbereichs wird eine möglicherweise geworfene Ausnahme gefangen und verarbeitet. (In diesem Beispiel wird einfach der Grund der
Ausnahme ausgegeben.)

Das Programm erzeugt beispielsweise die folgende Ausgabe:

```
0.0 / 1.0 = 0.0
1.0 / 1.0 = 1.0
1.0 / 1.0 = 1.0
1.0 / 0.0 =
java.lang.Exception: Zaehler ist gleich 0
  at kap_9_3_12.Division.dividiere(Division.java:14)
  at kap_9_3_12.Division.main(Division.java:34)
```

Realisierung in C#

C# stellt ebenfalls das Exception-Konzept zur Realisierung von Unterbrechungsbereichen zur Verfügung, das dem von Java sehr ähnlich ist:

```
public class Division
{
    public double Dividiere(double zaehler, double nenner)  ❶
    {
        if (nenner == 0)
            throw new Exception("Nenner ist gleich 0");

        return zaehler / nenner;
    }
}
```

Listing 9.27 /beispiele/c#/kap9/kap_9_3_12/Kap_9_3_12.cs

❶ Der einzig erwähnenswerte Unterschied zum Exception-Konzept von Java ist der Verzicht auf die explizite Angabe eines möglichen Ausnahmewurfs in der Deklaration der Operation.

9.3.13   Expansionsbereich

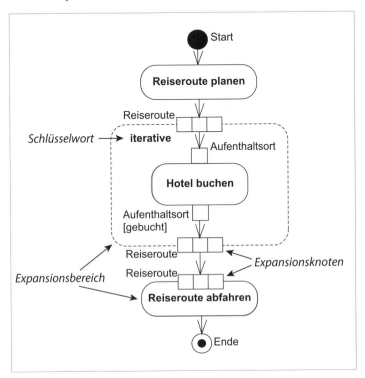

Abbildung 9.63 Expansionsbereich

Beschreibung

Ein **Expansionsbereich** (engl. *Expansion Region*) ist eine **zusammengesetzte Aktivität**, die für jedes in einer Kollektion übergebene Einzelelement **wiederholt ausgeführt** wird.

Die Eingangsparameter eines Expansionsbereichs stellen zumeist Kollektionen von Elementen dar. Die Typen der Elemente unterschiedlicher Kollektionen dürfen unterschiedlich sein. Innerhalb einer Kollektion müssen die Elemente jedoch denselben Typ aufweisen.

Während der Ausführung werden nacheinander die Elemente der Eingangskollektion einzeln entnommen, verarbeitet und an derselben Position in der Ausgangskollektion platziert. Der Ablauf des Expansionsbereichs wird für jedes Element der Eingangsposition vollständig neu durchlaufen.

Dem Expansionsbereich aus Abbildung 9.63 wird eine Kollektion von Aufenthaltsorten als Reiseroute übergeben. Für jeden einzelnen Aufenthaltsort wird ein Hotel gebucht, was seinen Zustand auf gebucht ändert. Nach der Buchung wird jeder einzelne Aufenthaltsort in der Ausgangskollektion auf derselben Position wie in der Eingangskollektion abgelegt.

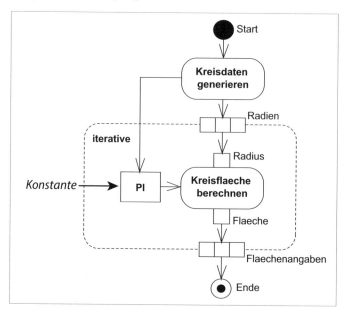

Abbildung 9.64 Übergabe einer Konstanten

Die Eingangs- und Ausgangskollektionen werden als sogenannte **Expansionsknoten** (engl. *Expansion Nodes*) modelliert. Außerhalb der Expansionsregion treten sie nur als Kollektionen auf, innerhalb wird jedes Element einzeln entnommen und verarbeitet.

Es ist durchaus möglich, einem Expansionsbereich ein einzelnes Objekt zu übergeben. Während der wiederholten Abarbeitung aller Elemente einer Eingangskollektion fungiert das Objekt als Konstante und wird unverändert bei jedem Durchlauf verwendet:

Das Objekt PI wird in Abbildung 9.64 bei jedem einzelnen Durchlauf des Expansionsbereichs als Konstante wiederverwendet.

Die Verarbeitungsart der einzelnen Elemente der Eingangskollektion kann durch die folgenden Schlüsselwörter definiert werden:

▸ **parallel**
Die Abarbeitung der Elemente kann in unterschiedlichen Threads parallel erfolgen.

▸ **iterative**
Die Abarbeitung der Elemente muss nacheinander erfolgen, d. h., erst nachdem ein Element der Eingangskollektion vollständig abgearbeitet und in der Ausgangskollektion abgelegt wurde, kann mit der Abarbeitung des nächsten Elements begonnen werden.

▸ **stream**
Der Expansionsbereich arbeitet die Elemente als einen Datenstrom ab.

Umfasst der Expansionsbereich nur eine einzelne Aktivität oder Aktion, kann er auch vereinfacht auf die folgende Art notiert werden:

Abbildung 9.65 Vereinfachte Notation eines Expansionsbereichs

Verwendung

Soll eine Menge von Objekten auf dieselbe Art bearbeitet werden, bietet sich ein Expansionsbereich an. Er kann zwar auch mithilfe von einzelnen Objekten, Entscheidungs- und Verbindungsknoten »emuliert« werden. Das dabei entstehende Aktivitätsdiagramm wird jedoch deutlich komplizierter und unübersichtlicher.

9.4   Lesen eines Aktivitätsdiagramms

Das Aktivitätsdiagramm in Abbildung 9.66 ist aus drei Aktivitätsbereichen aufgebaut:

▸ Gast

▸ Kellner

▸ Koch

Der Ablauf beginnt parallel an beiden Startpunkten beim Gast und beim Kellner, wobei jedoch der Kellner zunächst auf das Signal Kellner! wartet.

Abbildung 9.66 Ein Restaurantbesuch als Klassendiagramm

Der Gast prüft die Speisekarte so lange, bis er ein Gericht ausgesucht hat, worauf er das Signal Kellner! aussendet (er ruft sozusagen nach dem Kellner). Erhält er währenddessen ein Signal Termin vergessen (er erinnert sich z. B. wieder daran oder erhält einen Anruf), wird das Aussuchen des Gerichts sofort abgebrochen, und er muss zu einem Termin eilen, was den gesamten Restaurantbesuch beendet.

Erhält der Kellner das Signal Kellner!, nimmt er die Bestellung eines Gastes auf und leitet sie an den Koch weiter, der daraufhin ein Gericht zubereitet und es servierfertig dem Kellner zur Abholung bereitstellt. Maximal dürfen nur 5 Gerichte auf ihre Abholung warten.

Der Kellner serviert dem Gast sein Gericht, der es wiederum verspeist. Für gewöhnlich sendet der Gast hiernach das Signal Rechnung! an den Kellner. Realisiert der Gast jedoch, dass sein Gericht ungeniessbar ist, bricht er das Verspeisen ab, beschwert sich sofort beim Kellner und gibt das Gericht wieder zurück.

Dem Kellner bleibt nichts anderes übrig, als sich zu entschuldigen und dem Gast anzubieten, ein neues Gericht zu bestellen. Falls der Gast ein neues Gericht bestellen möchte, nimmt der Kellner erneut die Bestellung auf, und der Ablauf wiederholt sich. Andernfalls verlässt der Gast das Restaurant.

Ist das Gericht genießbar, wird der Kellner das Signal Rechnung! empfangen, worauf er die Zahlung mit dem Gast abwickelt und als Ergebnis einen Geldbetrag entgegennimmt. Nur wenn dieser OK ist, wird der Gast verabschiedet und verlässt anschließend das Restaurant. Andernfalls ruft der Koch die Polizei, während der Kellner den Gast festhält, bis die Polizei eingetroffen ist.

9.5   Irrungen und Wirrungen

Aktivitätsdiagramme stellen sehr viele Notationselemente zur Verfügung, was die Anzahl der möglichen Fehler bei ihrem Einsatz erhöht. Das Diagramm in Abbildung 9.67 stellt einige der häufigsten Fehler vor:

❶ **Unterbrechungskante verlässt den Unterbrechungsbereich bei Ausnahme nicht**
Tritt eine Ausnahme innerhalb eines Unterbrechungsbereichs auf, werden jegliche darin enthaltene Aktivitäten abgebrochen. Der Unterbrechungsbereich muss verlassen werden.

❷ **Falsche Verwendung des Startknotens**
Ein Startknoten darf nur ausgehende Kanten besitzen.

❸ **Nicht erfüllbare »weight«-Einschränkung**
Der Objektknoten kann maximal 5 Objekte vom Typ Gericht aufnehmen. Die weight-Angabe am zugehörigen Objektfluss spezifiziert gleichzeitig, dass mindes-

tens 6 Gericht-Objekte beim Übergang zu Gericht servieren vorhanden sein müssen, was nicht erfüllt werden kann.

❹ **Unzulässige Objektübergabe**

Die Aktion Gericht verspeisen erwartet ein Gericht als Eingangsparameter, bekommt von Gericht servieren jedoch Besteck übergeben.

❺ **Fehlende Fortsetzung des Kontrollflusses**

Der Kontrollfluss aus der Aktion Gericht verspeisen wird nur fortgesetzt, falls eine Ausnahme auftritt. Wird die Aktion ordnungsgemäß beendet, fehlt ein ausgehender Kontrollfluss.

❻ **Fehlender Objekt-Pin**

Soll eine Objektübergabe modelliert werden, darf entweder ein Ausgangs- *und* Eingangs-Pin *oder* ein Objektknoten verwendet werden. Ein Eingangs-Pin allein ist nicht ausreichend.

❼ **Nicht definierte Überwachungsbedingungen**

Es ist zwar erlaubt, auf die Modellierung eines Entscheidungsknotens zu verzichten. Welche der ausgehenden Kontrollkanten ausgewählt wird, sollte jedoch erschöpfend und disjunkt mit Überwachungsbedingungen definiert werden.

Unterlässt man dies, wird der Kontrollfluss bei der Aktion fortgesetzt, die ihn als Erste aufgreift, was nicht unbedingt vorhersagbar ist. Es könnte im gezeigten Beispiel durchaus vorkommen, dass der Kellner sich endlos beim Gast entschuldigt.

Sollen parallele Abläufe modelliert werden, verwenden Sie eine Gabelung und Vereinigung.

❽ **Unbekannter Konnektor**

Der verwendete Ausgangskonnektor C besitzt keinen entsprechenden Eingangskonnektor. Der Ablauf kann nicht fortgesetzt werden.

❾ **Nicht erschöpfende Überwachungsbedingungen**

Ist der Geldbetrag zu hoch, wird der Gast verabschiedet, ist er zu niedrig, wird die Polizei gerufen. Was passiert jedoch, wenn der Geldbetrag exakt die Rechnungshöhe hat?

❿ **Fehlender »do«-Bereich**

Ein Schleifenknoten ohne einen Schleifenkörper iteriert, ohne irgendetwas zu tun, und ist in den meisten Fällen nicht sehr sinnvoll.

⓫ **Falsche Verwendung eines Endknotens**

Der Kontrollfluss darf nur in einen Endknoten münden und kann ihn nicht wieder verlassen.

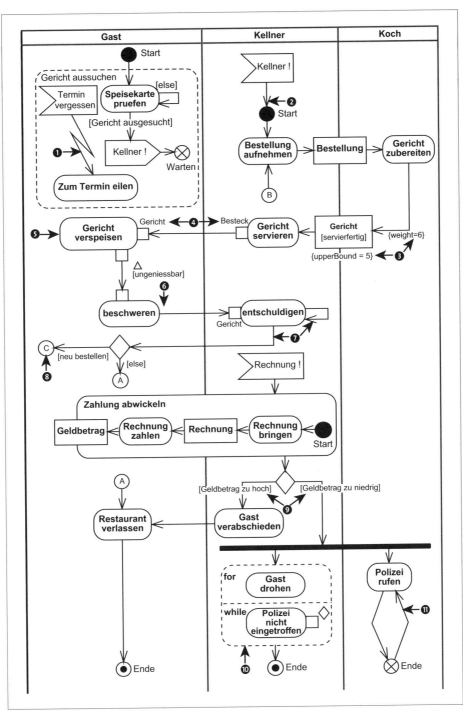

Abbildung 9.67 Ein fehlerhaftes Aktivitätsdiagramm

9.6 Zusammenfassung

Die folgende Auflistung rekapituliert die wichtigsten Notationselemente von Aktivitätsdiagrammen:

▶ Eine **Aktion** stellt die kleinste funktionale Einheit in Aktivitätsdiagrammen dar.

Abbildung 9.68 Aktion

▶ Der **Kontrollfluss** definiert die Ausführungsreihenfolge von Aktivitätsknoten.

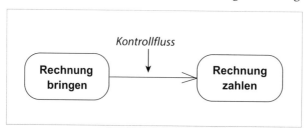

Abbildung 9.69 Kontrollfluss

▶ Aktionen können in **Aktivitäten** zu größeren Einheiten zusammengefasst werden.

Abbildung 9.70 Aktivität

▸ **Aktivitätsbereiche** gruppieren Aktivitätsknoten zu Organisationseinheiten und legen fest, »wer was tun muss«.

Abbildung 9.71 Aktivitätsbereich

▸ **Objektknoten** werden für den Datentransport zwischen einzelnen Aktivitätsknoten verwendet, der über den **Objektfluss** stattfindet.

Abbildung 9.72 Objektknoten und Objektfluss

▸ Mithilfe der **Signal-Sendung** und des **Signal-Empfangs** kann das asynchrone Versenden und Empfangen von Nachrichten modelliert werden.

Abbildung 9.73 Signal-Sendung und -Empfang

▸ **Startknoten** legen den Beginn der Ausführung des Aktivitätsdiagramms fest, **End-knoten** das Ende.

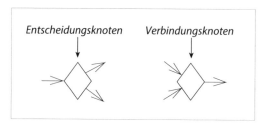

Abbildung 9.74 Start- und Endknoten

▶ Mit **Entscheidungs**- und **Verbindungsknoten** lassen sich alternative Abläufe und Schleifen definieren.

Abbildung 9.75 Entscheidungs- und Verbindungsknoten

▶ **Gabelungen** und **Vereinigungen** erlauben die Modellierung paralleler Abläufe.

Abbildung 9.76 Gabelung und Vereinigung

▶ **Schleifenknoten** erlauben eine kompakte Darstellung von Schleifen.

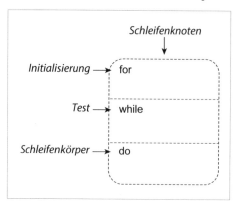

Abbildung 9.77 Schleifenknoten

▶ Mit **Bedingungsknoten** können alternative Abläufe kompakt modelliert werden.

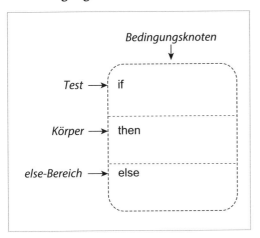

Abbildung 9.78 Bedingungsknoten

▶ **Unterbrechungsbereiche** umfassen Regionen von Aktivitätsdiagrammen, deren Ausführung unterbrochen werden kann.

Abbildung 9.79 Unterbrechungsbereich

▶ Der Ablauf eines **Expansionsbereichs** wird für jedes in einer Kollektion übergebene Einzelelement wiederholt.

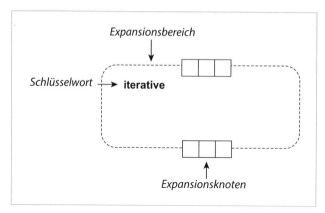

Abbildung 9.80 Expansionsbereich

Kapitel 10
Zustandsdiagramm

Die möglichen Zustände, Zustandsübergänge, Ereignisse und Aktionen im »Leben« eines Systems werden in einem Zustandsdiagramm modelliert. Zustandsdiagramme basieren auf dem Konzept der deterministischen endlichen Automaten.

10.1 Anwendungsbereiche

Zustandsdiagramme (engl. *State Machine Diagrams*) modellieren wie Aktivitätsdiagramme (siehe Kapitel 9) das dynamische Verhalten eines Systems. Im Gegensatz zu Aktivitätsdiagrammen, die ihren Fokus auf die Aktionen eines Systems legen, konzentrieren sich Zustandsdiagramme auf die Reaktionen eines Systems.

Aus diesem Grund eignen sich Zustandsdiagramme beispielsweise sehr gut zur Modellierung des Verhaltens von Benutzeroberflächen, die üblicherweise nur auf Befehle von Benutzern reagieren und selbst keine eigenen Aktionen initiieren. Solche Diagramme werden als *Verhaltens-Zustandsdiagramme* bezeichnet.

Die Modellierung von Kommunikationsprotokollen, die Vorgaben über die Reihenfolge und Voraussetzungen von Kommunikationsschritten definieren, kann ebenfalls mit Zustandsdiagrammen durchgeführt werden. Die UML bezeichnet diese speziellen Zustandsdiagramme als *Protokoll-Zustandsdiagramme*.

Das Buch konzentriert sich auf die bei Weitem am häufigsten verwendeten Verhaltens-Zustandsdiagramme und wird die Unterschiede zwischen den beiden Zustandsdiagrammarten am Ende des Kapitels behandeln.

Eingesetzt werden Zustandsdiagramme zumeist zur Ergänzung von Klassendiagrammen in der Analyse/Definition- und Entwurf/Design-Phase, also dort, wo der »Lebensweg« von Objekten modelliert wird. Jedes Objekt, das nach dem Bauplan einer Klasse erzeugt wurde, befindet sich jederzeit in einem bestimmten Zustand, der durch seine Attributwerte definiert ist. Während seiner Lebensdauer (von der Instanziierung bis zu seiner Destruktion) kann ein Objekt nur bestimmte sinnvolle Kombinationen von Attributwerten und somit Zuständen einnehmen, die mithilfe von Zustandsdiagrammen modelliert werden können.

In unterschiedlichen Zuständen reagiert ein Objekt auf dieselben Anfragen möglicherweise unterschiedlich. Mein Professor der Regelungstechnik brachte in seiner

Vorlesung ein zutreffendes Beispiel von unterschiedlichen Reaktionen in unterschiedlichen Zuständen, das mir im Gedächtnis geblieben ist:

Wenn mich jemand um 16 Uhr (Zustand: wach) fragt: »Wie viel ist 2+2?«, antworte ich: »4.«

Ruft mich jemand um drei Uhr nachts an (Zustand: schlafend) und stellt mir dieselbe Frage, antworte ich: »Ar...ch!«

Zustandsdiagramme helfen, solches Verhalten zu planen und vorherzusehen, sodass Ihnen nicht der Fehler unterläuft, Ihren Professor um drei Uhr nachts nach Lösungen von »komplexen« mathematischen Aufgaben zu fragen.

10.2   Übersicht

Abbildung 10.1 benennt die wichtigsten Notationselemente von Zustandsdiagrammen.

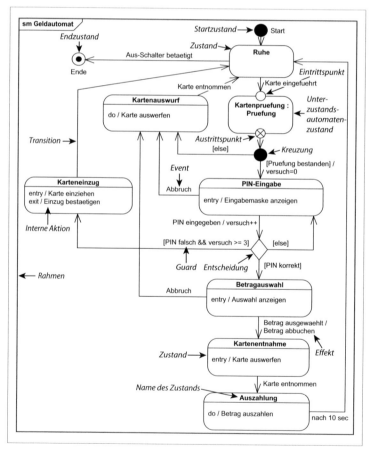

Abbildung 10.1 Notationselemente von Zustandsdiagrammen

10.3   Notationselemente

10.3.1   Zustand

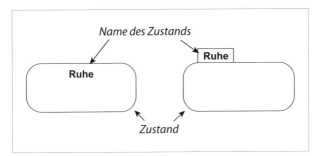

Abbildung 10.2 Zustand

Beschreibung

> Ein **Zustand** (engl. *Simple State*) modelliert eine **Situation**, in der gewisse genau definierte Bedingungen gelten.

Es kann sich dabei um eine statische Situation handeln, in der ein System beispielsweise auf eine Eingabe wartet, oder auch um eine dynamische Situation, wie z. B. um die Ausführung einer Aufgabe.

Abbildung 10.2 zeigt beide von der UML bereitgestellten Darstellungsmöglichkeiten eines Zustands.

Der Zustand, in dem sich ein Objekt gerade befindet, wird als **aktiver Zustand** bezeichnet.

Verwendung

Modellieren Sie Zustände, um definierte Situationen im Leben eines Objekts darzustellen. In den meisten Zustandsdiagrammen ist es eine gute Idee, einen Ruhe-Zustand zu modellieren, in den das modellierte Objekt sofort nach dem Start wechselt.

Im Ruhe-Zustand kann ein Objekt verbleiben, bis ein definiertes Event eintritt, nach dem die »Arbeit« des Objekts beginnen soll. Das Objekt besitzt damit auch eine Art »Default«-Zustand, in den es jederzeit nach der Beendigung seiner Arbeit, nach einem Fehler oder einem »Reset« zurückkehren kann.

Realisierung in Java

Der aktuelle Zustand eines Objekts wird durch eine definierte Menge seiner Attributwerte festgelegt. Die Realisierung von Attributen wurde bereits in Kapitel 3, »Objektdiagramm«, vorgestellt.

307

In Abschnitt 10.3.9 und Abschnitt 10.3.10 sind zwei zusammenhängende Implementierungsbeispiele von Zustandsdiagrammen in Java bzw. C# enthalten, sodass auch im Folgenden auf die einzelne Darstellung der Implementierungsmöglichkeiten verzichtet wird.

10.3.2   Event und Transition

Abbildung 10.3 Transition

Beschreibung

> Eine **Transition** (engl. *Transition*) ist eine gerichtete Beziehung zwischen zwei Zuständen und stellt einen **Zustandsübergang vom Quell- zum Zielzustand** dar.

So modelliert die Abbildung 10.3, dass nach dem Zustand Ruhe der Zustand Arbeit betreten wird.

Eine Transition wird durch sogenannte Ereignisse (engl. *Events*) ausgelöst. In jedem aktiven Zustand, in dem sich ein Objekt während seines Lebens befindet, treffen unterschiedliche Events auf das Objekt ein. Das Objekt kann sie ignorieren oder darauf reagieren, indem es eine Aktion durchführt und/oder seinen Zustand ändert. Die Definition der Transition besteht aus den Bestandteilen **Event [Guard]/Effekt**, deren Details im Folgenden dargestellt werden:

▶ **Event**
   Die UML definiert fünf Arten von Events:

   ▶ **Call Event**
      Dies repräsentiert das Empfangen einer Anfrage, eine gewisse Operation durchzuführen. Der aktive Zustand reagiert darauf mit der Ausführung der geforderten Operation und einer eventuellen Transition in einen weiteren Zustand.

Abbildung 10.4 Call Event

Wird im Zustand Ruhe die Operation arbeite aufgerufen, wechselt das Objekt in den Zustand Arbeit (siehe Abbildung 10.4).

▶ **Signal Event**
Ein Signal Event wird ausgelöst (man sagt auch, er »feuert«), wenn das Objekt im aktuellen Zustand ein asynchrones Signal empfängt (siehe auch Abschnitt 9.3.5).

Abbildung 10.5 Signal Event

Empfängt das Objekt im Zustand Ruhe das Signal Chef kommt, wechselt es in den Zustand Arbeit (siehe Abbildung 10.5).

▶ **Change Event**
Ein Change Event wird als ein boolescher Ausdruck mit einem vorangestellten when notiert und ausgelöst, wenn sich einer oder mehrere Attributwerte des Objekts so ändern, dass der Wert des booleschen Ausdrucks von false nach true umschaltet.

Abbildung 10.6 Change Event

Ändern sich im Zustand Ruhe die Attributwerte des Objekts so, dass sein Kontostand < 0 wird, wechselt es in den Zustand Arbeit (siehe Abbildung 10.6).

▶ **Time Event**
Ein Time Event definiert einen Zeitpunkt oder eine Zeitspanne, nach der die spezifizierte Reaktion stattfinden muss.

Abbildung 10.7 Time Event

309

Das Objekt führt in Abbildung 10.7 nach der Mittagspause sofort eine Transition in den Zustand Arbeit durch.

▶ **Any Receive Event**
Die Reaktion auf ein Any Receive Event wird bei allen eintreffenden Events ausgeführt, für die keine gesonderte Reaktion definiert ist. Ein Any Receive Event wird mit dem Schlüsselwort all notiert.

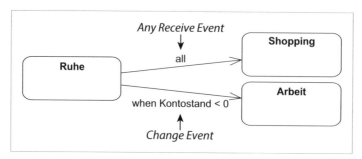

Abbildung 10.8 Any Receive Event

Trifft der Event Kontostand < 0 ein, erfolgt eine Transition vom Zustand Ruhe in den Zustand Arbeit. Trifft ein beliebiges anderes Event ein (all), erfolgt ein Wechsel in den Zustand Shopping (siehe Abbildung 10.8).

Lösen Events dieselbe Transition aus, können sie, durch Kommas getrennt, hintereinander notiert werden (siehe Abbildung 10.9):

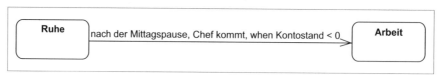

Abbildung 10.9 Mehrere Events an einer Transition

▶ **Guard**
Eine Transition wird nur ausgeführt, wenn ihr Guard zu true ausgewertet wird. Obwohl er ebenfalls mit einem booleschen Ausdruck notiert wird (eingeschlossen in eckigen Klammern), sollte er nicht mit dem Change Event verwechselt werden. Es ist durchaus üblich, dass ein Change Event eine Transition eigentlich triggert, sie aufgrund des Guards jedoch nicht ausgeführt wird.

Abbildung 10.10 Guard

In Abbildung 10.10 würde das Objekt eigentlich bei einem Kontostand < 0 vom Zustand Ruhe zu Arbeit wechseln. Hat es jedoch keine Lust zu arbeiten, wird die Transition nicht ausgeführt.

▶ **Effekt**
Ein Effekt definiert Aktionen, die bei einer Transition ausgeführt werden, und wird nach einem Schrägstrich notiert.

Abbildung 10.11 Effekt

Ist der Kontostand des Objekts kleiner als 0, führt es die Aktion Zur Arbeitsstelle gehen durch und wechselt danach in den Zustand Arbeit (siehe Abbildung 10.11).

Eine Sequenz von Aktionen während einer Transition kann auch auf die folgende Art notiert werden:

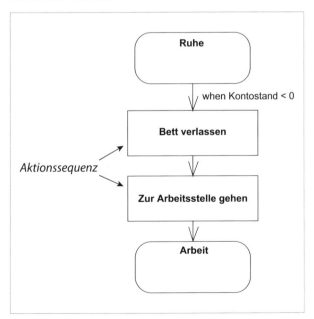

Abbildung 10.12 Aktionssequenz

Nachdem das Objekt realisiert hat, dass sein Kontostand < 0 ist, verlässt es laut dem Zustandsdiagramm aus Abbildung 10.12 sein Bett, geht zu seiner Arbeitsstelle und wechselt in den Zustand Arbeit.

Die UML erlaubt ebenfalls, während einer Transition Signale zu senden und zu empfangen (siehe auch Abschnitt 9.3.5):

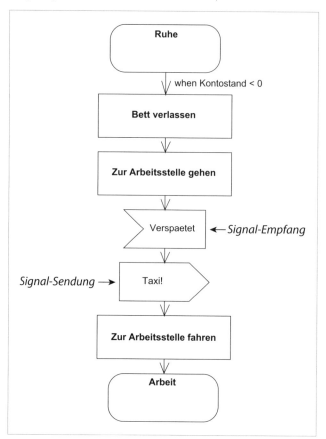

Abbildung 10.13 Signal-Sendung und Signal-Empfang

Nachdem das Objekt das Signal Verspaetet auf seinem Weg zur Arbeit empfangen hat, sendet es das Signal Taxi! und fährt zu seiner Arbeitsstelle (siehe Abbildung 10.13).

Wie bereits zuvor erwähnt wurde, definiert die UML unterschiedliche Arten von Reaktionen, die ein Objekt bei einem Event durchführen kann:

▶ **Ignorieren von Events**
Trifft ein Event auf einen aktiven Zustand, der keinerlei Definition enthält, wie darauf reagiert werden soll, wird es konsumiert (es wird nicht aufbewahrt), löst jedoch keinerlei Reaktion aus.

▶ **Transition zu einem anderen Zustand**
Als Folge des Empfangens eines Events wird eine Transition zu einem anderen Zustand durchgeführt.

► **Interne Aktionen**

Aufgrund eines Events wird lediglich eine Aktion ausgeführt, der Zustand wechselt nicht.

Abbildung 10.14 Interne Aktion

Tritt laut Abbildung 10.14 das Event Wecker klingelt im aktiven Zustand Ruhe ein, wird die Aktion Aufstehen ausgeführt, der Zustand wechselt jedoch nicht.

Die UML definiert zusätzlich drei spezielle Arten von internen Aktionen.

Abbildung 10.15 Spezielle interne Aktionen

► **entry**

Die Aktion wird beim Betreten des Zustands ausgeführt und zu Ende gebracht, bevor jegliche weitere Aktionen aufgerufen werden.

► **do**

Die Aktion startet nach dem Betreten des Zustands (und nach einer eventuellen entry-Aktion) und wird so lange ausgeführt, bis sie endet oder der Zustand wieder verlassen wird.

► **exit**

Vor dem Verlassen eines Zustands, jedoch nach der entry- oder auch der do-Aktion wird die exit-Aktion aufgerufen und vollständig abgearbeitet. Der Zustand kann erst hiernach verlassen werden.

Abbildung 10.15 modelliert, dass beim Betreten des Zustands Ruhe das Objekt sich schlafen legt (entry), es während des gesamten Zustands schläft und vor seinem Verlassen wieder aufwacht.

► **Verzögern von Events**

Ein bestimmtes Event kann verzögert (engl. *deferred*) werden, falls im jeweiligen Zustand nicht darauf reagiert werden soll. Das Event wird aufbewahrt und bei jedem Zustandswechsel dem neuen Zustand angeboten, bis das Objekt einen Zustand erreicht, in dem das verzögerte Event eine Reaktion auslöst und das Event damit »verbraucht« wird.

Abbildung 10.16 Verzögerung eines Events

In Abbildung 10.16 wird das Event arbeite verzögert, wenn das Objekt keine Lust hat.

▶ **Selbst-Transition**
Die Transition erfolgt nicht zu einem anderen Zustand, sondern führt wieder zu ihrem Quellzustand zurück.

Abbildung 10.17 Selbst-Transition

Hat das Objekt im Zustand Arbeit beim Empfang des Events arbeite tatsächlich Lust auf Arbeit, wechselt es erneut in seinen Zustand Arbeit (Abbildung 10.17).

Im Gegensatz zu einer internen Aktion wird der Zustand tatsächlich verlassen. Eventuell definierte exit- bzw. entry-Aktionen werden demnach beim Verlassen bzw. Wiederbetreten des Zustands ausgeführt.

Verwendung

Events und Transitionen erlauben die Modellierung des Verhaltens von Objekten als Reaktionen auf Einflüsse ihrer Umgebung. Wie eingangs dargestellt wurde, kann ein Objekt in Abhängigkeit von seinem Zustand auf die gleichen Einflüsse unterschiedlich reagieren.

10.3.3   Startzustand, Endzustand und Terminator

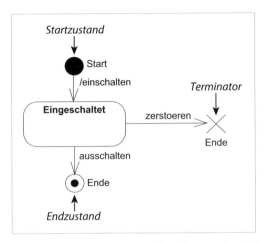

Abbildung 10.18 Startzustand, Endzustand und Terminator

Beschreibung

Der **Startzustand** (engl. *Initial*) stellt den **Startpunkt** des Zustandsautomaten dar.

In einem Zustandsautomaten darf maximal ein Startzustand definiert werden. Nach der Instanziierung eines Objekts beginnt sein »Lebensweg« im Startzustand, wobei dieser sofort verlassen wird. Aus diesem Grund darf die Durchführung einer Transition aus einem Startzustand nicht durch Guards oder Events eingeschränkt werden. Die Durchführung einer Aktion ist gestattet.

Die Ausführung einer **Region oder Ebene von Zuständen** ist beim Erreichen eines **Endzustands** (engl. *Final State*) beendet.

Die Ausführung eines ganzen **Zustandsautomaten** ist beim Erreichen eines **Terminators** (engl. *Terminator*) beendet.

Ein Zustandsautomat kann beliebig viele Endzustände und Terminatoren enthalten. Das Ende der Ausführung eines Zustandsautomaten markiert auch das »Lebensende« des Objekts, dessen Lebensweg der Zustandsautomat beschreibt.

Zustände können weitere Zustände oder Regionen enthalten. (Diese Fähigkeiten werden in Abschnitt 10.3.5 und Abschnitt 10.3.6 detailliert behandelt.) Beim Erreichen eines Endzustands wird nur die Ausführung der Region oder Ebene von Zuständen beendet, in der er sich befindet. Wird er in der höchsten Ebene modelliert, wird bei seinem Erreichen auch die Ausführung des gesamten Zustandsautomaten beendet.

Der Terminator hingegen beendet die Ausführung des gesamten Zustandsautomaten, unabhängig davon, in welcher Ebene oder Region er modelliert wird.

Verwendung

Durch den Einsatz von Start- und Endknoten können Sie den gewünschten Anfangs-zustand bzw. das Ausführungsende des Zustandsautomaten festlegen. Jeder vollstän-dige Zustandsautomat muss einen Start- und mindestens einen Endknoten besitzen.

Der Terminator wird zumeist eingesetzt, um einen abrupten Abbruch zu erzwingen, was beispielsweise in schwerwiegenden Fehlerfällen wünschenswert sein kann.

10.3.4   Entscheidung und Kreuzung

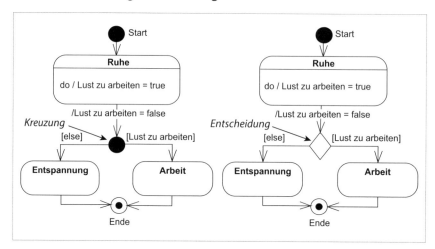

Abbildung 10.19 Entscheidung und Kreuzung

Beschreibung

> Eine **Kreuzung** (engl. *Junction*) modelliert eine **Hintereinanderschaltung** von **Transi-tionen.**

Kreuzungen können verwendet werden, um mehrere eingehende Transitionen zu einer ausgehenden zu transformieren. Umgekehrt kann eine eingehende Transition in mehrere mit Guards überwachte Transitionen aufgeteilt werden, wodurch eine Art **statische Verzweigung** modelliert wird. »Statisch« bedeutet in diesem Fall, dass die Entscheidung über die ausgehende Transition bereits *vor dem Erreichen* der Kreu-zung getroffen wird.

> **Entscheidungen** (engl. *Choices*) modellieren **dynamische Verzweigungen**.

Eine eingehende Transition wird an einer Entscheidung in mehrere mit Guards über-wachte Transitionen aufgeteilt. Im Unterschied zu einer Kreuzung (statisch) wird die ausgehende Transition dynamisch erst *beim Erreichen* der Entscheidung ausgewählt.

Der Unterschied zwischen einer statischen und dynamischen Entscheidung lässt sich anhand von Abbildung 10.19 verdeutlichen. Nach dem Start wird sowohl im rechten wie im linken Zustandsdiagramm im Zustand Ruhe das Attribut Lust zu arbeiten auf true gesetzt. Die ausgehende Transition setzt es wieder auf false.

Im rechten Zustandsdiagramm wird *zunächst* die ausgehende Transition ausgeführt, der Attributwert also auf false gesetzt, bevor an der Entscheidung die nächste Transition bestimmt wird. Der nächste Zustand würde hier Entspannung sein.

Im linken Zustandsdiagramm wird die Auswahl der nächsten Transition bereits beim Verlassen des Zustands Ruhe getroffen. Der Attributwert von Lust zu arbeiten ist an dieser Stelle noch true, sodass die Transition zum Zustand Arbeit gewählt wird.

Damit kann das linke Zustandsdiagramm auch so notiert werden, wie in Abbildung 10.20 dargestellt.

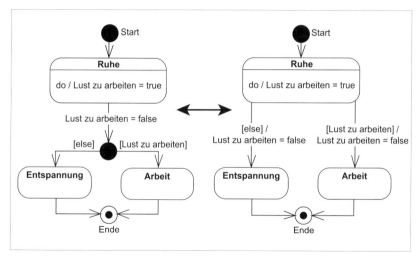

Abbildung 10.20 Ersetzung der Kreuzung durch äquivalente Transitionen

Die Zustandsdiagramme aus Abbildung 10.20 sind semantisch äquivalent.

Verwendung

Entscheidungen werden zur Modellierung alternativer »Lebenswege« eines Objekts eingesetzt. Achten Sie darauf, dass die Guards an den ausgehenden Transitionen die Übergangsbedingungen erschöpfend und disjunkt definieren. Ist dies nicht möglich oder zu aufwendig, fügen Sie einen Guard hinzu, der alle sonstigen Übergangsbedingungen zusammenfasst ([else]).

Kreuzungen können sowohl als dynamische Entscheidungen wie auch zur Zusammenfassung und Verzweigung von Transitionen verwendet werden. Ihre größten Vorteile offenbaren sich bei vielen sich kreuzenden Transitionen, deren Struktur durch den Einsatz von Kreuzungen deutlich vereinfacht wird.

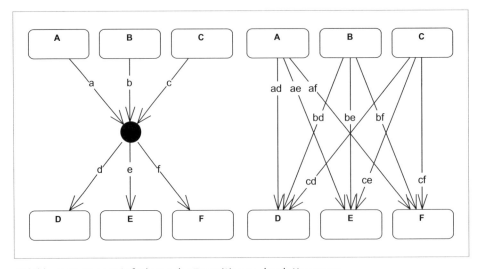

Abbildung 10.21 Vereinfachung der Transitionen durch Kreuzung

Beide Zustandsdiagramme aus Abbildung 10.21 drücken dasselbe aus. Die meisten Leser dürften jedoch das linke Zustandsdiagramm, in dem eine Kreuzung verwendet wird, als übersichtlicher und lesbarer empfinden.

10.3.5   Zusammengesetzter Zustand

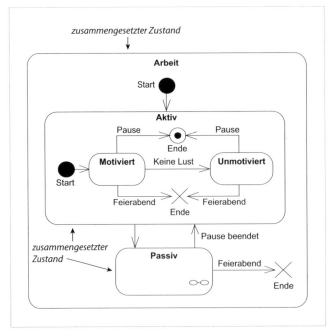

Abbildung 10.22 Zusammengesetzte Zustände

Beschreibung

> **Zusammengesetzte Zustände** (engl. *Composite States*) modellieren Hierarchien von Zuständen.

Abbildung 10.22 zeigt drei solche zusammengesetzte Zustände:

▶ Arbeit
Dieser Zustand besteht aus einem Start- und Endzustand sowie aus den Zuständen Passiv und Aktiv. Der Letztere wird sofort nach der Aktivierung des Zustands Arbeit betreten.

▶ Aktiv
Neben einem Start- und Endzustand und einem Terminator (siehe auch Abschnitt 10.3.3) beinhaltet Aktiv die Zustände Motiviert und Unmotiviert. Anhand dieses Beispiels wird der Unterschied zwischen einem Endzustand, der nur das Verlassen des Zustands Aktiv bewirkt, und einem Terminator, der das Verlassen des gesamten Zustandsautomaten veranlasst, noch deutlicher.

Unmittelbar nach dem Betreten des Aktiv-Zustands erfolgt eine Transition in den Zustand Motiviert. Hat das Objekt Keine Lust, wechselt es in den Zustand Unmotiviert. Beim Event Feierabend wird die Ausführung des gesamten Zustandsautomaten abgebrochen, bei Pause nur der Zustand Aktiv, und es erfolgt eine Transition in den Zustand Passiv.

▶ Passiv
Passiv ist ebenfalls ein zusammengesetzter Zustand, der weitere Unterzustände beinhaltet. Erkennbar ist dies an den zwei kleinen verbundenen Zuständen (»Versteckte Dekomposition«-Symbol). Seine inneren Zustände sind in diesem Diagramm ausgeblendet und müssen in einem separaten Zustandsdiagramm spezifiziert werden.

Wird in diesem Zustand das Event Pause beendet empfangen, erfolgt ein Wechsel in den Zustand Aktiv; bei Feierabend wird die Ausführung des Zustandsautomaten beendet.

In einem hierarchischen Zustandsdiagramm, wie es durch zusammengesetzte Zustände entsteht, können mehrere Zustände, die in einer hierarchischen Beziehung zueinander stehen, gleichzeitig aktiv sein. Ist beispielsweise in Abbildung 10.22 der Zustand Motiviert aktiv, sind gleichzeitig alle Zustände, die in derselben hierarchischen Beziehung über ihm stehen, aktiviert (in diesem Fall Aktiv und Arbeit).

Ein zusammengesetzter Zustand kann auf fünf unterschiedliche Arten betreten werden (siehe Abbildung 10.23). Beachten Sie bitte, dass es sich hierbei um kein korrektes Zustandsdiagramm handelt, da es mehrere Startpunkte auf einer Ebene enthält. Es erfüllt jedoch seinen Zweck als anschauliches Beispiel.

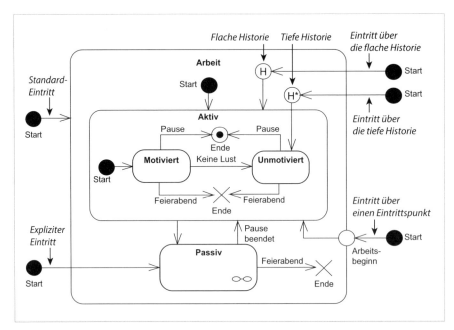

Abbildung 10.23 Fünf Arten, einen zusammengesetzten Zustand zu betreten

▶ **Standard-Eintritt** (engl. *Default Entry*)
Die Transition endet am Rand des zusammengesetzten Zustands, womit der modellierte Startzustand angesprungen und die Transition zum Zustand `Aktiv` durchgeführt wird.

▶ **Expliziter Eintritt** (engl. *Explicit Entry*)
Die Transition durchbricht den Rand des zusammengesetzten Zustands und führt direkt zu einem speziellen Unterzustand. Hierdurch wird der vorgegebene Startzustand umgangen und ein expliziter Unterzustand aktiv (im Beispiel der Abbildung 10.23: `Passiv`).

▶ **Eintritt über die flache Historie** (engl. *Shallow History Entry*)
Die Transition durchbricht den Rand eines zusammengesetzten Zustands und führt zum Notationselement der flachen Historie (ein `H` umgeben von einem Kreis). Wurde der zusammengesetzte Zustand bereits betreten, wird damit der letzte vor dem Verlassen des Zustands aktive Unterzustand *der obersten Ebene* betreten. In unserem Beispiel könnte dies `Aktiv` oder `Passiv` sein.

Bei erstmaligem Betreten des zusammengesetzten Zustands wird die von der flachen Historie ausgehende Transition ausgeführt.

▶ **Eintritt über die tiefe Historie** (engl. *Deep History Entry*)
Die Transition durchbricht den Rand eines zusammengesetzten Zustands und führt zum Notationselement der tiefen Historie (ein `H*` umgeben von einem Kreis). Wurde der zusammengesetzte Zustand bereits betreten, wird damit der

letzte vor dem Verlassen des Zustands aktive Unterzustand *der tiefstmöglichen Ebene* betreten. In unserem Beispiel könnte dies Motiviert, Unmotiviert oder einer der nicht gezeigten Unterzustände von Passiv sein.

Bei erstmaligem Betreten des zusammengesetzten Zustands wird die von der tiefen Historie ausgehende Transition ausgeführt.

Flache und tiefe Historie stellen damit eine Art Gedächtnis von Zustandsautomaten dar.

▶ **Eintritt über einen Eintrittspunkt** (engl. *Entry Point Entry*)
Die Transition endet am Eintrittspunkt eines zusammengesetzten Zustands, womit die den Eintrittspunkt verlassende Transition ausgeführt wird (in Abbildung 10.23 zum Zustand Aktiv).

Umgekehrt ist es erwartungsgemäß auch möglich, einen zusammengesetzten Zustand auf unterschiedliche Arten zu verlassen:

▶ **Austritt über Endzustand**
Der Endzustand beendet lediglich die Ausführung des zusammengesetzten Zustands, der ihn enthält.

In Abbildung 10.24 kann der Unterzustand Aktiv durch den Endzustand Ende beendet werden. Daraufhin wird die Transition zum Zustand Passiv ausgeführt.

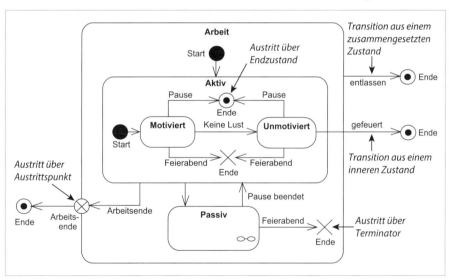

Abbildung 10.24 Fünf Arten, einen zusammengesetzten Zustand zu verlassen

▶ **Austritt über Terminator**
Durch den Terminator wird jeder Zustand »verlassen«, da die Ausführung des gesamten Zustandsautomaten beendet wird und damit der modellierte Lebensweg des Objekts endet.

▶ **Transition aus einem zusammengesetzten Zustand**
Empfängt ein zusammengesetzter Zustand ein Event, das eine ausgehende Transition aktiviert, werden die inneren Zustände und der zusammengesetzte Zustand verlassen.

Der Zustand Arbeit aus Abbildung 10.24 wird beim Empfangen des Events entlassen verlassen.

▶ **Transition aus einem inneren Zustand**
Empfängt ein innerer Zustand ein Event, das eine Transition aktiviert, die aus dem zusammengesetzten Zustands herausführt, wird dieser ebenfalls verlassen.

In Abbildung 10.24 reagiert der Zustand Unmotiviert auf das Event gefeuert mit dem Verlassen des gesamten zusammengesetzten Zustands Arbeit.

▶ **Austritt über Austrittspunkt** (engl. *Exit Point Exit*)
Nach der Ausführung einer Transition zu einem Austrittspunkt des zusammengesetzten Zustands wird dieser verlassen, und die vom Austrittspunkt ausgehende Transition wird ausgeführt (in Abbildung 10.24 zum Endzustand Ende).

Verwendung

Zusammengesetzte Zustände erlauben es Ihnen, ein und dasselbe Zustandsdiagramm mit unterschiedlichen Abstrahierungsgraden zu modellieren. Ausgehend von einer groben Sicht auf das Zustandsdiagramm, kann es in iterativen Schritten verfeinert und detailliert werden.

Das »Ausblenden« von internen Zuständen ermöglicht andersherum auch das Herauszoomen aus dem Diagramm.

10.3.6 Region

Abbildung 10.25 Region

Beschreibung

> **Regionen** (engl. *Regions*) **teilen** zusammengesetzte Zustände oder ganze Zustands-
> automaten **in disjunkte Bestandteile** auf.

Jede Region kann einen eigenen Start- und mehrere eigene Endzustände haben. Wird
eine Region betreten, werden standardmäßig alle Startzustände aktiv und führen
nebenläufig die modellierten Transitionen zu den nachfolgenden Zuständen durch.
(Transitionen zwischen unterschiedlichen Regionen sind verboten.)

Endzustände bewirken das Verlassen der jeweiligen Region, in der sie sich befinden.
Der gesamte zusammengesetzte Zustand oder Zustandsautomat wird nur verlassen,
nachdem alle Regionen ihre Endzustände erreicht haben. Erreicht eine der Regionen
jedoch einen Terminator, wird der gesamte Zustandsautomat oder zusammengesetzte Zustand verlassen.

Abbildung 10.25 modelliert einen Zustand Restaurantbesuch mit zwei Regionen, die
mit den optionalen Namen Geist und Koerper ausgezeichnet sind.

Nach dem Aktivieren des orthogonal zusammengesetzten Zustands (wie ein Zustand
mit Regionen auch bezeichnet wird) befindet sich der Geist im Zustand Angespannt.
Nachdem er sich entspannt hat, wechselt er in den Zustand Entspannung und erreicht
den Endzustand seiner Region.

Parallel hierzu wechselt der Koerper in den Zustand Hungrig, in dem die andauernde
Aktion essen ausgeführt wird, wonach der Zustand Gesaettigt und anschließend der
Endzustand der Region erreicht wird.

Das Betreten und Verlassen von Regionen kann ebenfalls mithilfe von **Gabelungen**
(engl. *Fork*) und **Vereinigungen** (engl. *Join*, siehe auch Abschnitt 9.3.9) notiert werden.

Abbildung 10.26 Gabelung und Vereinigung

Abbildung 10.25 und Abbildung 10.26 sind semantisch äquivalent.

Verwendung

Mithilfe von Regionen können gleichzeitig auftretende Zustände eines Objekts modelliert werden. Am häufigsten wird davon bei der Zustandsmodellierung von inneren Bestandteilen von Klassen Gebrauch gemacht.

10.3.7   Rahmen eines Zustandsautomaten

Beschreibung

> Ein **Zustandsautomat** kann **von einem Rahmen** (engl. *Frame*) **umfasst** und benannt werden. Das Kürzel **sm** steht für state machine, die englische Bezeichnung für einen Zustandsautomaten.

Durch die Umrahmung und Benennung ermöglicht man die Referenz des Zustandsautomaten in weiteren Zustandsautomaten.

Hierzu können statt Start- und Endzuständen **Eintritts- und Austrittspunkte** (engl. *Entry Points/Exit Points*) definiert werden, wodurch die Folge der Transitionen für die Wiederverwendung noch klarer wird (siehe Abbildung 10.28).

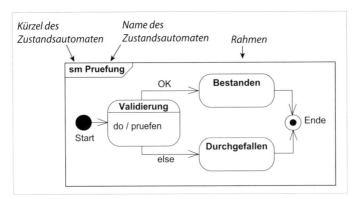

Abbildung 10.27 Rahmen eines Zustandsautomaten

Abbildung 10.28 Zustandsautomat mit Eintritts- und Austrittspunkten

Der Zustandsautomat Pruefung wird durch den Eintrittspunkt Pruefbeginn betreten (siehe Abbildung 10.28). Verlassen wird er entweder über den Austrittspunkt Bestanden oder Durchgefallen.

Nun kann der Zustandsautomat sehr einfach wiederverwendet werden (siehe Abbildung 10.29).

Der wiederverwendete Zustandsautomat wird als ein einfacher Zustand modelliert und über Eintritts- bzw. Austrittspunkte betreten und wieder verlassen (siehe Abbildung 10.29). Hinter seiner Zustandsbezeichnung wird, durch einen Doppelpunkt getrennt, der Name des Zustandsautomaten notiert, der wiederverwendet wird. Die Notation deutet damit auf eine Art Instanziierung eines Zustandsautomaten hin, wie sie Ihnen bereits aus Klassen (siehe Kapitel 2) und Objekten (siehe Kapitel 3) bekannt sein dürfte.

Zustände, die einen Zustandsautomaten wiederverwenden, werden auch als **Unterzustandsautomatenzustände** (engl. *Submachine States*) bezeichnet.

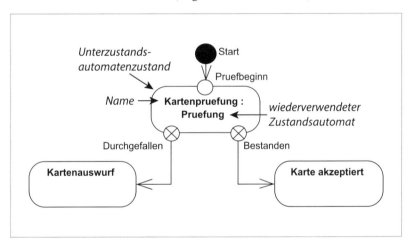

Abbildung 10.29 Unterzustandsautomatenzustand

Verwendung

Zustandsdiagramme können in der UML konsistent in weiteren Zustandsdiagrammen wiederverwendet werden. Man erreicht dies durch die Modellierung von Rahmen, Eintritts- und Austrittspunkten und Unterzustandsautomatenzuständen.

Die Verwendung von Unterzustandsautomaten strukturiert das Modell hierarchisch auf unterschiedlichen Abstraktionsstufen und macht es überschaubarer, lesbarer und verständlicher.

10.3.8   Generalisierung/Spezialisierung

Abbildung 10.30 Einfacher Parkautomat

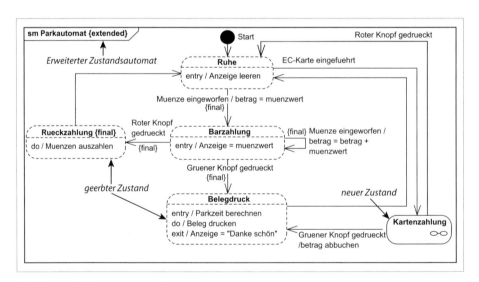

Abbildung 10.31 Erweiterter Parkautomat

Beschreibung

Zustandsdiagramme können **generalisiert** und **spezialisiert** werden (siehe auch Abschnitt 2.3.12).

Ein spezialisierendes Zustandsdiagramm erbt alle Elemente des generalisierenden Zustandsdiagramms und darf weitere Elemente (Regionen, Zustände, Transitionen) hinzufügen bzw. neu definieren, wobei die folgenden Regeln einzuhalten sind:

▶ Ein einfacher Zustand kann zu einem zusammengesetzten Zustand oder durch Regionen erweitert werden.

▶ Zustände und Transitionen einer Region können durch neue Zustände und Transitionen ersetzt werden.

▶ Neue Zustände und Transitionen können hinzugefügt werden.

▶ Ein zusammengesetzter Zustand kann durch weitere Unterzustände oder Regionen erweitert werden.

▶ Einem zusammengesetzten Zustand können Ein- und Austrittspunkte hinzugefügt werden.

▶ Ein Unterzustandsautomatenzustand kann durch einen Unterzustandsautomatenzustand ersetzt werden, der dieselben Eintritts- und Austrittspunkte besitzt (weitere dürfen hinzugefügt werden).

▶ Der Zielzustand einer bestehenden Transition kann im spezialisierenden Zustandsdiagramm verändert werden, ihr Quellzustand und Event nicht.

▶ Zustände, Transitionen und Regionen, die durch Spezialisierung nicht mehr überschrieben und verändert werden sollen, müssen mit dem Schlüsselwort {final} gekennzeichnet werden.

Abbildung 10.30 und Abbildung 10.31 zeigen ein Beispiel für die Spezialisierung von ganzen Zustandsdiagrammen.

Das Zustandsdiagramm aus Abbildung 10.30 modelliert einen einfachen Parkautomaten, der einige seiner Elemente mit {final} und damit nicht veränderbar markiert.

Nach dem Start befindet er sich zunächst im Ruhe-Zustand. Sobald eine Muenze eingeworfen wird, merkt er sich den betrag und wechselt in den Zustand Barzahlung, in dem so lange Muenzen eingeworfen werden können, bis der Benutzer einen roten Knopf (gleichzusetzen mit einem Abbruch) oder einen gruenen Knopf drückt, der als Bestätigung aufgefasst wird.

Wird der rote Knopf gedrückt, erfolgt eine Auszahlung der bisher eingeworfenen Münzen. Nach der Betätigung des grünen Knopfs berechnet der Parkautomat die bezahlte Parkzeit, druckt einen Beleg aus und wechselt wieder in den Ruhe-Zustand.

Das Zustandsdiagramm aus Abbildung 10.31 spezialisiert den Parkautomaten aus Abbildung 10.30, was am Schlüsselwort {extended} erkennbar ist. Die geerbten Zustände können an ihrem gestrichelten Rand erkannt werden.

Der Zustand Rueckzahlung ist unverändert übernommen worden (er hätte aufgrund des {final}-Schlüsselwortes auch nicht verändert werden dürfen), wohingegen die

Zustände Ruhe, Barzahlung und Belegdruck um die Aufgabe, eine Anzeige zu verwalten, erweitert worden sind. Der Parkautomat ist mithilfe des neu hinzugefügten zusammengesetzten Zustands Kartenzahlung um die Fähigkeit bereichert worden, die Parkgebühr mit einer EC-Karte zu begleichen.

Verwendung

Die Spezialisierung von Zustandsautomaten erlaubt, vollständig definierte Lebensabläufe wiederzuverwenden. Häufig werden bewusst kleinere Lebensabschnitte von Objekten in eigenen Zustandsdiagrammen modelliert, um sie konsistent im gesamten Softwareprojekt und darüber hinaus wiederzuverwenden. Typische Kandidaten hierfür sind beispielsweise Prüfungen von Objekten oder auch die Modellierung einer Benutzerführung.

10.3.9   Zustandsdiagramm in Java

In den vorangegangenen Abschnitten wurden bereits alle Sprachkonstrukte einzeln vorgestellt, um ein Zustandsdiagramm in Java implementieren zu können. Aus diesem Grund soll Ihnen in diesem Abschnitt ein zusammenhängendes Beispiel eine Möglichkeit zur Realisierung von Zustandsdiagrammen in Java präsentieren.

Als Umsetzungsvorschrift soll der einfache Parkautomat aus Abschnitt 10.3.8 verwendet werden, der für dieses Beispiel näher an der Implementierung modelliert wird:

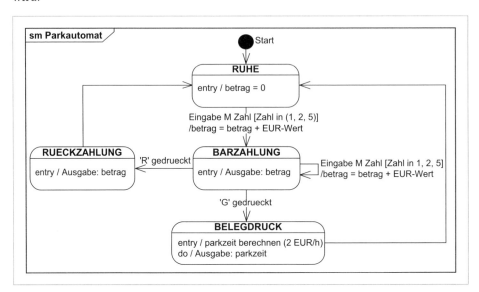

Abbildung 10.32 Beispiel-Parkautomat

Nach dem Start des Parkautomaten aus Abbildung 10.32 wechselt er sofort in den RUHE-Zustand, wo betrag zunächst auf 0 gesetzt wird. Der betrag wird nach der Eingabe eines M (für »Münze«) und darauffolgender 1, 2 oder 5 erhöht, und es wird eine Transition in den Zustand BARZAHLUNG durchgeführt, wo der betrag zunächst ausgegeben wird.

Jede weitere Eingabe einer M1, M2 oder M5 erhöht den betrag um den entsprechenden Wert. Ein R (für »Rot«) bricht den Zustand ab und erzwingt einen Übergang zu RUECK-ZAHLUNG, wo der betrag ausgegeben wird und ein anschließender Wechsel in den RUHE-Zustand stattfindet.

Nach einem G (»Grün«) erfolgt eine Transition zum Zustand BELEGDRUCK, der die parkzeit berechnet, sie ausgibt und unmittelbar in den RUHE-Zustand übergeht.

Zusätzlich (nicht modelliert) soll bei jedem Eintritt in einen Zustand sein Name ausgegeben werden, um den Parkautomaten einfacher bei seiner Arbeit beobachten zu können.

Ein Event wird als eine eigenständige Klasse realisiert, die sowohl eine Nachricht (msg) als auch einen Wert (value) aufnehmen kann:

```java
class Event
{
  public char msg;
  public int value;
  public Event(char m, int v)
  {
    msg = m;
    value = v;
  }
}
```

Listing 10.1 /beispiele/java/kap10/kap_10_3_9/Event.java
(Download der Beispiele: www.rheinwerk-verlag.de/4546)

Auch der Parkautomat wird als eine eigenständige Klasse umgesetzt:

```java
class Parkautomat
{

  private final int RUHE         = 0; ❶
  private final int BARZAHLUNG   = 1;
  private final int RUECKZAHLUNG = 2;
  private final int BELEGDRUCK   = 3;
  private int ZUSTAND; ❷
  private int betrag;
```

```
    private BufferedReader buffReader;  ❸
    [...]
}
```

Listing 10.2 /beispiele/java/kap10/kap_10_3_9/Parkautomat.java

❶ Alle möglichen Zustände, die der Parkautomat einnehmen kann, werden als Attribute realisiert.

❷ Weiterhin merkt sich der Parkautomat seinen aktuellen ZUSTAND sowie den bereits gezahlten betrag.

❸ Ein BufferedReader zum Einlesen der Benutzereingaben wird deklariert.

Im Konstruktor des Parkautomaten muss lediglich der BufferedReader instanziiert werden:

```
public Parkautomat()
{
  buffReader =
      new BufferedReader(new InputStreamReader(System.in));
}
```

Eine Operation getEvent fungiert als Schnittstelle zwischen dem Benutzer und dem Parkautomaten. Sie liest in unserem Falle lediglich die Eingaben des Benutzers ein und gibt sie als Event zurück:

```
private Event getEvent()
{
  String input=null;

  while(true)  ❶
  {

    try  ❷
    {
      System.out.print("Event: ");
      input = buffReader.readLine();
    }
    catch(Exception e)
    {
      e.printStackTrace();
    }

    switch(input.charAt(0))  ❸
    {
```

```
      case 'M':
        switch(input.charAt(1))
        {
          case '1':
          case '2':
          case '5':
            return new Event(input.charAt(0),
                                input.charAt(1)-'0');
          default:
            break;
        }
        break;
      case 'G':
      case 'R':
        return new Event(input.charAt(0), 0);
      default:
        break;
    }
  }
}
```

Listing 10.3 /beispiele/java/kap10/kap_10_3_9/Parkautomat.java

❶ In einer Schleife ...

❷ ... wird so lange die Benutzereingabe eingelesen, ...

❸ ... bis sie als ein gültiges Event erkannt wird.

In einzelnen Operationen werden die modellierten Aufgaben eines jeden Zustands implementiert:

```
private int RUECKZAHLUNG() ❶
{
  System.out.println("\nZustand: RUECKZAHLUNG");
  System.out.println("Rückzahlung: "+betrag); ❷
  return RUHE; ❸
}
```

Listing 10.4 /beispiele/java/kap10/kap_10_3_9/Parkautomat.java

❶ Die Operation RUECKZAHLUNG übernimmt alle Aufgaben des Zustands RUECKZAHLUNG.

❷ Dem Zustandsdiagramm folgend wird beim Betreten des Zustands sofort der Auszahlungsbetrag ausgegeben.

❸ Der Zustand, in den gewechselt werden soll, wird zurückgegeben.

Im Zustand BELEGDRUCK wird die parkzeit berechnet und ausgegeben. Unmittelbar danach wird der Zustand sofort wieder in Richtung RUHE verlassen:

```java
private int BELEGDRUCK()
{
  System.out.println("\nZustand: BELEGDRUCK");
  double parkzeit = ((float)betrag)/2.0;
  System.out.println("Parkzeit: "+parkzeit+" h");
  return RUHE;
}
```

Listing 10.5 /beispiele/java/kap10/kap_10_3_9/Parkautomat.java

Der RUHE-Zustand:

```java
private int RUHE()
{
  Event e;
  System.out.println("\nZustand: RUHE");

  betrag = 0; ❶

  while(ZUSTAND == RUHE) ❷
  {

    e = getEvent(); ❸

    switch (e.msg) ❹
    {

      case 'M': ❺
        betrag = betrag + e.value;
        return BARZAHLUNG;
      default: ❻
        break;
    }
  }

  return RUHE; ❼
}
```

Listing 10.6 /beispiele/java/kap10/kap_10_3_9/Parkautomat.java

❶ Sofort nach dem Betreten des Zustands wird seine entry-Aktion ausgeführt.

❷ Solange der Parkautomat sich im RUHE-Zustand befindet, …

❸ … wartet er auf den Empfang eines Events und …

❹ … führt in Abhängigkeit davon eine Reaktion aus.

❺ Das Zustandsdiagramm aus Abbildung 10.32 modelliert, dass im RUHE-Zustand nur auf die Eingabe einer M1, M2 oder M5 reagiert werden soll. Die Reaktion umfasst das Setzen des betrag-Attributs und den Wechsel in den Zustand BARZAHLUNG.

❻ Andere Events werden zwar konsumiert, jedoch verworfen.

❼ Sollte irgendein unerwarteter Fehlerfall auftreten, der nicht vorhersehbar ist, bleibt der Automat im RUHE-Zustand.

Der Zustand BARZAHLUNG muss auf die meisten Events reagieren:

```java
private int BARZAHLUNG()
{
  Event e;
  System.out.println("\nZustand: BARZAHLUNG");

  System.out.println("Betrag: "+betrag); ❶
  while(ZUSTAND == BARZAHLUNG)
  {
    e = getEvent();
    switch (e.msg)
    {
      case 'M': ❷
        betrag = betrag + e.value;
        return BARZAHLUNG;
      case 'G': ❸
        return BELEGDRUCK;
      case 'R': ❹
        return RUECKZAHLUNG;
      default:
        break;
    }
  }
  return RUHE;
}
```

Listing 10.7 /beispiele/java/kap10/kap_10_3_9/Parkautomat.java

333

❶ Direkt nach dem Betreten des Zustands wird seine entry-Aktion ausgeführt: Ausgabe des Attributs betrag.

❷ Auf die Eingabe einer M1, M2 oder M5 soll mit der Addition des values zum bisherigen betrag reagiert werden. Der Parkautomat »wechselt« zurück in den Zustand BARZAHLUNG. Das modellierte Verlassen und darauffolgende Betreten des Zustands wird durch die Rückgabe von BARZAHLUNG realisiert.

❸ Die Eingabe eines G für Grün bewirkt den Wechsel in den Zustand BELEGDRUCK, ...

❹ ... die eines R den Wechel zu RUECKZAHLUNG.

Zuallerletzt fehlt noch eine Operation, die alle Zustände zu einem Zustandsautomaten zusammenführt:

```java
public void start()
{

  ZUSTAND = RUHE; ❶

  while(true) ❷
  {

    switch (ZUSTAND) ❸
    {

      case RUHE: ❹
        ZUSTAND = RUHE();
        break;
      case BARZAHLUNG:
        ZUSTAND = BARZAHLUNG();
        break;
      case BELEGDRUCK:
        ZUSTAND = BELEGDRUCK();
        break;
      case RUECKZAHLUNG:
        ZUSTAND = RUECKZAHLUNG();
        break;
      default: ❺
        System.out.println("FEHLER");
        ZUSTAND = RUHE;
        break;
    }
  }
}
```

Listing 10.8 /beispiele/java/kap10/kap_10_3_9/Parkautomat.java

❶ Sofort nach dem `Start` wird eine Transition in den Zustand RUHE durchgeführt.

❷ Das Zustandsdiagramm aus Abbildung 10.32 definiert keinen Endzustand. Damit soll der Parkautomat »unendlich« laufen, was mithilfe einer »Endlosschleife« realisiert wird.

❸ In Abhängigkeit vom aktuellen ZUSTAND ...

❹ ... wird die zugehörige Operation aufgerufen. Der Rückgabewert der Operation ist der neue Zustand des Parkautomaten.

❺ Sollte der Parkautomat in einen undefinierten Zustand geraten, wird eine kurze Fehlermeldung ausgegeben und sofort wieder in den RUHE-Zustand gewechselt.

Die folgenden Zeilen stellen ein Beispiel für die Interaktion mit dem Parkautomaten dar:

```
Zustand: RUHE
Event: M2
Zustand: BARZAHLUNG
Betrag: 2
Event: M5
Zustand: BARZAHLUNG
Betrag: 7
Event: G
Zustand: BELEGDRUCK
Parkzeit: 3.5 h
Zustand: RUHE
Event:
```

10.3.10   Zustandsdiagramm in C#

C# erlaubt wie Java die Implementierung des Parkautomaten aus Abbildung 10.32 auf die beschriebene Art, die für *jeden Zustand eine zugehörige Operation* bereitstellt.

Ein Zustandsautomat kann aber auch realisiert werden, indem für *jedes Event eine Operation* bereitgestellt wird. Die folgenden Seiten sollen Ihnen auch diese Realisierungsart vorstellen.

Zur Erinnerung wird der zu realisierende Parkautomat nochmals dargestellt:

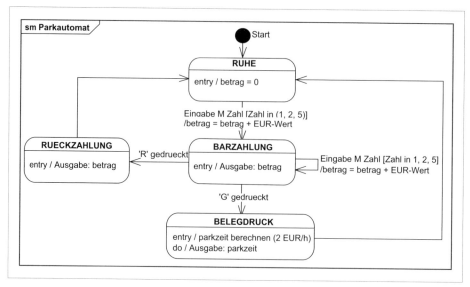

Abbildung 10.33 Beispiel-Parkautomat

Ein Event wird als Operation realisiert, die abhängig von der jeweiligen Eingabe aufgerufen wird.

In einem reellen Parkautomaten würde man wohl die eigentliche (Geschäfts-)Logik von der (hardwarenahen) Eingabeverarbeitung trennen und die Operationen an (.NET-)Events binden.

Der Parkautomat wird als eine Klasse realisiert. Ähnlich der Implementierung in Java werden zunächst Konstanten für die erlaubten Zustände deklariert. Dies geschieht durch Benutzung des Typs enum.

```
class Parkautomat
{
    enum ZustandsWerte  ❶
    {
        Ruhe,
        Barzahlung,
        Rueckzahlung,
        Belegdruck
    }

    private ZustandsWerte _Zustand = ZustandsWerte.Ruhe;  ❷
    private ZustandsWerte Zustand
    {
        get => _Zustand;
        set
        {
```

```
            Console.WriteLine($"Neuer Zustand: {value}");
            _Zustand = value;
        }
    }
    private int betrag = 0;
...
}
```

Listing 10.9 /beispiele/c#/kap10/kap_10_3_10/Kap_10_3_10.cs

❶ Die Zustände werden als enum realisiert.

❷ Der Zustand des Automaten wird als Property realisiert. Das erlaubt es, Zustands-
änderungen auszugeben. Der bereits eingezahlte Betrag wird in dem Feld betrag
abgelegt.

Zunächst werden zwei Hilfsoperationen implementiert. ZeigeZustand gibt lediglich
den aktuellen Zustand des Parkautomaten und den aktuellen Betrag aus:

```
private void ZeigeZustand()
{
    Console.WriteLine($"Zustand: {Zustand}");
    Console.WriteLine($"Betrag: {betrag} Euro");
}
```

Listing 10.10 /beispiele/c#/kap10/kap_10_3_10/Kap_10_3_10.cs

NaechsteEingabe erfragt vom Benutzer so lange eine Eingabe, bis eine gültige Eingabe
erfolgt:

```
private void NaechsteEingabe()
{
    string input = null;

    Console.Write("Eingabe: ");
    input = Console.ReadLine();

    switch (input.ToCharArray()[0])
    {
        case 'M':
            if (input.Length == 2)
            {
                switch (input.ToCharArray()[1])
                {
                    case '1':
                    case '2':
                    case '5':
```

```
            MuenzEingabe(input.ToCharArray()[1] - '0'); ❶
            break;
        default:
            Console.WriteLine("Ungültige Münzeingabe");
            break;
        }
    }
    break;
case 'G':
    GruenGedrueckt(); ❶
    break;
case 'R':
    RotGedrueckt(); ❶
    break;
}
}
```

Listing 10.11 /beispiele/c#/kap10/kap_10_3_10/Kap_10_3_10.cs

❶ Wird eine gültige Eingabe erkannt, wird die für die jeweilige Eingabe relevante Operation aufgerufen: MuenzEingabe, GruenGedrueckt, RotGedrueckt

Für jede einzelne Eingabe wird nun eine eigenständige Operation implementiert:

```
private void RotGedrueckt() ❶
{
    Zustand = ZustandsWerte.Rueckzahlung;
    VerarbeiteRueckzahlung();
}

private void VerarbeiteRueckzahlung() ❷
{
    Console.WriteLine("Zahle Geld aus...");
    Console.WriteLine($"Auszahlungsbetrag: {betrag} Euro");
    betrag = 0;
    Zustand = ZustandsWerte.Ruhe;
}
```

Listing 10.12 /beispiele/c#/kap10/kap_10_3_10/Kap_10_3_10.cs

❶ Die Operation RotGedrueckt realisiert die Reaktion des Parkautomaten auf die Eingabe »Rot«. Sie setzt den Zustand und startet die Verarbeitung der Rueckzahlung.

❷ Die Auszahlung wird verarbeitet, indem der aktuelle Betrag ausgegeben und dann der betrag auf 0 gesetzt wird, um anschließend den Automaten wieder in den Zustand Ruhe zu versetzen.

Diese Logik könnte auch in die Methode RotGedruckt verlagert werden. Durch die Realisierung als getrennte Methode wird aber die Methode RotGedruckt leichter lesbar (Stichwort »Clean Code«), außerdem könnte die Auszahlung leichter durch zukünftige andere Events (z. B. zu viel Geld eingeworfen) veranlasst werden.

Behandlung der Eingabe »Grüner Knopf gedrückt«:

```csharp
private void GruenGedrueckt()
{
    Zustand = ZustandsWerte.Belegdruck;
    VerarbeiteBelegdruck();
}
private void VerarbeiteBelegdruck()
{
    Console.WriteLine("Drucke Beleg...");
    float parkzeit = ((float)betrag) / 2;
    Console.WriteLine("Parkzeit: " + parkzeit + " h");
    betrag = 0;
    Zustand = ZustandsWerte.Ruhe;
}
```

Listing 10.13 /beispiele/c#/kap10/kap_10_3_10/Kap_10_3_10.cs

Reaktion auf das Event MUENZE:

```csharp
private void MuenzEingabe(int eingabeBetrag)
{
    switch (Zustand)
    {
        case ZustandsWerte.Ruhe:
        case ZustandsWerte.Barzahlung:
            Zustand = ZustandsWerte.Barzahlung;
            VerarbeiteGeldeingabe(eingabeBetrag);
            break;
        default:
            //Keine Aktion, z. B. würde das Geld durchfallen
            break;
    }
}
private void VerarbeiteGeldeingabe(int eingabeBetrag)
{
    Console.WriteLine("Buche Geld...");
    betrag += eingabeBetrag; ❶
    Console.WriteLine($"Neuer Betrag: {betrag} Euro");
}
```

Listing 10.14 /beispiele/c#/kap10/kap_10_3_10/Kap_10_3_10.cs

339

❶ Der Zustand wechselt zu Barzahlung. Der betrag wird um den jeweiligen Wert erhöht und ausgegeben.

Nun fehlt nur noch die Operation, die alle Fäden zusammenbringt. Diese fällt sehr einfach aus, da die Operation NaechsteEingabe die relevanten Operationen aufruft:

```csharp
public void Start()
{
    while (true)
    {
        ZeigeZustand(); ❶
        NaechsteEingabe(); ❷

        Console.WriteLine();
    }
}
```

Listing 10.15 /beispiele/c#/kap10/kap_10_3_10/Kap_10_3_10.cs

❶ Zunächst wird der aktuelle Zustand des Parkautomaten ausgegeben.

❷ Der Automat wartet auf eine Eingabe.

In der Methode NaechsteEingabe wird die der jeweiligen Eingabe entsprechende Operation aufgerufen (siehe oben).

Der Parkautomat arbeitet auch bei dieser Realisierungsart einwandfrei:

```
Zustand: Ruhe
Betrag: 0 Euro
Eingabe: M5
Neuer Zustand: Barzahlung
Buche Geld...
Neuer Betrag: 5 Euro

Zustand: Barzahlung
Betrag: 5 Euro
Eingabe: M2
Neuer Zustand: Barzahlung
Buche Geld...
Neuer Betrag: 7 Euro

Zustand: Barzahlung
Betrag: 7 Euro
Eingabe: G
Neuer Zustand: Belegdruck
Drucke Beleg...
Parkzeit: 3,5 h
```

Neuer Zustand: Ruhe

Zustand: Ruhe
Betrag: 0 Euro
Eingabe:

10.3.11 Protokoll-Zustandsautomat

Beschreibung

> **Protokoll-Zustandsautomaten** (engl. *Protocol State Machines*) stellen eine **Sonder-form der** bisher vorgestellten **Verhaltens-Zustandsautomaten** dar und werden bei der **Modellierung von Protokollen** verwendet.

Ein Protokoll-Zustandsautomat definiert,

▸ welche *Operationen* eines Objekts

▸ in welcher *Reihenfolge*,

▸ in welchem *Zustand* und

▸ unter welchen *Vor- und Nachbedingungen*

aufgerufen werden dürfen.

Abbildung 10.34 Protokoll-Zustandsautomat

Abbildung 10.34 zeigt einen Zustandsautomaten, der das (vereinfachte) Protokoll der Arbeit mit einer Datei modelliert. So wird eine Datei zunächst im Zustand Geschlossen vorgefunden und muss erst geöffnet werden, bevor sie gelesen werden kann.

Um sie zum Schreiben öffnen zu können und damit in den Zustand Gesperrt zu versetzen, darf sie nicht bereits von einem anderen Benutzer oder Programm gesperrt worden sein.

Eine Datei kann nur im Zustand Geschlossen gelöscht werden unter der Bedingung, dass sie nicht gesperrt ist.

Wie mit dem Beispieldiagramm angedeutet, können Sie bei der Modellierung von Protokollen die meisten in diesem Kapitel vorgestellten Notationselemente verwenden, müssen jedoch einige wenige Besonderheiten beachten:

▶ Der Rahmen eines Protokoll-Zustandsautomaten wird mit dem Zusatz {protocol} hinter dem Namen des Automaten versehen (siehe Abbildung 10.34).

▶ Die Transitionen eines Protokoll-Zustandsautomaten können mit folgenden Informationen versehen werden (siehe Abbildung 10.35):

Abbildung 10.35 Protokoll-Transition

▶ **Vorbedingung** (engl. *Precondition*)
Definiert eine Einschränkung, die gültig sein muss, *bevor* die Transition ausgeführt wird.

▶ **Event**
Löst die Transition aus und spezifiziert in einer Protokoll-Transition immer einen Operationsaufruf (*Call Event*, siehe auch Abschnitt 10.3.2).

▶ **Nachbedingung** (engl. *Postcondition*)
Definiert eine Einschränkung, die gültig sein muss, *nachdem* die Transition ausgeführt worden ist.

▶ Operationen, die keine Transitionen auslösen, werden nicht modelliert.

▶ Zustände dürfen in Protokoll-Zustandsautomaten keine entry-, do- oder exit-Aktionen besitzen (siehe Abschnitt 10.3.2).

▶ Die Situation des Objekts (die sogenannte Invariante) kann in Protokoll-Zustandsautomaten zusätzlich in eckigen Klammern angegeben werden.

Abbildung 10.36 Invariante

▶ Die Historien-Zustände (flache und tiefe, siehe Abschnitt 10.3.5) dürfen nicht verwendet werden.

Verwendung

Protokoll-Zustandsdiagramme werden erstellt, um Kommunikationsprotokolle zwischen Objekten zu definieren. Sie werden häufig ergänzend zu Schnittstellendefinitionen eingesetzt (siehe auch Abschnitt 2.3.16), die zwar die statische Struktur beschreiben (welche Operationen gibt es?), aber nicht, wie sie verwendet werden soll. (In welcher Reihenfolge und unter welchen Bedingungen müssen diese Operationen aufgerufen werden?)

10.4   Lesen eines Zustandsdiagramms

Nach dem Start wechselt der Geldautomat in seinen Ruhe-Zustand. Wird eine Karte eingefuehrt, betritt der Geldautomat einen Unterzustandsautomatenzustand Kartenpruefung, der den Zustandsautomaten Pruefung instanziiert.

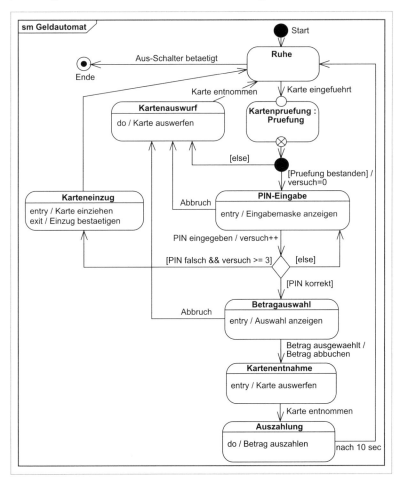

Abbildung 10.37 Zustandsdiagramm eines Geldautomaten

343

Beim Verlassen der Kartenpruefung ist bereits die Entscheidung gefallen, ob die Karte ihre Pruefung bestanden hat, was durch die modellierte Kreuzung hervorgehoben wird. Bei nicht bestandener Prüfung erfolgt eine Transition in den Zustand Kartenauswurf, in dem die Karte ausgeworfen wird und der Automat wieder in seinen Ruhe-Zustand wechselt, sobald der Benutzer die Karte entnimmt.

Besteht die Karte die Prüfung, wird während der Transition zum Zustand PIN-Eingabe das Attribut versuch auf 0 gesetzt. Nach dem Anzeigen einer Eingabemaske wartet der Geldautomat auf die Eingabe einer PIN, wobei er durch einen Abbruch unterbrochen werden kann, der zum Zustand Kartenauswurf führt.

Nach der Eingabe einer PIN wird zunächst das Attribut versuch um 1 erhöht (versuch++). Ist die PIN zum mindestens dritten Mal (versuch >= 3) falsch eingegeben worden, zieht der Geldautomat im Zustand Karteneinzug die Karte ein, informiert anschließend den Benutzer darüber und geht in den Zustand Ruhe über. Ist die PIN korrekt, erfolgt ein Wechsel zum Zustand Betragauswahl, andernfalls kann der Benutzer die PIN-Eingabe wiederholen.

Beim Betreten von Betragauswahl wird dem Benutzer die Auswahl der möglichen Beträge angezeigt, die er abheben kann. Bricht der Benutzer die Auswahl nicht ab, was in den Zustand Kartenauswurf führen würde, muss er einen Betrag auswählen, wonach dieser von seinem Konto abgebucht wird.

Der Geldautomat geht hiernach in den Zustand Kartenentnahme über und wirft die Karte aus. Der gewählte Betrag wird erst ausgezahlt, nachdem die Karte entnommen wurde. Nach weiterer 10 sec Wartezeit ist der Geldautomat in seinem Ruhe-Zustand wieder für einen neuen Benutzer verfügbar.

Zu erwähnen bleibt noch, dass der Geldautomat nur in seinem Ruhe-Zustand ausgeschaltet werden darf. Alle übrigen Zustände reagieren auf das Event Aus-Schalter betaetigt nicht.

10.5   Irrungen und Wirrungen

Abbildung 10.38 präsentiert die häufigsten Fehler in Zustandsdiagrammen.

❶ **Mehrere Startzustände**
Ein Zustandsdiagramm darf in einer Ebene oder Region nur genau einen Startzustand definieren. Verwenden Sie Regionen, falls ein Automat mehrere Zustände parallel einnehmen soll.

❷ **Vom Endzustand ausgehende Transition**
Endzustände dürfen nur eingehende Transitionen besitzen.

❸ **In den Startzustand eingehende Transition**
Transitionen dürfen einen Startzustand nur verlassen, nicht betreten.

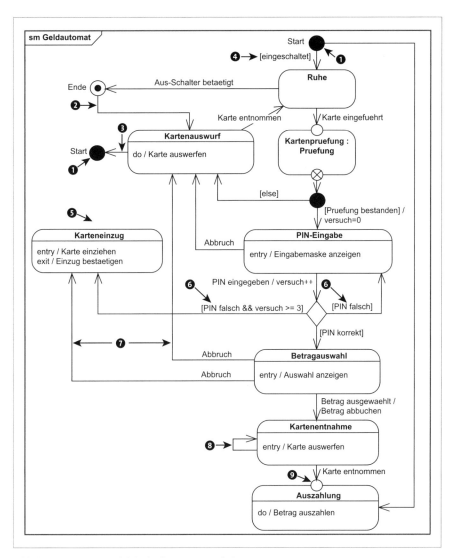

Abbildung 10.38 Ein fehlerhaftes Zustandsdiagramm

❹ Guard an der Startzustand-Transition

Eine Transition, die den Startzustand verlässt, darf nicht mit einem Guard oder einem Event versehen werden, da der Startzustand in *jedem* Fall sofort nach dem Beginn des Zustandsautomaten verlassen werden muss. Die Definition von Aktionen ist dagegen erlaubt.

❺ Fehlende Transition

Der Zustand Karteneinzug hat keine ausgehende Transition. Damit würde der Geldautomat für immer und ewig in diesem Zustand verharren. Soll das Leben eines Objekts beendet werden, ist ein Endzustand zu verwenden.

❻ Keine disjunkten Guards

Die Guards `[PIN falsch && versuch >= 3]` und `[PIN falsch]` werden beide zu `true` ausgewertet, wenn die PIN zum dritten Mal (oder öfter) falsch eingegeben wird. Achten Sie darauf, dass die Guards disjunkt sind, sich also jederzeit gegenseitig vollständig ausschließen.

Ebenso müssen *alle* Entscheidungsmöglichkeiten durch Guards überwacht werden. Fügen Sie gegebenenfalls einen `[else]`-Guard hinzu, der immer dann zutrifft, wenn alle anderen zu `false` ausgewertet wurden.

❼ Zwei Transitionen mit dem gleichen Event

Die Reaktion eines Automaten in einem Zustand auf ein Event muss immer eindeutig sein. Es ist aus diesem Grunde nicht erlaubt, dasselbe Event (ohne Guards) an zwei unterschiedlichen Transitionen eines Zustands zu verwenden.

Ebenso falsch wäre es, dasselbe Event sowohl an einer ausgehenden Transition als auch an einer internen Aktion eines Zustands zu notieren. Es könnte beim Auftreten des Events nicht entschieden werden, ob eine interne Aktion durchgeführt und der Automat somit im aktuellen Zustand verbleiben oder den Zustand verlassen soll.

❽ Selbst-Transition ohne Guard oder Event

Eine Transition ohne einem Guard oder Event wird ausgeführt, sobald alle Aktionen des Zustands (`entry`, `do`, `exit` und eventuell weitere selbst definierte) vollständig beendet worden sind. Sie ist grundsätzlich durchaus nützlich, wenn sie den Zustand in Richtung eines weiteren Zustands verlässt.

Eine Selbst-Transition, die weder einen Guard noch ein Event benötigt, um ausgelöst zu werden, wird den Zustand endlos verlassen und direkt wieder betreten, was in den seltensten Fällen erwünscht sein dürfte.

❾ Entry-Point an einem einfachen Zustand

Entry- wie auch Exit-Points dürfen nur zum Betreten bzw. Verlassen von Zustandsautomaten auf ihrer höchsten Ebene verwendet werden. Sie dürfen daher nur am Rahmen eines Zustandsautomaten oder am Rand eines zusammengesetzten Zustands oder Unterzustandsautomatenzustands modelliert werden.

10.6   Zusammenfassung

Die Notationselemente von Zustandsdiagrammen werden abschließend übersichtsartig dargestellt:

▸ **Zustände** modellieren Situationen, in denen gewisse, genau definierte Bedingungen gelten.

Abbildung 10.39 Zustand

▶ Den Beginn eines Zustandsdiagramms stellt der **Startzustand** dar, das Ende wird durch einen **Endzustand** oder **Terminator** markiert.

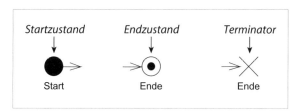

Abbildung 10.40 Start- und Endzustände

▶ Zustände können zu **zusammengesetzten Zuständen** gruppiert werden.

Abbildung 10.41 Zusammengesetzter Zustand

▶ **Transitionen** werden zur Darstellung von Zustandsübergängen verwendet. Zustandsübergänge werden durch **Events** ausgelöst. **Guards** überwachen die Ausführung der Transition. **Effekte** definieren Aktionen, die bei einer Transition ausgeführt werden.

Abbildung 10.42 Transition

▶ **Kreuzungen** schalten Transitionen hintereinander und modellieren zumeist statische Verzweigungen.

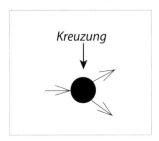

Abbildung 10.43 Kreuzung

▶ **Entscheidungen** modellieren dynamische Verzweigungen.

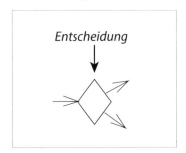

Abbildung 10.44 Entscheidung

▶ Mithilfe von **Regionen** können parallel eingenommene Zustände abgebildet werden.

Abbildung 10.45 Regionen

TEIL III

Interaktionsdiagramme

Innerhalb der Gruppe der Verhaltensdiagramme konzentriert sich die Untergruppe der Interaktionsdiagramme auf die Interaktionen und den Nachrichtenaustausch zwischen Objekten. Die folgenden Diagramme gehören den Interaktionsdiagrammen an und werden in den nächsten Kapiteln detailliert erläutert (siehe Abbildung auf der Rückseite).

Abbildung Diagrammstruktur der UML

Kapitel 11
Sequenzdiagramm

Sequenzdiagramme definieren den Nachrichtenfluss zwischen Objekten. Sie zeigen den zeitlichen Ablauf der Nachrichten, beinhalten jedoch keine Informationen über Beziehungen der Objekte.

11.1 Anwendungsbereiche

Sequenzdiagramme (engl. *Sequence Diagrams*) modellieren Interaktionen zwischen Objekten. Wie Aktivitätsdiagramme stellen auch sie Abläufe dar, konzentrieren sich dabei jedoch auf den Nachrichtenaustausch und nicht auf die Darstellung aller möglichen Ablaufpfade. Die Modellierung des Nachrichtenflusses mithilfe von Sequenzdiagrammen kann in unterschiedlichen Phasen während der Softwareentwicklung sehr hilfreich sein.

▶ In der **Analyse** können Sequenzdiagramme verwendet werden, um Nachrichtenflüsse während der zu analysierenden Geschäftsprozesse abzubilden. Sie helfen damit dem Softwarearchitekten zu verstehen, welche Personen und Systeme auf welche Weise miteinander interagieren, um bestimmte Aufgaben zu erfüllen.

Weiterhin können Sequenzdiagramme sehr hilfreich bei der Verfeinerung von Anwendungsfällen sein. Sie werden häufig eingesetzt, um die notwendigen Interaktionen hinter einem Anwendungsfall mit den beteiligten Personen zu diskutieren und zu entwickeln.

▶ Während der **Entwurfsphase** können Sequenzdiagramme gewinnbringend bei der Modellierung der Interaktion einzelner Systembestandteile eingesetzt werden.

Häufig wird mit Sequenzdiagrammen auch die Interaktion von Benutzern mit der Benutzungsoberfläche der Software modelliert, um beispielsweise die folgenden Fragen zu klären:

  ▶ In welcher Reihenfolge läuft die Interaktion ab?

  ▶ Welche Befehle kann/muss der Benutzer der Benutzungsoberfläche erteilen, um seine Ziele zu erreichen?

  ▶ Welche Nachrichten kann er von der Benutzungsoberfläche als Antworten erwarten?

Auf Basis dieser Sequenzdiagramme können die Eingabe- und Interaktionsmöglichkeiten der Benutzungsoberfläche und die Benutzerführung optimiert werden.

▶ In der **Implementierungsphase** werden die Sequenzdiagramme aus den Phasen **Analyse** und **Entwurf** als Realisierungsvorlage verwendet.

▶ Sequenzdiagramme aus den vorausgegangenen Phasen dienen in der **Test-Phase** nicht nur als Grundlage von Testdefinitionen, sondern können gleichzeitig selbst zur Modellierung und Dokumentation von Testfällen für die Benutzungsoberfläche, Teilsysteme, Schnittstellen und das gesamte System verwendet werden.

Die Reihenfolge der Nachrichten und der erwarteten Reaktionen des Testsystems können mit Sequenzdiagrammen sehr präzise definiert werden.

11.2 Übersicht

Abbildung 11.1 benennt die wichtigsten Notationselemente von Sequenzdiagrammen.

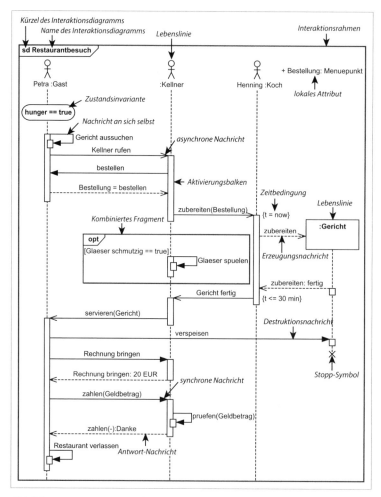

Abbildung 11.1 Notationselemente von Sequenzdiagrammen

11.3   Notationselemente

11.3.1   Lebenslinie

Abbildung 11.2 Lebenslinien

Beschreibung

> Eine **Lebenslinie** (engl. *Lifeline*) repräsentiert **genau einen** individuellen **Teilnehmer einer Interaktion**.

Teilnehmer von Interaktionen werden in Sequenzdiagrammen horizontal nebeneinander angeordnet (siehe Abbildung 11.2). Die Zeit während der Interaktion läuft vertikal »von oben nach unten« ab.

Abbildung 11.2 zeigt die Lebenslinie eines Teilnehmers Petra vom Typ Gast sowie des Teilnehmers Oracle vom Typ DBMS. Während die Namen der Teilnehmer optional sind, müssen ihre Typen zwingend angegeben werden. Sollte das Sequenzdiagramm eine Operation einer einzelnen Klasse modellieren, kann das zugehörige Objekt auch mit **self** benannt werden.

Für Lebenslinien, die einen menschlichen Teilnehmer darstellen, sollte das »Strichmännchen-Symbol«, für System-Teilnehmer ein rechteckiges Symbol verwendet werden, was mit der üblichen Vorgehensweise bei Anwendungsfalldiagrammen verglichen werden kann (siehe Kapitel 8).

Die gestrichelte Linie unterhalb des Kopfs einer Lebenslinie spezifiziert die passive Lebenszeit des Teilnehmers. Seine aktive Zeit wird durch einen **Ausführungsbalken** (engl. *Execution Specification*) dargestellt.

Die übereinanderliegenden Ausführungsbalken in Abbildung 11.3 deuten auf parallele Tätigkeiten des Teilnehmers hin. Er ist der Abbildung zufolge zunächst passiv, dann aktiv und führt zwischenzeitlich parallel zwei Aufgaben aus.

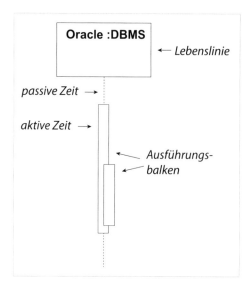

Abbildung 11.3 Ausführungsbalken

Sollte eine Lebenslinie während der Interaktion enden, was der Destruktion des zugehörigen Teilnehmers gleichgesetzt werden kann, wird dies mit einem **Stopp-Symbol** notiert (siehe Abbildung 11.4):

Abbildung 11.4 Ende der Lebenslinie

Mit der **Zustandsinvariante** (engl. *State Invariant*) ist es möglich, den Zustand eines Teilnehmers (siehe auch Zustandsdiagramme, Kapitel 10) zu spezifizieren, der für die Teilnahme an der jeweiligen Interaktion notwendig ist. Die UML bietet hierzu drei Notationsmöglichkeiten (siehe Abbildung 11.5).

Ein Teilnehmer kann auch mittels der **Dekomposition** (engl. *Part Decomposition*) in einzelne Bestandteile zerlegt werden (siehe Abbildung 11.6).

Abbildung 11.5 Zustandsinvariante

Abbildung 11.6 Dekomposition von Teilnehmern

Der in Abbildung 11.6 dargestellte Compiler besteht aus einem Parser und einem Tokenizer. Man verwendet die Dekomposition üblicherweise, wenn die Kommunikation mit den internen Bestandteilen eines Teilnehmers so bedeutend ist, dass es zu ungenau wäre, ihn im jeweiligen Sequenzdiagramm als Ganzes zu betrachten.

Verwendung

Teilnehmer einer Interaktion werden horizontal nebeneinander in einem Sequenzdiagramm angeordnet. Auch wenn die Reihenfolge der Teilnehmer nicht relevant ist, wird üblicherweise derjenige ganz links modelliert, der die Interaktion initiiert. Zumeist handelt es sich dabei um Teilnehmer, die in der Realität menschlichen Personen entsprechen.

Die Modellierung von Teilnehmern bietet Ihnen eine Möglichkeit, die bereits modellierten Klassendiagramme zu überprüfen. Für jeden Typ eines Teilnehmers muss eine entsprechende Klasse vorhanden sein. Ist dies nicht der Fall, sollte überprüft werden, ob der Typ tatsächlich benötigt wird oder ob eine neue Klasse hinzugefügt werden muss.

Darüber hinaus muss jeder Teilnehmer die an ihn gesendeten Nachrichten verarbeiten können, was er in den meisten Fällen mit der Bereitstellung zugehöriger Operationen sicherstellt. Sie können anhand der Sequenzdiagramme überprüfen, ob alle benötigten Operationen von den jeweiligen Klassen bereitgestellt werden.

11.3.2 Nachricht

Abbildung 11.7 Nachricht

Beschreibung

> Eine **Nachricht** (engl. *Message*) definiert eine **Kommunikation und deren Richtung** zwischen zwei Teilnehmern einer Interaktion.

In Abbildung 11.7 sendet beispielsweise ein Teilnehmer vom Typ Gast die Nachricht Kellner rufen an einen Teilnehmer vom Typ Kellner.

Eine Nachricht kann entweder

▶ den **Aufruf einer Operation** (siehe Abschnitt 2.3.3) oder

▶ das **Senden eines Signals** (siehe Abschnitt 9.3.5)

darstellen. Der Empfang einer Nachricht löst beim Empfänger demnach die Durchführung der gewünschten Operation oder eine Reaktion auf das gesendete Signal aus.

Nachrichten müssen nicht zwingend an einen anderen Teilnehmer der Interaktion gesendet werden. Die UML erlaubt durchaus die Modellierung von Nachrichten an sich selbst (siehe Abbildung 11.8):

Abbildung 11.8 Nachricht an sich selbst

Nachrichten können sowohl

▶ **synchron** (ausgefüllte Pfeilspitze, der Sender wartet auf die Ausführung der Operation bzw. auf die Behandlung des Signals durch den Empfänger, siehe Abbildung 11.9)

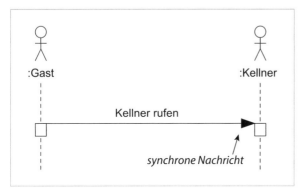

Abbildung 11.9 Synchrone Nachricht

▶ als auch **asynchron** gesendet werden (offene Pfeilspitze, der Sender führt nach dem Senden der Nachricht ohne zu warten mit seiner Tätigkeit fort, siehe Abbildung 11.10).

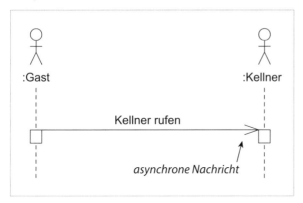

Abbildung 11.10 Asynchrone Nachricht

Die UML betrachtet die Dauer zum Senden bzw. Empfangen einer Nachricht üblicherweise als 0, überlässt es jedoch vollständig Ihnen, sowohl diese Zeitdauer als auch weitere Zeitbedingungen zwischen unterschiedlichen Nachrichten auf vielfältige Weise zu spezifizieren:

Das Sequenzdiagramm aus Abbildung 11.11 zeigt die am häufigsten verwendeten Möglichkeiten der Definition von Zeitbedingungen in Sequenzdiagrammen. Zur einfacheren Erläuterung macht es gleichzeitig Gebrauch von der optionalen Möglichkeit, die Nachrichten zu nummerieren.

▶ Mit der Angabe d = duration an der Nachricht 1.0 wird die Dauer der Übermittlung gemessen und dem Attribut d zugewiesen.

▶ Nachricht 1.1 spezifiziert, dass die Übermittlung höchstens 1 sec dauern darf.

▶ Eine andere Art der Zeitangabe stellt Nachricht 1.2 vor. Der Zeitpunkt ihrer Aussendung wird mit now (jetzt) definiert. Der Zeitpunkt des Eintreffens der Nachricht liegt genau eine Sekunde später {t + 1 sec}. Die diagonale Notation des Nachrichtenpfeils betont zusätzlich, dass die Zeitdauer der Übertragung nicht gleich 0 ist.

▶ Die Zeitangabe {0..5 min} zwischen den Nachrichten 1.3 und 1.4 definiert, dass zwischen der Aussendung der beiden Nachrichten nicht mehr als 5 min vergehen dürfen.

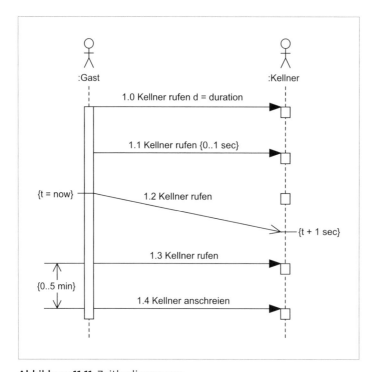

Abbildung 11.11 Zeitbedingungen

Nach den bis hierhin vorgestellten allgemeinen Merkmalen von Nachrichten wenden wir uns nun den einzelnen Nachrichtentypen der UML zu:

▶ **Sende-Nachricht**

Bei den bisher gezeigten Nachrichten handelt es sich ausnahmslos um Sende-Nachrichten. Wie bereits dargestellt, stellen sie entweder einen Operationsaufruf oder das Senden eines Signals dar.

Die Syntax einer Sende-Nachricht besteht aus den folgenden Bestandteilen (eckige Klammern bedeuten, dass die Angabe optional ist):

name [(argument, ...)]

wobei ein **argument** aus den Bestandteilen

[parameter-name=] argument-wert oder einem Bindestrich (-) besteht, der einen unspezifizierten Parameter modelliert.

Zusätzlich wird die Verwendung eines * (Sterns) gestattet, um eine beliebige, möglicherweise noch nicht genau spezifizierte Nachricht zu modellieren.

Abbildung 11.12 zeigt zur Verdeutlichung einige Beispiele für Nachrichtendefinitionen.

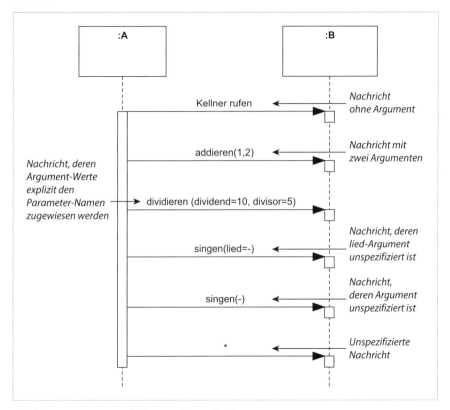

Abbildung 11.12 Beispiele für Sende-Nachrichten

▶ **Antwort-Nachricht**

Eine Antwort-Nachricht modelliert eine Antwort des Empfängers auf eine Sende-Nachricht, die einen Operationsaufruf spezifiziert hat. Antwort-Nachrichten auf Signale sind nicht zugelassen (mehr Details zu Signalen finden Sie in Abschnitt 9.3.5).

Antwort-Nachrichten werden mit einem gestrichelten Pfeil notiert. Die ursprüngliche Bezeichnung der Sende-Nachricht wird dabei wiederholt und kann mit weiteren optionalen Angaben versehen werden (siehe Abbildung 11.13).

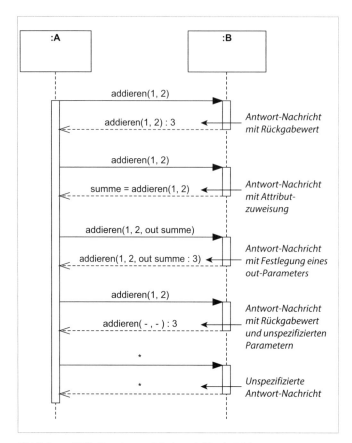

Abbildung 11.13 Sende- und Antwort-Nachrichten

▶ **Rückgabewert**
Der Rückgabewert wird, durch einen Doppelpunkt getrennt, hinter der Bezeichnung der Operation notiert.

  ▶ **Attributzuweisung**
  Es ist gleichzeitig möglich, den Rückgabewert einem Attribut zuzuweisen, das vor der Operation mit einem Gleichheitszeichen notiert wird.

  ▶ **Zuweisung eines out-Parameters**
  Enthält die Operation out-Parameter, können ihnen, durch einen Doppelpunkt getrennt, Werte zugewiesen werden.

  ▶ **Unspezifizierter Parameter**
  Sind die Übergabeparameter für die Antwort-Nachricht irrelevant, können sie durch einen Bindestrich ersetzt werden.

▶ **Erzeugungs- und Destruktionsnachricht**
Teilnehmer von Interaktionen können auch erst während der Interaktion von anderen Teilnehmern erzeugt und wieder zerstört werden.

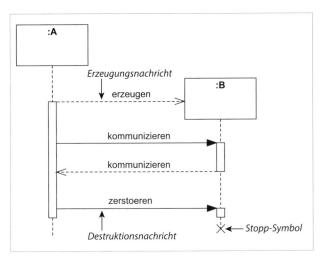

Abbildung 11.14 Erzeugungs- und Destruktionsnachricht

Teilnehmer :A aus Abbildung 11.14 erzeugt seinen Interaktionspartner :B, kommuniziert mit ihm und zerstört ihn wieder.

Der Kopf der Lebenslinie des erzeugten Interaktionspartners :B wird auf der Höhe der Erzeugungsnachricht notiert, das Stopp-Symbol kurz unterhalb der Destruktionsnachricht.

▶ **Verlorene und gefundene Nachricht**

Eine verlorene Nachricht (engl. *Lost Message*) wird zwar gesendet, ihr Empfang wird jedoch nicht modelliert. Der Grund kann hierfür sein, dass der Empfänger zum Entwurfszeitpunkt unbekannt ist, außerhalb des Diagramm-Kontexts ist oder dass die Nachricht tatsächlich nie ankommt.

Bei einer gefundenen Nachricht (engl. *Found Message*) findet zwar der Empfang statt, deren Absender ist jedoch unbekannt. Der Grund hierfür kann beispielsweise sein, dass der Sender außerhalb der Sichtweite des Diagramms liegt, irrelevant ist oder einfach nicht modelliert werden soll.

Abbildung 11.15 zeigt ein Beispiel für eine gefundene und verlorene Nachricht.

Abbildung 11.15 Gefundene und verlorene Nachricht

Der :Gast empfängt ein Signal Krach, dessen Sender für ihn irrelevant ist, und beschwert sich hierauf beim :Kellner. Dieser ist zurzeit anscheinend etwas genervt, weil er ein Signal Ist mir egal aussendet, das jedoch keinen Empfänger besitzen soll.

Verwendung

Nachrichten sind wie die Lebenslinien von Teilnehmern die zentralen Notationselemente von Sequenzdiagrammen. Mit ihnen kann jegliche Kommunikation zwischen beliebigen Teilnehmern modelliert werden.

Ein Teilnehmer eines Sequenzdiagramms reagiert auf den Empfang einer Nachricht üblicherweise mit einem Operationsaufruf. Überprüfen Sie Ihre zugehörigen Klassendiagramme daraufhin, ob alle Teilnehmer die benötigten Operationen bereitstellen.

11.3.3 Interaktionsrahmen

Abbildung 11.16 Interaktionsrahmen

Beschreibung

Ein **Interaktionsrahmen** (engl. *Interaction Frame*) kapselt eine **Verhaltensdefinition**, deren **Fokus auf** der Darstellung eines **Informationsaustauschs** liegt.

Obwohl die verwendete Abkürzung **sd** für **S**equenz**d**iagramm steht, wird der gleiche Interaktionsrahmen ebenfalls für Kommunikationsdiagramme (siehe Kapitel 12), Timing-Diagramme (siehe Kapitel 13) und Interaktionsübersichtsdiagramme (siehe Kapitel 14) verwendet.

Interaktionsrahmen können sowohl die enthaltenen Lebenslinien als auch lokale Attribute definieren, auf die im gesamten Interaktionsdiagramm zugegriffen werden kann. Ihre Notation gleicht den bereits in Abschnitt 2.3.2 vorgestellten Attributen von Klassen (siehe Abbildung 11.17).

Abbildung 11.17 Interaktionsrahmen mit lokalem Attribut

Eine Interaktion kann Parameter sowohl empfangen als auch zurückgeben (siehe Abbildung 11.18).

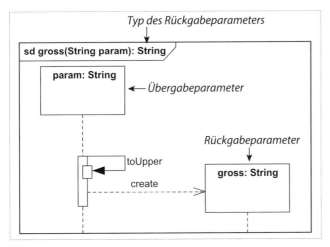

Abbildung 11.18 Interaktionsrahmen einer Operationsspezifikation

Die Parameterübergabe sowie -rückgabe wird auf dieselbe Art wie bei Operationen notiert (siehe Abschnitt 2.3.3). Innerhalb des Interaktionsrahmens kann (wie in Abbildung 11.18 dargestellt) auf die Übergabeparameter zugegriffen werden. Ein eventuell vorhandener Rückgabeparameter trägt implizit den Namen des Interaktionsrahmens (gross in Abbildung 11.18). Sowohl die Erzeugung einer Lebenslinie (wie in Abbildung 11.18) als auch eine direkte Wertzuweisung (siehe Abbildung 11.19) sind möglich.

Abbildung 11.19 Zuweisung des Rückgabewerts über den Interaktionsnamen

Eine Nachricht darf den Interaktionsrahmen nicht verlassen, sie kann jedoch mit externen Nachrichten durch ein **Gate** verbunden werden.

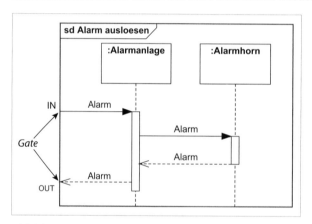

Abbildung 11.20 Diagramm-Gates

Abbildung 11.20 zeigt einen Interaktionsrahmen, der sowohl einen Eingang als auch einen Ausgang einer Nachricht ermöglicht. Eine eingehende Nachricht löst am Gate IN die Nachricht Alarm aus. Die Antwort-Nachricht Alarm verlässt den Interaktionsrahmen nicht, sondern löst am Gate OUT wiederum eine damit verbundene Nachricht aus. Die Gate-Namen (IN und OUT in Abbildung 11.20) können auch weggelassen werden. Die Gates werden in diesem Fall durch den Typ und die Signatur der Nachricht identifiziert.

Die UML stellt mit dem Interaktionsrahmen eine Möglichkeit zur Verfügung, vollständige Interaktionsdiagramme in Form einer **Interaktionsreferenz** (engl. *Interaction Use*) wiederzuverwenden.

Interaktionsreferenzen werden als ein Interaktionsrahmen mit der Typbezeichnung **ref** notiert.

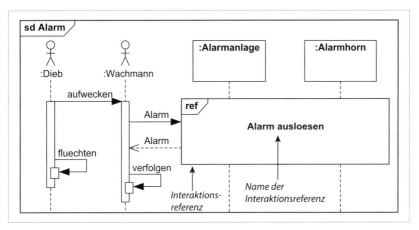

Abbildung 11.21 Interaktionsreferenz

In der Interaktion aus Abbildung 11.21 wird die in Abbildung 11.20 definierte Interaktion `Alarm ausloesen` wiederverwendet. Beide Lebenslinien der Interaktionsteilnehmer (`:Alarmanlage` und `:Alarmhorn`) müssen überdeckt sein, und die Gates der
Interaktionsreferenz müssen mit passenden Nachrichten verbunden werden.

Abbildung 11.22 Wiederverwendung einer Interaktion

Eventuelle Übergabeparameter einer Interaktion müssen auch einer Interaktionsreferenz (siehe Abbildung 11.22) bereitgestellt werden.

Abbildung 11.22 zeigt ein Beispiel für die Wiederverwendung einer Interaktion mit Parameterübergabe und -rückgabe. Die Interaktion bezahlen aus Abbildung 11.19 wird mit dem Parameter 10 aufgerufen und gibt als Rückgabewert 12 zurück, der zur bisherigen geldsumme des Interaktionsteilnehmers :Kellner addiert wird (+=).

Die vollständige Syntax einer Interaktionsreferenz setzt sich aus den folgenden Bestandteilen zusammen (eckige Klammern bedeuten »optional«):

[Attributname Zuweisungsoperator] Interaktion [(Parameterliste)][: Rückgabewert]

▶ **Attributname**
Der Attributname bezieht sich auf eines der Attribute der Lebenslinien im Interaktionsdiagramm (beispielsweise :Kellner.geldsumme in Abbildung 11.22).

▶ **Zuweisungsoperator**
Obwohl es sich dabei zumeist um ein Gleichheitszeichen (=) handelt, kann jeder bekannte Zuweisungsoperator verwendet werden, so z. B.:

  ▶ +=

  ▶ -=

  ▶ *=

  ▶ /=

▶ **Interaktion**
Hier findet sich der Name der aufgerufenen Interaktion.

▶ **Parameterliste**
Dies ist eine kommagetrennte Liste von Übergabeparametern, wie sie bereits aus Operationsaufrufen (siehe Abschnitt 2.3.3) bekannt ist.

▶ **Rückgabewert**
Gibt die Interaktion einen Wert zurück, wird dieser mit einem Doppelpunkt hinter der Interaktion und der eventuell vorhandenen Parameterliste notiert.

Verwendung

Interaktionsrahmen werden modelliert, um Interaktionsdiagramme eindeutig in ihrem Kontext zu begrenzen und wiederverwendbar zu gestalten. Verwenden Sie kurze und prägnante Namen, und definieren Sie bei Bedarf die Übergabe- und Rückgabeparameter der Interaktionen.

11.3.4   Kombinierte Fragmente

Abbildung 11.23 Kombiniertes Fragment

Beschreibung

Ein **kombiniertes Fragment** (engl. *CombinedFragment*) ist die allgemeine Bezeichnung für die folgenden **abgeschlossenen Interaktionseinheiten:**

▶ Alternative

▶ Option

▶ Parallelität

▶ Schwache Sequenz

▶ Strikte Sequenz

▶ Negation

▶ Kritischer Bereich

▶ Sicherstellung

▶ Irrelevante Nachrichten

▶ Relevante Nachrichten

▶ Schleife

▶ Abbruch

Kombinierte Fragmente bestehen aus einem Interaktions-Operator, dem optionalen Namen und aus einem oder mehreren Interaktions-Operanden (Abbildung 11.23).

Der **Interaktions-Operator** (engl. *Interaction Operator*) definiert den Typ des kombinierten Fragments.

Interaktions-Operanden (engl. *Interaction Operands*) stellen die horizontalen Bestandteile des kombinierten Fragments dar und beinhalten den eigentlichen Nachrichtenaustausch.

Interaktions-Operanden werden durch waagerechte gestrichelte Linien voneinander getrennt und dürfen weitere kombinierte Fragmente enthalten.

Die zwölf unterschiedlichen Arten von kombinierten Fragmenten werden im Folgenden detailliert behandelt.

Alternative

In einem mit **alt** gekennzeichneten kombinierten Fragment darf nur einer der Interaktions-Operanden ausgeführt werden. Er entspricht einem if-then-else-Konstrukt.

In eckigen Klammern notierte **Guards** überwachen die Ausführung eines jeden Operanden, die nur bei einer Auswertung des Guards zu true erfolgt.

Abbildung 11.24 zeigt ein Beispiel für ein alt-Fragment. Nachdem ein :Lehrling seine Arbeit erledigt hat, wird diese vom :Meister geprüft. Hat der :Lehrling gute Arbeit geleistet, wird er gelobt, andernfalls (else) getadelt.

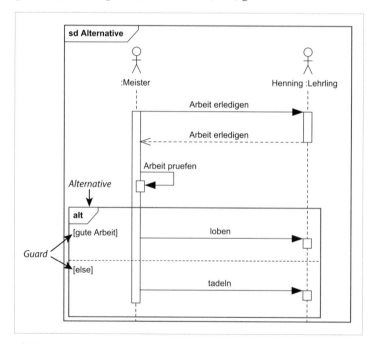

Abbildung 11.24 Alternative

Die UML schreibt vor, dass höchstens einer der Interaktions-Operanden eines alt-Fragments ausgeführt werden darf. Achten Sie daher darauf, dass die Guards disjunkt sind, sich also gegenseitig vollständig ausschließen.

Die Guards müssen erschöpfend alle möglichen Werte der spezifizierten Bedingungen erfassen. Fügen Sie gegebenenfalls den Guard else hinzu, der immer dann zu true ausgewertet wird, wenn alle anderen nicht zutreffen. Der Verzicht auf die Definition eines Guards impliziert einen Guard, der immer true ist und damit die Ausführung des Interaktions-Operanden immer gestattet.

Zwischen unterschiedlichen alt-Fragmenten können zusätzlich **Fortsetzungen** (engl. *Continuations*) definiert werden.

Wie bereits erläutert wurde, läuft die Zeit in Sequenzdiagrammen von oben nach unten ab. Liest man ein Sequenzdiagramm damit von oben nach unten, stellt die erste gefundene Fortsetzung die *Sprungmarke*, die nächste Fortsetzung mit demselben Namen die *Aufsetzmarke* dar.

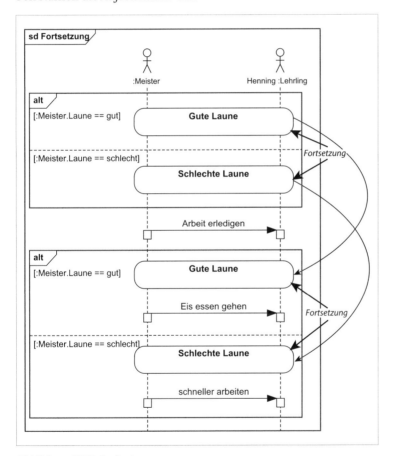

Abbildung 11.25 Fortsetzung

Hat der :Meister aus Abbildung 11.25 beispielsweise gute Laune (erste Gute Laune-Fortsetzung von oben), erfolgt ein Sprung zur nächsten Fortsetzung Gute Laune und der :Meister sendet dem :Lehrling die Nachricht, Eis essen zu gehen. Hat er schlechte Laune (erste Schlechte Laune-Fortsetzung von oben), wird die nächste Fortsetzung Schlechte Laune angesprungen und der :Lehrling angewiesen, schneller zu arbeiten.

Treffen beide Guards nicht zu, erhält der :Lehrling lediglich die Nachricht, die Arbeit zu erledigen.

Fortsetzungen stellen in Sequenzdiagrammen eine Art »goto« dar, das beispielsweise in der Programmiersprache C# bekannt ist. Die meisten Programmierer vermeiden die Verwendung dieses Konstrukts, das durch eine andere Art der Programmierung ersetzt werden kann.

Ebenso verhält es sich auch mit Fortsetzungen in Sequenzdiagrammen, sodass von deren Verwendung an dieser Stelle eher abgeraten wird (Java unterstützt z. B. kein goto). Das Diagramm aus Abbildung 11.25 lässt sich beispielsweise auch wie folgt ohne Fortsetzungen modellieren:

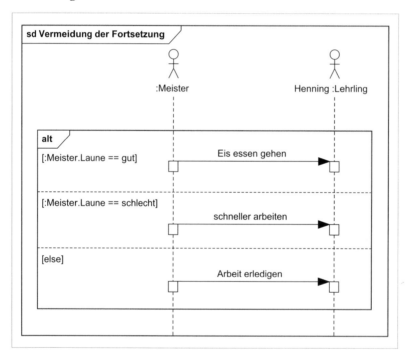

Abbildung 11.26 Diagramm aus Abbildung 11.25 ohne Fortsetzungen

Ist die Laune des Meisters gut, sendet er dem Lehrling eine Nachricht, Eis essen zu gehen. Ist die Laune des Meisters dagegen schlecht, bekommt der Lehrling die Nachricht, schneller zu arbeiten. Treffen beide Guards nicht zu, erhält der Lehrling die Nachricht, seine Arbeit zu erledigen.

Option

Durch den Interaktions-Operator **opt** wird ein kombiniertes Fragment als optional gekennzeichnet.

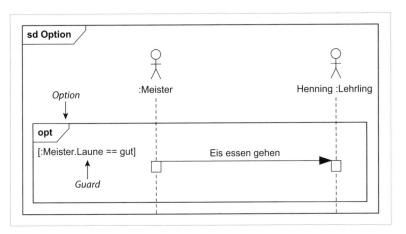

Abbildung 11.27 Option

Alle Interaktionen innerhalb des Fragments werden nur unter der definierten Bedingung (**Guard**) ausgeführt. Ein opt-Fragment entspricht semantisch einem alt-Fragment, das nur einen einzigen Interaktions-Operanden beinhaltet.

Nur wenn er gute Laune hat, erlaubt der :Meister dem :Lehrling aus Abbildung 11.27, Eis essen zu gehen.

Programmiertechnisch kann ein opt-Fragment sowohl in Java als auch in C# mit einem if ohne else realisiert werden.

Parallelität

Abbildung 11.28 Parallelität

371

> Der Interaktions-Operator **par** kennzeichnet die Ausführung der Interaktions-Operanden als parallel. Der Austausch von Nachrichten aus *unterschiedlichen* Interaktions-Operanden kann in *beliebiger* Reihenfolge durchgeführt werden, solange die Folge der Nachrichten innerhalb der *einzelnen* Operanden *eingehalten* wird.

Abbildung 11.28 beinhaltet ein Beispiel eines par-Fragments. Da die Nachrichtenfolge innerhalb eines Interaktions-Operanden nicht veränderbar ist, muss die Nachricht 1.0 vor der Nachricht 1.1 gesendet werden. Ebenfalls muss die Nachricht 1.2 vor 1.3 erfolgen.

Die Reihenfolge der Nachrichten unterschiedlicher Interaktions-Operanden ist jedoch frei. Damit ist es auch erlaubt, Nachricht 1.2 vor 1.0 abzusenden, wodurch beispielsweise die folgenden Nachrichtenreihen zulässig werden:

1.2 => 1.0 => 1.3 => 1.1

1.0 => 1.2 => 1.3 => 1.1

1.2 => 1.0 => 1.1 => 1.3

Die Realisierung von parallelen Abläufen in Java und C# wurde bereits in Abschnitt 9.3.9 vorgestellt.

Mithilfe einer **Ordnungsbeziehung** (engl. *General Ordering*) lässt sich innerhalb eines par-Fragments trotzdem eine Reihenfolge von Nachrichten innerhalb unterschiedlicher Interaktions-Operanden festlegen.

Abbildung 11.29 Ordnungsbeziehung

Die Ordnungsbeziehung aus Abbildung 11.29 spezifiziert, dass die Nachricht 1.0 vor der Nachricht 1.2 gesendet werden muss. Ein :Lehrling soll erst ueber den Meister schimpfen, nachdem dieser ihm zu arbeiten befohlen hat. Die oben als Beispiel angeführten Nachrichtenfolgen

1.2 => 1.0 => 1.3 => 1.1 und

1.2 => 1.0 => 1.1 => 1.3

sind damit nicht mehr gültig.

Ist die Reihenfolge von Nachrichten vollständig irrelevant, kann dies abkürzend mithilfe der **Coregion** (engl. *Coregion Area*) gekennzeichnet werden (siehe Abbildung 11.30):

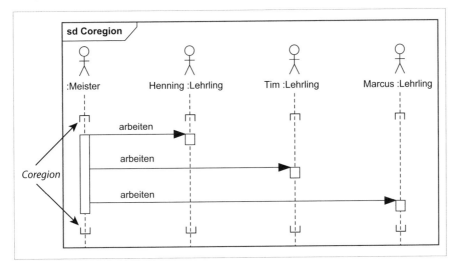

Abbildung 11.30 Coregion

Schwache Sequenz

Die **schwache Sequenz** (engl. *Weak Sequencing*) wird durch den Interaktions-Operator **seq** gekennzeichnet und definiert die folgenden Ordnungsregeln:

▶ **Die Reihenfolge der Nachrichten innerhalb eines jeden Interaktions-Operanden muss erhalten bleiben.**

Im Beispiel der Abbildung 11.31 bedeutet dies, dass die modellierte Nachrichtenfolge im oberen Interaktions-Operanden 1.0 => 1.1 => 1.2 => 1.3 => 1.4 => 1.5 erhalten bleiben muss. Innerhalb des unteren Interaktions-Operanden müssen dementsprechend die Nachrichten 1.6 => 1.7 => 1.8 => 1.9 nacheinander gesendet werden.

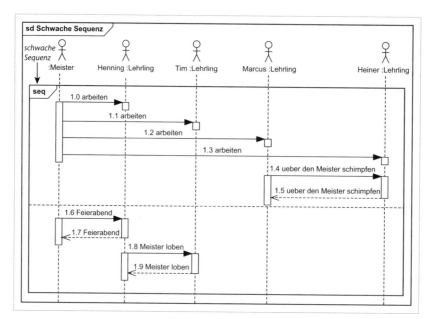

Abbildung 11.31 Schwache Sequenz

▶ **Nachrichten auf unterschiedlichen Lebenslinien aus unterschiedlichen Inter-aktions-Operanden dürfen in beliebiger Reihenfolge gesendet werden.**

In Abbildung 11.31 ist es demnach irrelevant, ob zuerst der :Meister den Feierabend ausruft oder der :Lehrling Marcus bei Heiner über den :Meister schimpft. Eine erlaubte Reihenfolge der Nachrichten wäre beispielsweise:

1.0 => 1.1 => 1.2 => 1.3 => 1.6 => 1.7 => 1.4 => 1.5 => 1.8 => 1.9.

▶ **Nachrichten auf derselben Lebenslinie müssen auch zwischen unterschiedli-chen Interaktions-Operanden die modellierte Reihenfolge einhalten.**

Der :Meister aus Abbildung 11.31 darf beispielsweise nicht die Nachricht 1.6 (Fei-erabend) senden, bevor er nicht die Nachrichten 1.0, 1.1, 1.2 und 1.3 (arbeiten) abgesendet hat. Obwohl sie innerhalb unterschiedlicher Interaktions-Operanden modelliert wurden, darf die Reihenfolge der Nachrichten nicht verändert werden, da sie alle auf derselben Lebenslinie des :Meisters liegen.

Strikte Sequenz

> Die **strikte Sequenz** (engl. *Strict Sequencing*) definiert mit dem Interaktions-Operator **strict**, dass die modellierte **Reihenfolge der Nachrichten zwingend eingehalten wer-den muss.**

Die strikte Sequenz definiert die Reihenfolge der Nachrichten auf ihrer ersten Ebene. Werden innerhalb der einzelnen Interaktions-Operanden weitere kombinierte Fragmente modelliert (z. B. par), können sie die Ordnungsdefinition der strikten Sequenz verändern und aufheben.

Abbildung 11.32 Strikte Sequenz

Ein :Lehrling muss laut Abbildung 11.32 zwingend zuerst den Nagel festhalten und dann versuchen, auf ihn zu haemmern. Leider trifft er im dargestellten Szenario seinen Daumen. Erst danach darf er das par-Fragment Reaktion ausführen, das die strikte Reihenfolge der Nachrichten aufhebt. Damit ist dem armen :Lehrling freigestellt, ob er zuerst wimmert und dann schreit oder zuerst schreit und dann wimmert.

Negation

Der Interaktions-Operator **neg** (engl. *Negative*) hebt eine **ungültige Nachrichtenfolge** hervor.

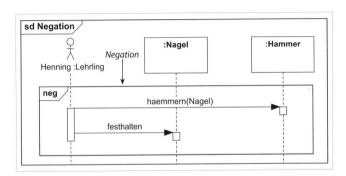

Abbildung 11.33 Negation

Dieses kombinierte Fragment wird verwendet, um explizit fehlerhafte Sequenzen von Nachrichten zu definieren. Alle Nachrichtenfolgen, die nicht der fehlerhaften Sequenz entsprechen, werden damit als korrekt angesehen.

Abbildung 11.33 soll einem :Lehrling zeigen, dass es nicht wirklich viel Sinn macht, zuerst auf einen Nagel zu hämmern (während er z. B. noch auf dem Brett liegt) und ihn daraufhin festzuhalten.

Kritischer Bereich

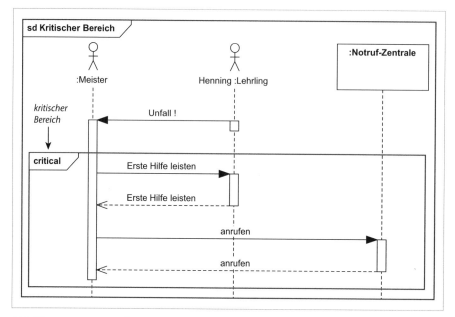

Abbildung 11.34 Kritischer Bereich

> Mit dem kombinierten Fragment **critical** wird ein **kritischer Bereich** (engl. *Critical Region*) definiert, dessen **Ausführung nicht unterbrochen werden darf**.

Die Interaktion innerhalb dieses Fragments wird als atomar und damit unteilbar angesehen. Die definierte Reihenfolge der Nachrichten muss zwingend eingehalten werden und kann nicht wie beim strict-Fragment durch andere kombinierte Fragmente aufgehoben werden.

Meldet ein :Lehrling, dass er einen Unfall hatte, leistet der :Meister sofort Erste Hilfe und ruft hiernach die Notruf-Zentrale an (siehe Abbildung 11.34). Der :Meister darf während der Ersten Hilfe und dem Notruf nicht unterbrochen werden.

Sowohl Java als auch C# unterstützen das Konzept eines kritischen Bereichs nativ. In Java definiert man einen kritischen Bereich mit dem Schlüsselwort synchronized:

```
public void incKontostand()
{

  synchronized(konto)  ❶
  {
    konto.kontostand += 1;
  }
}
```

Listing 11.1 /beispiele/java/kap11/kap_11_3_4c/Kritisch.java
(Download der Beispiele: www.rheinwerk-verlag.de/4546)

❶ Das übergebene Attribut konto wird als Monitor verwendet, der das Betreten bzw. Verlassen des geschützten Bereichs überwacht und in diesem Beispiel sicherstellt, dass auf das konto nur exklusiv zugegriffen werden darf.

Für weitere Informationen zum Monitor-Konzept wird dem interessierten Leser das Werk »Operating Systems: Design and Implementation« von Andrew Tanenbaum empfohlen.

C# setzt das gleiche Konzept mit dem Schlüsselwort lock um:

```
public void IncKontostand()
{
  lock(konto)
  {
    konto.kontostand += 1;
  }
}
```

Listing 11.2 /beispiele/c#/kap11/kap_11_3_4c/Kap_11_3_4c.cs

Sicherstellung

> Der Interaktions-Operator assert kennzeichnet die zwingende Sicherstellung (engl. *Assertion*) der modellierten Interaktion.

Innerhalb eines assert-Fragments ist nur exakt der spezifizierte Nachrichtenaustausch in genau der modellierten Reihenfolge zugelassen. Jegliche weitere Nachricht, auch wenn sie durchaus denkbar wäre, wird verworfen.

In Abbildung 11.35 muss sichergestellt werden, dass nach der Nachricht arbeiten vom :Meister zum :Lehrling dieser auch wirklich arbeitet, und zwar ohne zwischendurch irgendwelche Nachrichten zu empfangen oder unterbrochen zu werden.

11

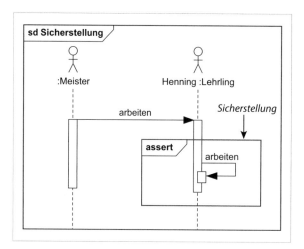

Abbildung 11.35 Sicherstellung

Sowohl Java als auch C# unterstützen die Umsetzung von Sicherstellungen, Java durch das assert-Schlüsselwort. Bei einer Verletzung der definierten assert-Bedingung wird in Java eine Ausnahme (Exception) mit der spezifizierten Meldung ausgelöst.

C# kennt mehrere Konzepte für Sicherstellungen: Debug.Assert wird nur in Debug Builds ausgeführt, während Trace.Assert sowohl in Debug als auch in Release Builds ausgeführt wird. Die Behandlung kann in C# differenziert festgelegt werden. Wenn nicht anders festgelegt, wird in C# eine Messagebox gezeigt, in der der Benutzer das weitere Vorgehen wählen kann.

In C# gibt es seit .NET 4.0 auch ein weiteres Konzept mit Asserts: der Contract mit diversen Methoden, u. a. Assert.

Java:

```
public int dividiere(int zaehler, int nenner)
{

  assert nenner != 0 : "Nenner darf nicht 0 sein";
  return zaehler/nenner;
}
```

Listing 11.3 /beispiele/java/kap11/kap_11_3_4a/Division.java

C# – hier mit Trace.Assert:

```
public int Dividiere(int zaehler, int nenner)
{
  Trace.Assert(nenner != 0, "Nenner darf nicht 0 sein");
```

```
  return zaehler/nenner;
}
```

Listing 11.4 /beispiele/c#/kap11/kap_11_3_4a/Kap_11_3_4a.cs

Irrelevante Nachrichten

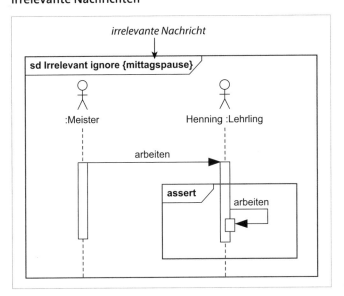

Abbildung 11.36 Irrelevante Nachricht

> Mit dem Interaktions-Operator **ignore** werden **Nachrichten** benannt, die **in der jeweiligen Interaktion irrelevant** sind und ignoriert werden können.

Die irrelevanten Nachrichten werden hinter dem Interaktionsnamen kommage-trennt in geschweiften Klammern notiert. Treffen sie innerhalb der Interaktion bei den Teilnehmern ein, so werden sie schlicht nicht beachtet.

In der Interaktion aus Abbildung 11.36 soll die Nachricht mittagspause ignoriert wer-den.

Relevante Nachrichten

> Der Interaktions-Operator **consider** stellt das **Gegenteil von ignore** dar und definiert alle **Nachrichten, die dringend beachtet werden müssen**.

Es ist damit möglich, entweder Nachrichten mit consider als besonders wichtig her-vorzuheben oder mit ignore als irrelevant zu definieren. Alle nicht mit ignore benannten Nachrichten gelten automatisch als relevant.

Wie in Abbildung 11.37 dargestellt, werden `ignore` und `consider` zumeist in Zusammenhang mit dem Interaktions-Operator `assert` eingesetzt. Die Nachricht `arbeiten` wird als besonders wichtig betrachtet.

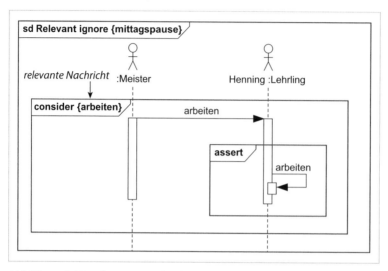

Abbildung 11.37 Relevante Nachrichten

Schleife

> Der **Schleifen-Operator** (engl. *loop*) spezifiziert eine Anzahl von **wiederholten Ausführungen des Interaktions-Operanden**.

Abbildung 11.38 Schleife

Die Anzahl der Wiederholungen wird dabei vom **Guard** bewacht, sodass sich die Syntax des Schleifen-Operators wie folgt darstellt (eckige Klammern bedeuten »optional«):

loop ['(' <minint> [, <maxint>] ')']

oder

loop ['('<boolescher Ausdruck>')']

Die Elemente <minint> und <maxint> stellen Platzhalter für natürliche Zahlen dar, wobei <minint> kleiner oder gleich <maxint> sein muss. Weiterhin erlaubt die UML die Verwendung eines Sterns (*), der beliebig viele Wiederholungen erlaubt.

Der Ausführung des Interaktions-Operanden wird mindestens <minint> und maximal <maxint> oder so lange wiederholt, bis der <boolesche Ausdruck> zu false ausgewertet wird.

Die nachfolgenden Beispiele machen die Definitionsmöglichkeiten der Iterationsanzahl deutlicher:

- `loop(5)`
  feste Anzahl von Wiederholungen (5)
- `loop(3,*)`
  minimal 3 bis beliebig viele Wiederholungen
- `loop(0,5)`
  maximal 5 Wiederholungen
- `loop`
  beliebige Anzahl von Wiederholungen, äquivalent zu: `loop(*)`
- `loop(x < 5)`
  Die Schleife wird so lange wiederholt, bis der Ausdruck x < 5 zu false ausgewertet wird.

Die Schleife aus Abbildung 11.38 modelliert, dass der :Meister dem :Lehrling so lange die Nachricht arbeiten senden soll, bis das Attribut des :Lehrlings arbeite auf true gewechselt ist – bis er also endlich zu arbeiten begonnen hat.

Wie Schleifen in Java oder C# realisiert werden können, beschreibt Abschnitt 9.3.10.

Abbruch

Mit dem Abbruch-Operator **break** wird ein kombiniertes Fragment zur **Behandlung von Abbruchsituationen** definiert.

Nachdem der **Guard** eines break-Fragments zu true ausgewertet worden ist, wird der zugehörige Interaktions-Operand ausgeführt. Die Abarbeitung das umgebenden Fragments wird anschließend abgebrochen.

In Abbildung 11.39 sendet der :Meister dem :Lehrling die Nachricht arbeiten, bis der :Lehrling damit endlich begonnen hat (das Attribut arbeitet == true ist).

Sollte der :Meister dies jedoch so häufig wiederholen müssen, bis er entnervt ist (der Guard des break-Fragments wird true), wirft er den :Lehrling raus.

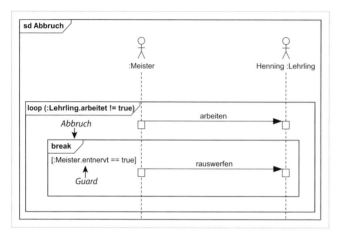

Abbildung 11.39 Abbruch

Obwohl Abbruch-Fragmente zumeist innerhalb von Schleifen verwendet werden, können sie durchaus auch ganze Interaktionsdiagramme abbrechen, falls sie direkt in deren Kontext modelliert sind. Sowohl Java als auch C# stellen das Schlüsselwort break zum Abbruch von Schleifen bereit:

```java
for (int i = 0; ; i++)
{
  if(i >= 10)
    break;
}
```

Listing 11.5 /beispiele/java/kap11/kap_11_3_4b/Break.java

Verwendung

Üblicherweise wird genau ein Sequenzdiagramm pro Szenario des Nachrichtenaustauschs modelliert. Auch wenn kombinierte Fragmente eine sehr kompakte Darstellung von alternativen oder parallelen Abläufen, Schleifen, Abbrüchen usw. ermöglichen, sollten Sie sie nur zur Darstellung eines Hauptszenarios pro Sequenzdiagramm heranziehen (wofür sie auch sehr nützlich sind).

Sequenzdiagramme, die alle Eventualitäten zu modellieren versuchen, werden schnell unübersichtlich und können ihren eigentlichen Zweck – die Konzentration auf den Kommunikationsfluss – nicht mehr erfüllen.

Vollständige Abläufe mit allen Eventualitäten können einfacher und überschaubarer mit Aktivitätsdiagrammen (siehe Kapitel 9) modelliert werden. Die Szenarien des Aktivitätsdiagramms, bei denen ein besonderer Kommunikationsfluss festgehalten werden soll, sollten dann vorzugsweise in einzelnen Sequenzdiagrammen definiert werden.

11.4   Lesen eines Sequenzdiagramms

Das Sequenzdiagramm aus Abbildung 11.40 modelliert ein typisches Szenario der Interaktion während eines Restaurantbesuchs.

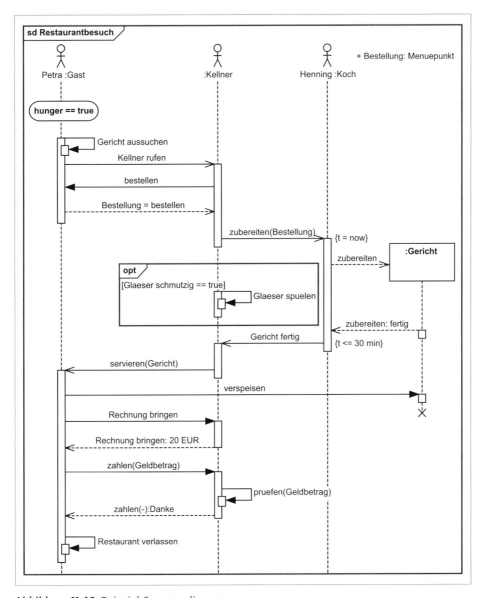

Abbildung 11.40 Beispiel-Sequenzdiagramm

Der modellierte Interaktionsrahmen definiert ein lokales Attribut Bestellung vom Typ Menuepunkt.

Drei Lebenslinien von Teilnehmern nehmen an der Interaktion teil:

▶ ein Gast namens Petra,

▶ ein Kellner, dessen Name nicht relevant ist, und

▶ der Koch Henning.

Damit die Interaktion überhaupt beginnen kann, muss Petra Hunger haben (ihr Attribut hunger == true sein).

Nachdem Petra ein Gericht ausgesucht hat, ruft sie einen :Kellner. Ihre Nachricht wird asynchron versendet (offene Pfeilspitze), d. h., Petra wartet nicht auf die Reaktion des :Kellners, sondern fährt sofort nach dem Rufen mit ihrer bisherigen (hier unbenannten) Tätigkeit fort.

Ein :Kellner fordert sie als Nächstes auf, etwas zu bestellen, woraufhin Petra dieser Aufforderung mit der Rückgabe einer Bestellung nachkommt (damit wird das lokale Attribut der Interaktion gesetzt). Die Aufforderung des :Kellners geschieht synchron (ausgefüllte Pfeilspitze), d. h., der :Kellner wartet auf Petras Bestellung.

Unmittelbar danach sendet der :Kellner asynchron eine Nachricht an Henning, den Koch, die Bestellung zuzubereiten. Weil dies innerhalb von maximal 30 min vollständig erledigt sein muss, stellt Henning, der Koch, sofort ein neues :Gericht her (Erzeugungsnachricht zubereiten vom :Koch zum :Gericht). Während dieser Zeit spült der :Kellner optional schmutzige Gläser.

Nachdem das Gericht fertig ist, sendet Henning asynchron eine Nachricht an den :Kellner, sodass dieser das Gericht unverzüglich an Petra servieren kann. Das Servieren geschieht erneut asynchron. Damit wartet der :Kellner nicht auf eine Antwort-Nachricht von Petra, sondern fährt sofort mit seinen weiteren Tätigkeiten fort, die in diesem Diagramm als irrelevant angesehen werden und daher nicht modelliert sind. Laut dem Ausführungsbalken hat der :Kellner nach dem Servieren zunächst nichts zu tun (der Ausführungsbalken endet unterhalb der Nachricht servieren).

Im nächsten Schritt verspeist Petra das servierte :Gericht (erkennbar an der Destruktionsnachricht verspeisen von Petra zu :Gericht und dem darauffolgenden Stopp-Symbol) und bittet den :Kellner, ihr die Rechnung zu bringen, was dieser mit dem Mitteilen des Preises (in diesem Szenario 20 EUR) beantwortet.

Hierauf zahlt Petra einen Geldbetrag, der vom :Kellner geprüft und im gewählten Szenario akzeptiert wird. Nachdem der :Kellner mit einem höflichen Danke geantwortet hat, verlässt Petra das Restaurant, womit die Interaktion endet.

11.5   Irrungen und Wirrungen

Abbildung 11.41 zeigt die am häufigsten gemachten Fehler bei der Nutzung von
Sequenzdiagrammen:

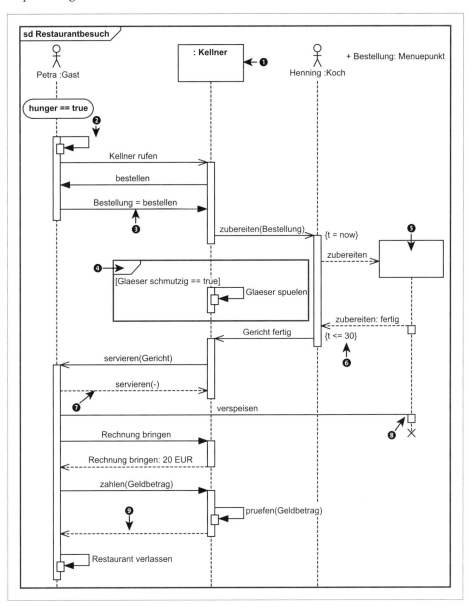

Abbildung 11.41 Ein fehlerhaftes Sequenzdiagramm

❶ **Rechteck-Symbol für einen menschlichen Teilnehmer**
Auch wenn die UML es nicht zwingend vorschreibt, sollte für eine Lebenslinie eines menschlichen Teilnehmers das Strichmännchen-Symbol, für Systeme dagegen das Rechteck-Symbol bevorzugt werden.

❷ **Fehlende Bezeichnung der Nachricht**
Jede Nachricht des Sequenzdiagramms muss einen Namen haben.

❸ **Falsche Notation einer Antwort-Nachricht**
Antwort-Nachrichten werden durch gestrichelte Pfeile repräsentiert.

❹ **Fehlender Interaktions-Operator**
Der Interaktions-Operator eines kombinierten Fragments muss zwingend angegeben werden. Die UML definiert die folgenden Interaktions-Operatoren:

▶ alt (Alternative)

▶ opt (Option)

▶ par (Parallalität)

▶ loop (Schleife)

▶ critical (kritischer Bereich)

▶ neg (Negation)

▶ assert (Sicherstellung)

▶ strict (strikte Sequenz)

▶ seq (schwache Sequenz)

▶ ignore (irrelevante Nachrichten)

▶ consider (relevante Nachrichten)

❺ **Keine Angabe des Teilnehmer-Typs**
Die Lebenslinie eines Teilnehmers wird mit Name:Typ gekennzeichnet. Während der Name optional ist, muss hinter einem Doppelpunkt der Typ zwingend angegeben werden.

❻ **Fehlende Zeiteinheit**
Die Einheit einer Zeitbedingung muss angegeben werden. Soll das gesamte Diagramm die gleiche Einheit verwenden, kann sie auch global in einer Notiz definiert werden.

❼ **Antwort auf eine asynchrone Nachricht**
Die Nachricht servieren ist asynchron (offene Pfeilspitze). Asynchrone Nachrichten und Nachrichten, die Signale übermitteln, werden nicht beantwortet. Antworten auf diese Nachrichtentypen werden üblicherweise selbst als neue Signale oder asynchrone Nachrichten versendet.

❽ **Richtung der Nachricht fehlt**
Die Richtung einer Nachricht muss mit einer Pfeilspitze definiert werden.

❾ Keine Bezeichnung der Antwort-Nachricht

Antwort-Nachrichten tragen den Namen der Ursprungsnachricht. Zusätzlich können sie Werte zurückgeben oder out-Parametern Werte zuweisen.

11.6   Zusammenfassung

Die folgende Auflistung beinhaltet abschließend eine Übersicht der Notationselemente von Sequenzdiagrammen:

▶ Teilnehmer von Interaktionen werden durch **Lebenslinien** repräsentiert.

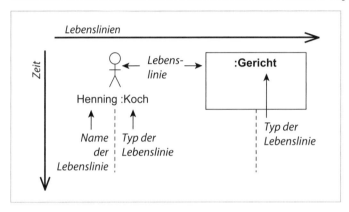

Abbildung 11.42 Lebenslinie

▶ Mit einer **Nachricht** wird das Stattfinden einer Kommunikation und deren Richtung modelliert.

Abbildung 11.43 Nachricht

387

▸ Der **Interaktionsrahmen** umfasst eine in sich abgeschlossene Interaktion.

Abbildung 11.44 Interaktionsrahmen

▸ **Kombinierte Fragmente** erlauben die Modellierung folgender Konstrukte:

　▸ Alternative Kommunikationspfade

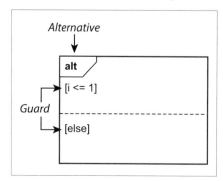

Abbildung 11.45 Alternative

　▸ Optionale Kommunikationspfade

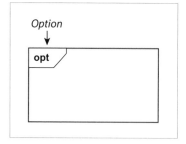

Abbildung 11.46 Option

▶ Parallele Kommunikationspfade

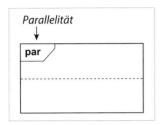

Abbildung 11.47 Parallelität

▶ Einzuhaltende Sequenzen von Nachrichten (schwach/strikt)

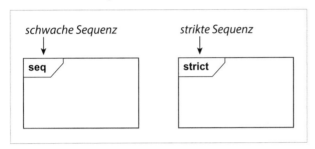

Abbildung 11.48 Schwache und strikte Sequenz

▶ Fehlerhafte Sequenzen von Nachrichten

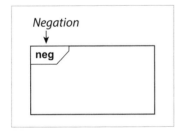

Abbildung 11.49 Negation

▶ Kritische, nicht unterbrechbare Bereiche

Abbildung 11.50 Kritischer Bereich

▸ Sicherstellungen von Interaktionsabläufen

Abbildung 11.51 Sicherstellung

▸ Irrelevante und zu ignorierende Nachrichten

Abbildung 11.52 Irrelevante Nachricht

▸ Besonders relevante und bedeutende Nachrichten

Abbildung 11.53 Relevante Nachricht

▸ Schleifen

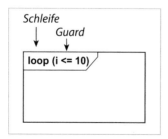

Abbildung 11.54 Schleife

Kapitel 12
Kommunikationsdiagramm

Ein Kommunikationsdiagramm beschreibt die Interaktion zwischen Objekten mit dem Fokus auf der Struktur ihrer Kommunikationsbeziehungen.

12.1 Anwendungsbereiche

Kommunikationsdiagramme (engl. *Communication Diagrams*) gehören der Gruppe der Interaktionsdiagramme an und modellieren den Nachrichtenaustausch während einer Interaktion, wobei sie sich wie Sequenzdiagramme auf ein Szenario beschränken.

Im Gegensatz zu Sequenzdiagrammen, die sich auf den Ablauf der Kommunikation konzentrieren, heben Kommunikationsdiagramme die Kommunikationsbeziehungen der Interaktionsteilnehmer hervor.

Während der Softwareentwicklung werden sie daher zumeist ergänzend zu Sequenzdiagrammen verwendet, wo sie auf einem höheren Abstraktionsniveau einen sehr guten Überblick über die Kommunikationsstruktur bieten.

12.2 Übersicht

In Abbildung 12.1 sehen Sie die Notationselemente von Kommunikationsdiagrammen.

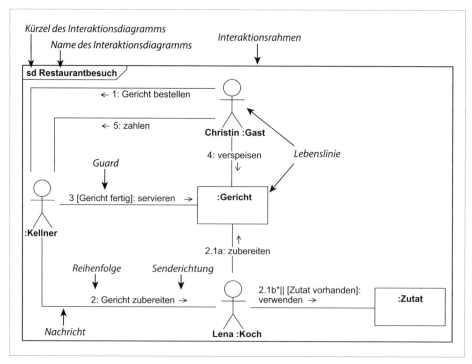

Abbildung 12.1 Notationselemente von Kommunikationsdiagrammen

12.3 Notationselemente

12.3.1 Interaktionsrahmen

Abbildung 12.2 Interaktionsrahmen

Beschreibung

Kommunikationsdiagramme gehören zur Gruppe der Interaktionsdiagramme und können damit durch einen Interaktionsrahmen in ihrem Kontext abgegrenzt werden. Details zu Interaktionsrahmen wurden bereits in Abschnitt 11.3.3 vorgestellt.

12.3.2 Lebenslinie

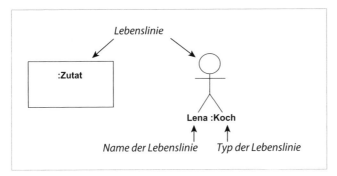

Abbildung 12.3 Lebenslinie

Beschreibung

Auch in Kommunikationsdiagrammen können Teilnehmer modelliert werden, wie sie bereits aus Sequenzdiagrammen (siehe Abschnitt 11.3.1) bekannt sind. Die UML bezeichnet sie auch hier als »Lebenslinie«, auch wenn nur deren Kopf dargestellt wird.

12.3.3 Nachricht

Abbildung 12.4 Nachricht

Beschreibung

Kommunikationsdiagramme verwenden prinzipiell die bereits aus Sequenzdiagrammen bekannten Nachrichten (siehe Abschnitt 11.3.2), nehmen jedoch einige Erweiterungen bzw. Veränderungen an ihnen vor:

▸ Die **Senderichtung** wird nicht an der Linie, sondern mit einem kleinen Pfeil in der Nähe der Nachricht gekennzeichnet.

▸ Es werden **keine Antwort-Nachrichten** modelliert.

▸ Der Nachricht wird, durch einen Doppelpunkt getrennt, ein **Sequenz-Ausdruck** (engl. *Sequence Expression*) vorangestellt, mit dessen Hilfe folgende zusätzliche Attribute von Nachrichten definiert werden können:

▶ Reihenfolge der Nachrichten

Abbildung 12.5 Reihenfolge einer Nachricht

Die Reihenfolge von Nachrichten wird durch Gliederung von Zahlen modelliert, beispielsweise:

1: erste Nachricht der Interaktion

2: zweite Nachricht

  2.1: erste Folge-Nachricht auf Nachricht Nummer 2

  2.2: zweite Folge-Nachricht auf Nachricht Nummer 2

3: dritte Nachricht

Zur Verdeutlichung kann das Sequenzdiagramm aus Abbildung 12.6 herangezogen werden, das die gleiche Nachrichtenfolge modelliert.

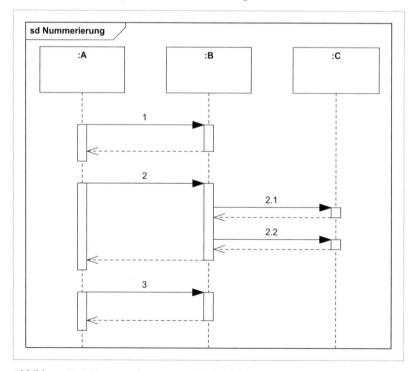

Abbildung 12.6 Nummerierung von Nachrichten

Dürfen mehrere Nachrichten parallel an unterschiedliche Teilnehmer versendet werden, so erhalten sie die gleiche Nummer und werden mit Buchstaben gekennzeichnet:

1: erste Nachricht der Interaktion

2: zweite Nachricht

  2.1a: erste parallele Folge-Nachricht auf Nachricht Nummer 2

  2.1b: zweite parallele Folge-Nachricht auf Nachricht Nummer 2

3: dritte Nachricht

Diese Nummerierung entspricht der folgenden Nachrichtenfolge im Sequenzdiagramm:

Abbildung 12.7 Parallele Nachrichten

▶ **Sende-Bedingung (Guard)**

Abbildung 12.8 Guard einer Nachricht

Nur wenn der in eckigen Klammern notierte Guard zu true ausgewertet wird, wird das Versenden der zugehörigen Nachricht durchgeführt. Guards wurden bereits in Abschnitt 10.3.2 detailliert beschrieben.

Der Guard in Abbildung 12.8 drückt aus, dass ein :Gericht von einem :Kellner nur serviert werden darf, wenn es fertig ist.

▶ **Iteratives Versenden von Nachrichten**

Abbildung 12.9 Iteratives Versenden einer Nachricht

Soll die gleiche Nachricht mehrmals an denselben Teilnehmer versendet werden, wird sie mit einem Stern gekennzeichnet.

In einem optionalen Guard, der von einer eckigen Klammer umgeben ist, wird eine Bedingung in Pseudocode oder als Ausdruck der jeweiligen Zielprogrammiersprache notiert, die vor jeder Iteration ausgewertet wird. Sobald die Auswertung false ergibt, wird das Versenden der Nachrichten abgebrochen.

Im Beispiel aus Abbildung 12.9 wird der (weibliche) :Koch Lena die :Zutat so oft verwenden, bis sie nicht mehr vorhanden ist.

In der gezeigten Iteration wird implizit davon ausgegangen, dass die modellierte Nachricht sequenziell wiederholt versendet wird. Soll dies auch parallel erfolgen dürfen, müssen hinter dem Stern zwei senkrechte Striche hinzugefügt werden.

Abbildung 12.10 Iteratives und paralleles Versenden von Nachrichten

Der :Koch aus Abbildung 12.10 kann nun die Nachricht verwenden parallel mehrfach an :Zutat versenden.

12.4   Lesen eines Kommunikationsdiagramms

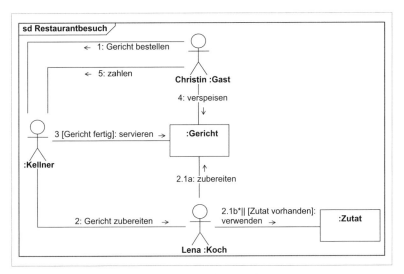

Abbildung 12.11 Beispiel eines Kommunikationsdiagramms

An der Interaktion Restaurantbesuch sind laut der Abbildung 12.11 fünf Teilnehmer (Lebenslinien) beteiligt:

▶ ein :Gast namens Christin

▶ ein :Kellner, dessen Name nicht wichtig ist

▶ ein beliebiges :Gericht

▶ ein (weiblicher) :Koch mit dem Namen Lena

▶ eine in diesem Diagramm beliebige :Zutat

Die Interaktion wird vom :Gast initiiert, indem er beim :Kellner ein Gericht bestellt.

Der :Kellner weist daraufhin den :Koch an, das Gericht zuzubereiten, was zur Folge hat, dass dieser während der Zubereitung (Nachricht 2.1a) wiederholt eine Zutat verwendet (2.1b), solange sie vorhanden ist.

Nachdem das Gericht fertig ist (Nachricht 3), wird es vom :Kellner serviert und vom :Gast verspeist (Nachricht 4).

Letztendlich zahlt der :Gast seine Rechnung beim :Kellner und beendet damit die Interaktion (Nachricht 5).

12.5   Irrungen und Wirrungen

Abbildung 12.12 zeigt die Fehler, die bei der Modellierung mit Kommunikationsdiagrammen am häufigsten gemacht werden.

Abbildung 12.12 Ein fehlerhaftes Kommunikationsdiagramm

❶ Name des Interaktionsrahmens fehlt

Ein Interaktionsrahmen muss einen Namen enthalten.

❷ Nummerierung stimmt nicht

Die Nummerierung der Nachrichten eines Kommunikationsdiagramms muss lückenlos und eindeutig sein (im obigen Beispiel fehlt Nachricht 5).

❸ Typ des Teilnehmers fehlt

Während der Name optional ist, muss der Typ des Teilnehmers zwingend angegeben werden.

❹ Richtung der Nachricht nicht modelliert

Die Richtung einer Nachricht wird in einem Kommunikationsdiagramm mit einem kleinen Pfeil in der Nähe der Nachrichtenbezeichnung definiert. Sie ist verbindlich und darf nicht weggelassen werden.

❺ Fehlerhafte Definition der Parallelität

Das Symbol für paralleles Absenden von Nachrichten wurde notiert (||), das Schleifensymbol (*) fehlt jedoch.

Sollen die gleichen Nachrichten mehrfach in einer Schleife parallel versendet werden können, lautet die korrekte Notation *||.

Sollen mehrere unterschiedliche Nachrichten parallel an verschiedene Teilnehmer versendet werden können, so wird ihre Nummerierung um Buchstaben erweitert (2.1a, 2.1b, 2.1c usw.).

❻ Ungünstiges Symbol für Teilnehmer

Der Teilnehmer vom Typ :Zutat ist mit einem Strichmännchen-Symbol modelliert, das jedoch für menschliche Teilnehmer bevorzugt werden sollte. Ein rechteckiges Symbol stellt an dieser Stelle die bessere Wahl dar.

12.6   Zusammenfassung

Abschließend werden die vorgestellten Notationselemente kurz zusammengefasst:

▸ **Interaktionsrahmen** umfassen eine in sich abgeschlossene Interaktion (siehe Abbildung 12.13).

Abbildung 12.13 Interaktionsrahmen

▸ **Lebenslinien** modellieren die Teilnehmer von Interaktionen (siehe Abbildung 12.14).

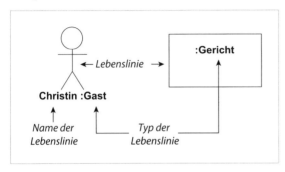

Abbildung 12.14 Lebenslinien

▶ Mit **Nachrichten** werden stattfindende Kommunikationen sowie deren Richtungen und Reihenfolgen modelliert (siehe Abbildung 12.15).

Abbildung 12.15 Nachricht

Kapitel 13
Timing-Diagramm

Ein Timing-Diagramm modelliert eine Interaktion unter besonderem Fokus auf die resultierenden Zustandswechsel innerhalb einer bestimmten Zeitspanne.

13.1 Anwendungsbereiche

Timing-Diagramme gehören wie Sequenz- und Kommunikationsdiagramme zur Gruppe der Interaktionsdiagramme und modellieren erwartungsgemäß Interaktionen zwischen Objekten.

Im Gegensatz zu Sequenzdiagrammen, die den Ablauf einer Interaktion hervorheben, und Kommunikationsdiagrammen, die stärker die Kommunikationsbeziehungen der Objekte während einer Interaktion in den Vordergrund stellen, konzentrieren sich Timing-Diagramme auf die zeitlichen Aspekte der Zustandswechsel, die Objekte aufgrund der empfangenen Nachrichten erfahren (siehe auch Kapitel 10, »Zustandsdiagramm«).

Sie ergänzen daher sowohl Zustandsdiagramme als auch Sequenz- und Kommunikationsdiagramme um eine exakte zeitliche Beschreibung der Zustandswechsel und werden für genau diesen Zweck im Laufe eines Software-Entwicklungsprozesses eingesetzt.

13.2 Übersicht

Abbildung 13.1 zeigt eine Auswahl der Notationselemente von Timing-Diagrammen.

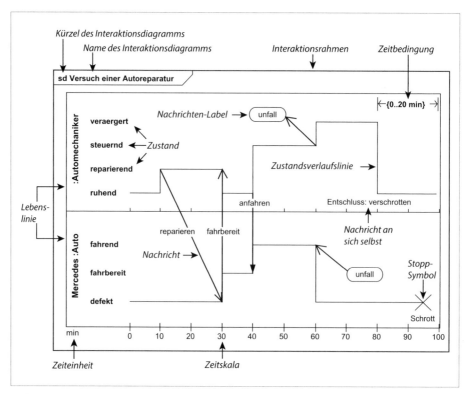

Abbildung 13.1 Notationselemente von Timing-Diagrammen

13.3 Notationselemente

13.3.1 Interaktionsrahmen

Abbildung 13.2 Interaktionsrahmen

Timing-Diagramme können wie alle Arten der Interaktionsdiagramme durch einen Interaktionsrahmen in ihrem Kontext begrenzt werden. Details über Interaktionsrahmen finden Sie in Abschnitt 11.3.3.

402

13.3.2   Lebenslinie

Abbildung 13.3 Lebenslinie

Beschreibung

Die Lebenslinie eines Teilnehmers wird in Timing-Diagrammen von einem Rechteck mit einer optionalen Zeitskala repräsentiert. Der Typ (Klasse, siehe Kapitel 2) und der optionale Name (Instanz, siehe Kapitel 3) des Teilnehmers wird an der linken Seite der Lebenslinie auf die bereits aus Sequenzdiagrammen (siehe Abschnitt 11.3.1) bekannte Weise notiert.

Abbildung 13.3 zeigt beispielsweise die Lebenslinie eines Teilnehmers Mercedes vom Typ :Auto innerhalb einer Zeitdauer von 100 min mit der Auflösung von 10 min.

Es ist in Timing-Diagrammen üblich, die Lebenslinien mehrerer an der Interaktion beteiligter Teilnehmer untereinander zu ordnen.

Abbildung 13.4 Lebenslinien

403

Verwendung

Modellieren Sie Lebenslinien, um die Teilnehmer einer Interaktion festzulegen. Der Teilnehmer, der die Interaktion auslöst, wird üblicherweise an der obersten Position modelliert, auch wenn dies von der UML nicht vorgeschrieben ist.

Im Gegensatz zu den aus Sequenz- und Kommunikationsdiagrammen bekannten unterschiedlichen Notationselementen für menschliche (Strichmännchen) und nicht menschliche Teilnehmer (Rechteck) werden in Timing-Diagrammen alle Teilnehmer durch dasselbe Notationselement repräsentiert.

13.3.3 Zustandsverlaufslinie

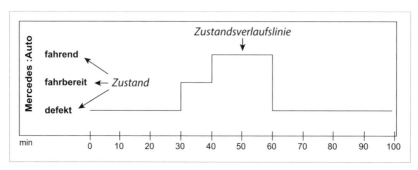

Abbildung 13.5 Zustandsverlaufslinie

Beschreibung

> Die **Zustandsverlaufslinie** (engl. *State Timeline*) zeigt die **Zustände und Zustands-wechsel** eines Teilnehmers innerhalb einer gewissen Zeitspanne.

Die relevanten Zustände des Teilnehmers werden auf der linken Seite seiner Lebenslinie vertikal untereinander angeordnet, wobei der Ausgangszustand üblicherweise an der untersten Position notiert wird.

Abbildung 13.5 zeigt ein Beispiel einer Zustandsverlaufslinie. Zu Beginn der Interaktion (0 min) befindet sich der Mercedes im Zustand defekt. Nach 30 min ist er fahrbereit und wechselt nach weiteren 10 min in den Zustand fahrend. Beim Zeitpunkt 60 min ist er wieder defekt und verbleibt in diesem Zustand bis zum Ende der Interaktion. Leider war es wohl nur eine kurze Spritztour.

Üblicherweise besitzt ein Objekt diskrete Zustände, die sich eindeutig voneinander trennen lassen und deren Wechsel keine Zeit in Anspruch nimmt. In Abbildung 13.5 wird dies durch die senkrechten »Sprünge« der Zustandsverlaufslinie modelliert.

Die UML erlaubt ebenfalls kontinuierliche Zustandswechsel, wie sie beispielsweise bei Temperaturen bekannt sind. Ist es in einem Raum kalt, so wird es dort nicht schlagartig warm, wenn man die Heizung aufdreht. Der Zustandswechsel von kalt zu warm wird damit über unendlich viele Zwischenzustände beim Aufwärmen vollzogen und nimmt eine gewisse Zeit in Anspruch.

Die Modellierung eines solchen Zustandswechsels ist von der UML zwar erlaubt, allerdings nicht explizit definiert. Da Timing-Diagramme jedoch in der Elektrotechnik bereits seit vielen Jahren zur Modellierung von Signalverläufen eingesetzt werden, ist es naheliegend, die dort übliche Notationsart heranzuziehen.

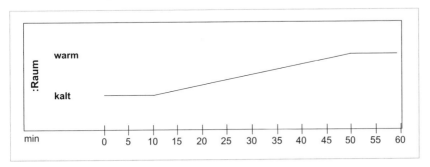

Abbildung 13.6 Kontinuierlicher Zustandswechsel

Der :Raum aus Abbildung 13.6 ist anfangs kalt. Nach 10 min beginnt er sich aufzuwärmen und kann nach 50 min als warm angesehen werden.

Die bereits aus Sequenzdiagrammen bekannten Zeitbedingungen (siehe Abschnitt 11.3.2) können auch ohne Einschränkungen an Zustandsverlaufslinien notiert werden.

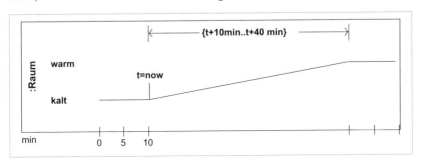

Abbildung 13.7 Zeitbedingung einer Zustandsverlaufslinie

Die Zeitbedingung in der Abbildung 13.7 definiert, dass der Zustandswechsel zwischen 10 und 40 min dauern soll. Da diese Zeitspanne nicht genau festgelegt ist, wurde auch ein Teil der Zeit-Skala ausgespart.

Eine Zerstörung des Objekts während einer Interaktion wird wie in Sequenzdiagrammen (siehe Abschnitt 11.3.1) mit dem **Stopp-Symbol** notiert.

Nachdem er nach bereits 20 min Fahrzeit wieder defekt war, wird der Mercedes aus Abbildung 13.8 schließlich verschrottet.

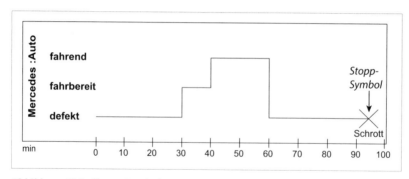

Abbildung 13.8 Stopp-Symbol

Verwendung

Zustandsverlaufslinien erlauben die Modellierung von Zustandswechseln innerhalb einer Zeitspanne und ermöglichen die Definition von präzisen Zeitbedingungen.

Die Zustandsverlaufslinie beginnt zumeist in einem Ruhe-Zustand (ob er tatsächlich »Ruhe« heißt, ist natürlich irrelevant). Achten Sie darauf, in welchem Zustand das Ende des Timing-Diagramms erreicht wird. Sehr häufig sollte das Objekt zum modellierten Ruhe-Zustand wieder zurückkehren, um dieselbe Zustandsabfolge erneut zu erlauben.

13.3.4 Wertverlaufslinie

Abbildung 13.9 Wertverlaufslinie eines CD-Wechslers

Beschreibung

> Die **Wertverlaufslinie** (engl. *Value Lifeline*) zeigt die **Werte oder Zustände** eines Objekts **und deren Veränderungen** innerhalb einer Zeitspanne und stellt eine **alternative Notationsform der Zustandsverlaufslinie** dar.

Der Wert oder Zustand wird innerhalb der Wertverlaufslinie notiert. Das Kreuzen des oberen mit dem unteren Rand modelliert einen Zustandswechsel.

Der in Abbildung 13.9 modellierte :CD-Wechsler beginnt seine Arbeit mit dem Abspielen der CD 1. Alle 50 min wechselt er zur nächsten CD über (wir wollen vereinfachend annehmen, dass alle CDs genau 50 min lang sind). Nachdem er die letzte CD 10 abgespielt hat, fängt er wieder mit CD 1 an.

Die Wertverlaufslinie ist mit der Zustandsverlaufslinie semantisch gleich und kann ebenfalls mit Zeitbedingungen versehen oder mit dem Stopp-Symbol beendet werden. Die Zustandswechsel des :CD-Wechslers aus Abbildung 13.9 können daher auch mit einer Zustandsverlaufslinie äquivalent modelliert werden (siehe Abbildung 13.10).

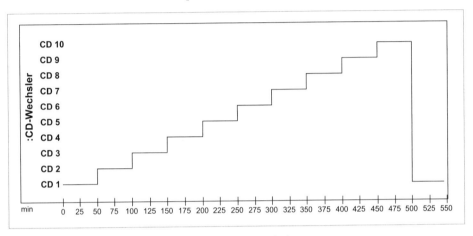

Abbildung 13.10 Zustandsverlaufslinie eines CD-Wechslers

Verwendung

Semantisch gibt es keinerlei Unterschiede zwischen einer Wert- und einer Zustandsverlaufslinie. Deren typische Einsatzszenarien sind jedoch differenziert:

▶ Kann ein Objekt nur wenige Zustände annehmen, die jedoch unregelmäßig wechseln, so könnte die Zustandsverlaufslinie die optimale Darstellung liefern.

▶ Hat ein Objekt sehr viele Zustände, die sich nur selten oder in einer regelmäßigen Folge ändern, so bietet wahrscheinlich die Wertverlaufslinie die übersichtlichere und kompaktere Darstellung.

13.3.5   Nachricht

Beschreibung

Für die Modellierung von Interaktionen zwischen Teilnehmern können die bereits aus Sequenzdiagrammen (siehe Abschnitt 11.3.2) bekannten Nachrichten ohne Einschränkungen auch in Timing-Diagrammen verwendet werden.

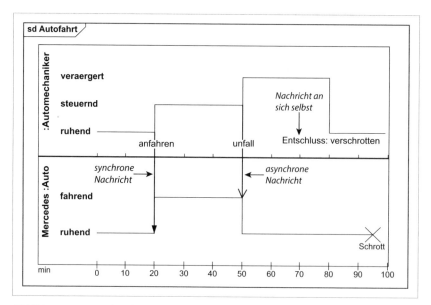

Abbildung 13.11 Nachrichten

Als Beispiel zeigt das Timing-Diagramm aus Abbildung 13.11 die Interaktion Autofahrt, in die der Teilnehmer :Automechaniker und ein Mercedes der Klasse :Auto involviert sind.

Beide befinden sich zunächst im Zustand ruhend, bis der :Automechaniker dem :Auto die Nachricht zum anfahren sendet und sich selbst in den Zustand steuernd begibt. Das :Auto setzt sich daraufhin in Bewegung und wechselt in den Zustand fahrend.

Bereits nach 30 min Fahrt verursacht der :Automechaniker einen unfall, zwingt das :Auto damit zurück in den Zustand ruhend und ärgert sich selbst darüber (Zustand veraergert).

Nach einer weiteren halben Stunde entschließt sich der :Automechaniker, das :Auto zu verschrotten, was zwar die Existenz des :Autos beendet (Stopp-Symbol), den :Automechaniker jedoch wieder in den ruhend-Zustand versetzt.

Die Lesbarkeit eines Timing-Diagramms mit sehr vielen sich möglicherweise sogar kreuzenden Nachrichten kann durch **Nachrichten-Labels** (engl. *Message Labels*) verbessert werden.

Die Nachrichten-Labels unfall aus Abbildung 13.12 trennen die ursprüngliche Nachricht lediglich auf und verleihen ihr keine zusätzliche Semantik.

Endet eine Nachricht in einem Nachrichten-Label, so wird sie an einem anderen Nachrichten-Label mit demselben Namen weitergeführt. Achten Sie daher darauf, dass die Nachrichten-Labels eindeutige Namen besitzen und immer paarweise modelliert werden.

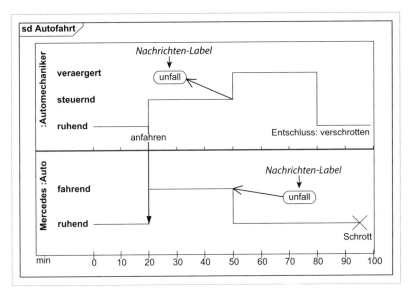

Abbildung 13.12 Nachrichten-Labels

Eine zwingend notwendige Reihenfolge von Nachrichten kann in Timing-Diagrammen mit der **Ordnungsbeziehung** (engl. *General Ordering*) modelliert werden, die bereits in Abschnitt 11.3.4 vorgestellt wurde.

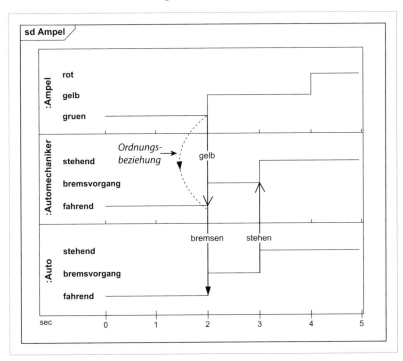

Abbildung 13.13 Ordnungsbeziehung

Die Ordnungsbeziehung aus Abbildung 13.13 spezifiziert, dass in der Interaktion Ampel die Nachricht gelb zwingend vor der Nachricht bremsen gesendet werden muss.

Verwendung

Erst die Modellierung von Nachrichten macht ein Timing-Diagramm zu einem »echten« Interaktionsdiagramm, in dem zwei oder mehr Teilnehmer über einen Nachrichtenaustausch kommunizieren und damit interagieren.

Die Nachrichten, die in Timing-Diagrammen verwendet werden dürfen, sind mit denen aus Sequenzdiagrammen identisch und geben Ihnen damit sehr vielfältige Ausdrucksmöglichkeiten an die Hand.

Nachrichten-Labels, die nur in Timing-Diagrammen verwendet werden dürfen, helfen speziell bei Interaktionen mit vielen Teilnehmern, das Diagramm lesbar und überschaubar zu halten.

Bei unklarer Reihenfolge von Nachrichten sollten Ordnungsbeziehungen zur Unterstützung herangezogen werden.

13.4   Lesen eines Timing-Diagramms

Abbildung 13.14 modelliert zwei Teilnehmer der Interaktion Versuch einer Autoreparatur:

▶ einen :Automechaniker, dessen Name irrelevant ist, und

▶ einen Mercedes, der nachvollziehbar ein :Auto ist.

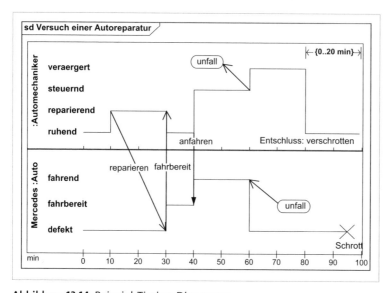

Abbildung 13.14 Beispiel-Timing-Diagramm

Zu Beginn der Interaktion befindet sich der :Automechaniker im Zustand ruhend, der Mercedes ist defekt. Nach 10 min beginnt der :Automechaniker mit der Reparatur und sendet hierzu die asynchrone Nachricht reparieren, die bei Minute 30 eine Zustands-änderung des :Autos zu fahrbereit bewirkt. Das :Auto sendet unmittelbar danach die asynchrone Nachricht fahrbereit, was den :Automechaniker dazu bringt, sich wieder in den Zustand ruhend zu begeben.

Er hält es jedoch nur ganze 10 min in Ruhe aus und erteilt dem :Auto den synchronen Befehl zum anfahren, worauf es bereitwillig in den Zustand fahrend mit dem :Auto-mechaniker am Steuer (Zustand steuernd) übergeht.

Leider verursacht der :Automechaniker einen unfall, wodurch das :Auto wieder in den Zustand defekt gezwungen wird und der :Automechaniker sich selbst ärgert (Zustand veraergert). Schließlich fasst er selbst den Entschluss, das :Auto zu verschrotten, was auch innerhalb von maximal 20 min durchgeführt wird.

Dadurch wechselt er zwar wieder in den Ruhe-Zustand, für das :Auto ist die Existenz jedoch zu Ende (Stopp-Notationselement).

13.5   Irrungen und Wirrungen

Abbildung 13.15 soll Sie vor den häufigsten Fehlern bei der Verwendung von Timing-Diagrammen bewahren.

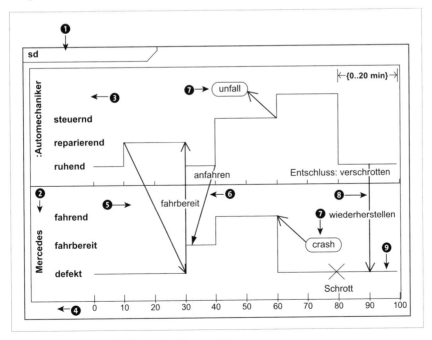

Abbildung 13.15 Ein fehlerhaftes Timing-Diagramm

❶ **Name der Interaktion fehlt**

Der Name einer Interaktion muss im zugehörigen Interaktionsrahmen notiert werden.

❷ **Typ des Teilnehmers fehlt**

Ein Teilnehmer wird durch seinen Namen (Instanz) und seinen Typ (Klasse) identifiziert, die durch einen Doppelpunkt getrennt werden (z. B.: Name : Typ). Während der Name optional ist, muss sein Typ zwingend angegeben werden.

❸ **Fehlende Zustandsdefinition**

Der Teilnehmer wechselt in einen Zustand, der nicht definiert ist.

❹ **Fehlende Definition der Zeiteinheit**

Die Einheit der Zeitskala muss ebenfalls definiert werden. Gültig sind alle Zeiteinheiten, wie sec, min, h, woche, jahr und weitere.

❺ **Name der Nachricht fehlt**

Nachrichten werden über ihren Namen definiert, der nicht optional ist.

❻ **Nachricht »in die Vergangenheit«**

Das modellierte Eintreffen der Nachricht geschieht bereits vor ihrer Aussendung. Solange Reisen in die Vergangenheit nicht möglich sind, sollten Sie auf diese Art der Modellierung lieber verzichten.

❼ **Keine passenden Nachrichten-Labels**

Es gibt zwar zwei Nachrichten-Labels im Diagramm, sie tragen jedoch unterschiedliche Bezeichnungen. Entweder muss der Name eines der beiden angepasst werden, oder Sie müssen zwei neue Nachrichten-Labels mit jeweils zueinander passenden Namen modellieren.

❽ **Nachrichten-Empfang hinter einem Stopp-Symbol**

Die Nachricht wiederherstellen trifft beim :Auto erst hinter dem Stopp-Symbol ein. Da der Teilnehmer zu diesem Zeitpunkt nicht mehr existiert, ist diese Nachricht nicht gültig.

❾ **Fortführung der Zustandsverlaufslinie hinter einem Stopp-Symbol**

Die Existenz eines Teilnehmers endet mit dem Stopp-Symbol. Er kann sich hiernach somit in keinem Zustand befinden.

13.6 Zusammenfassung

Die Notationselemente von Timing-Diagrammen werden hier noch einmal übersichtsartig zusammengefasst:

▶ **Interaktionsrahmen** umfassen eine abgeschlossene Interaktion.

Abbildung 13.16 Interaktionsrahmen

▶ **Lebenslinien** modellieren die Teilnehmer der Interaktionen und deren Zustände.

Abbildung 13.17 Lebenslinien

▶ **Zustandsverlaufslinien** zeigen die Zustände und Zustandswechsel des jeweiligen Teilnehmers.

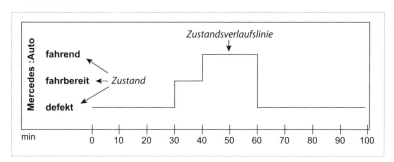

Abbildung 13.18 Zustandsverlaufslinie

▶ Die **Wertverlaufslinie** zeigt ebenfalls die Zustände und Zustandswechsel des jeweiligen Teilnehmers und stellt eine alternative Notationsform der Zustandsverlaufslinie dar.

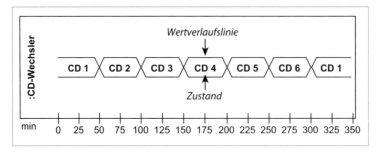

Abbildung 13.19 Wertverlaufslinie

▶ **Nachrichten** kennzeichnen das Stattfinden und die Richtung einer Kommunikation zwischen Teilnehmern.

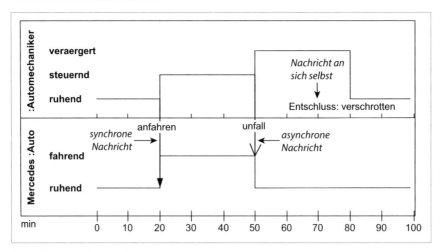

Abbildung 13.20 Nachrichten

Kapitel 14
Interaktionsübersichtsdiagramm

*Ein Interaktionsübersichtsdiagramm setzt eine Variante eines
Aktivitätsdiagramms ein, um einen Überblick über einzelne Interaktionen und deren Reihenfolge zu modellieren.*

14.1 Anwendungsbereiche

Interaktionsübersichtsdiagramme (engl. *Interaction Overview Diagrams*) stellen eine
Spezialisierung der in Kapitel 9 bercits vorgestellten Aktivitätsdiagramme dar. Statt
Aktionen und Aktivitäten können sowohl Sequenz-, Kommunikations- oder Timing-
Diagramme als auch rekursiv Interaktionsübersichtsdiagramme als Knoten des Akti-
vitätsdiagramms verwendet werden.

Vorzugsweise werden Interaktionsübersichtsdiagramme bei einer großen Anzahl
einzelner Interaktionen eingesetzt, bei denen der Überblick über deren Reihenfolge
und Zusammenhänge schwierig ist. Beispielsweise gibt es bei einem Fußball-Freistoß
mehrere Interaktionen, die nacheinander oder auch parallel ablaufen, wie z. B. die
Positionierung des Balles durch den Schützen, die Positionierung der »Mauer« durch
den Torwart, die Freigabe des Freistoßes durch den Schiedsrichter usw. Diese vielen
einzelnen Interaktionen können sehr elegant in einem Interaktionsübersichtsdiagramm zu einem gesamten Ablauf des Freistoßes zusammengefasst werden.

Weiterhin ist der Einsatz von Interaktionsübersichtsdiagrammen empfehlenswert,
wenn mehrere Interaktionsdiagramme, die jeweils nur genau ein Szenario des möglichen Nachrichtenaustauschs darstellen, in einem Diagramm kompakt und überschaubar zu einer Einheit zusammengefasst werden sollen.

Im Laufe des Software-Entwicklungsprozesses werden Interaktionsübersichtsdiagramme daher parallel zu weiteren Interaktionsdiagrammen modelliert.

14.2 Übersicht

In Abbildung 14.1 sehen Sie eine Übersicht der Notationselemente von Interaktionsübersichtsdiagrammen.

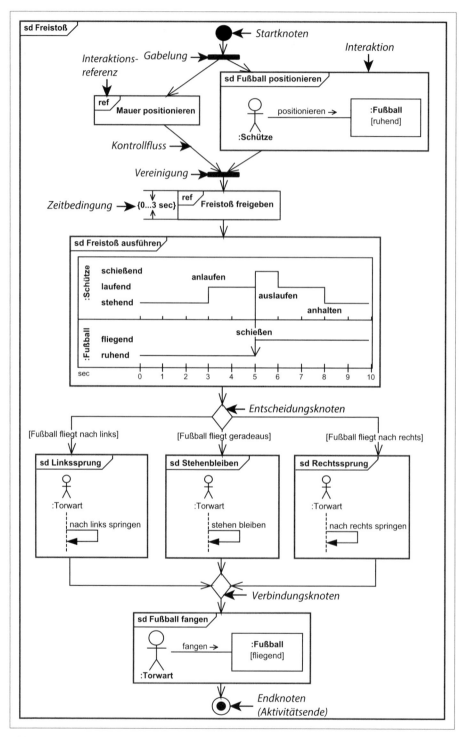

Abbildung 14.1 Notationselemente von Interaktionsübersichtsdiagrammen

14.3   Notationselemente

14.3.1   Interaktionsrahmen

Abbildung 14.2 Interaktionsrahmen

Beschreibung

Interaktionsübersichtsdiagramme gehören wie Sequenz-, Kommunikations- und Timing-Diagramme zur Gruppe der Interaktionsdiagramme und können durch einen Interaktionsrahmen in ihrem Kontext begrenzt werden.

Eine ausführliche Beschreibung der Eigenschaften von Interaktionsrahmen finden Sie in Abschnitt 11.3.3.

14.3.2   Interaktion und Interaktionsreferenz

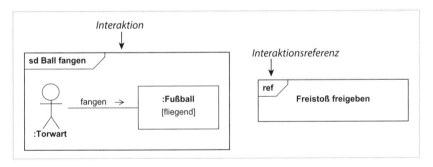

Abbildung 14.3 Interaktion und Interaktionsreferenz

Beschreibung

Statt Aktionen bzw. Aktivitäten werden in Interaktionsübersichtsdiagrammen vollständige Interaktionen (Interaktionsdiagramme) und Referenzen auf Interaktionsdiagramme (siehe Abschnitt 11.3.3) dargestellt.

Zusätzlich können gesamten Interaktionsdiagrammen und Interaktionsreferenzen Zeitbedingungen zugeordnet werden, wie sie aus Sequenzdiagrammen bekannt sind (siehe auch Abschnitt 11.3.2):

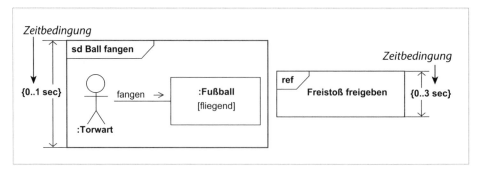

Abbildung 14.4 Zeitbedingungen an Interaktionen und Interaktionsreferenzen

Die Zeitbedingungen aus Abbildung 14.4 besagen, dass ein :Torwart einen :Fußball innerhalb einer Sekunde fangen sollte und dass ein Freistoß innerhalb von 3 sec freigegeben werden sollte.

Verwendung

Interaktionen werden verwendet, um den Nachrichtenaustausch innerhalb einzelner Knoten eines Interaktionsübersichtsdiagramms detailliert zu zeigen.

Wird jedoch ein höheres Abstraktionsniveau des Interaktionsübersichtsdiagramms gewünscht, auf dem der Ablauf einzelner Interaktionen nicht relevant ist und lediglich eine Gesamtübersicht über die Zusammenhänge und Reihenfolge der Interaktionen modelliert werden soll, so ist die kompaktere Darstellung mit Interaktionsreferenzen zu empfehlen.

14.3.3   Kontrollfluss

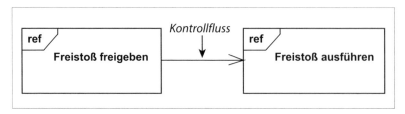

Abbildung 14.5 Kontrollfluss

Beschreibung

Der bereits aus Abschnitt 9.3.2 bekannte Kontrollfluss modelliert die Ausführungsreihenfolge der Interaktionen bzw. Interaktionsreferenzen.

14.3.4   Kontrollknoten

Beschreibung

Bis auf die Ersetzung der Aktionen bzw. Aktivitäten schreibt die UML keinerlei Einschränkungen vor, welche Notationselemente der Aktivitätsdiagramme (siehe Kapitel 9) in Interaktionsübersichtsdiagrammen verwendet werden dürfen.

Abbildung 14.6 zeigt die wichtigsten und am häufigsten verwendeten Notationselemente.

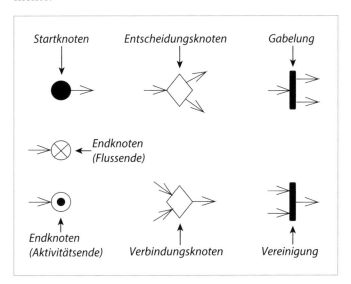

Abbildung 14.6 Einige Notationselemente aus Aktivitätsdiagrammen, die auch in Interaktionsübersichtsdiagrammen verwendet werden können

Verwendung

Obwohl die UML Ihnen die freie Wahl gibt, sich aller Notationselemente von Aktivitätsdiagrammen zu bedienen, spricht sie selbst eine Empfehlung aus, sich möglichst nur auf die in Abbildung 14.6 gezeigten Notationselemente zu beschränken.

Interaktionsübersichtsdiagramme sollen die Sicht auf die Gesamtheit der Interaktionen vereinfachen und sie nicht durch eine möglichst ausgefeilte Verwendung der Notationselemente von Aktivitätsdiagrammen verkomplizieren. In der Praxis zeigt sich, dass mit den dargestellten Notationselementen prinzipiell alle möglichen Abläufe modelliert werden können, sodass der Verzicht auf beispielsweise kombinierte Fragmente nicht sehr schmerzhaft ist.

14.4   Lesen eines Interaktionsübersichtsdiagramms

Der in Abbildung 14.7 modellierte Freistoß beginnt mit dem parallelen Positionieren der Mauer (wahrscheinlich durch den Torwart, hier nicht modelliert) und dem Positionieren des Fußballs durch einen :Schützen.

Nachdem beide Interaktionen beendet wurden, wird der Freistoß innerhalb von 3 sec freigegeben, worauf der :Schütze ihn in einer Interaktion mit dem :Fußball ausführt.

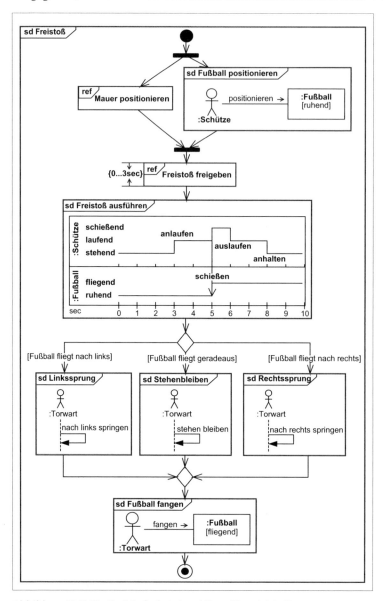

Abbildung 14.7 Ein Freistoß als Interaktionsübersichtsdiagramm

Als Reaktion auf den Schuss muss der :Torwart in Abhängigkeit von der Flugrichtung des :Fußballs stehen bleiben oder nach links bzw. nach rechts springen und anschließend den Fußball fangen.

14.5   Irrungen und Wirrungen

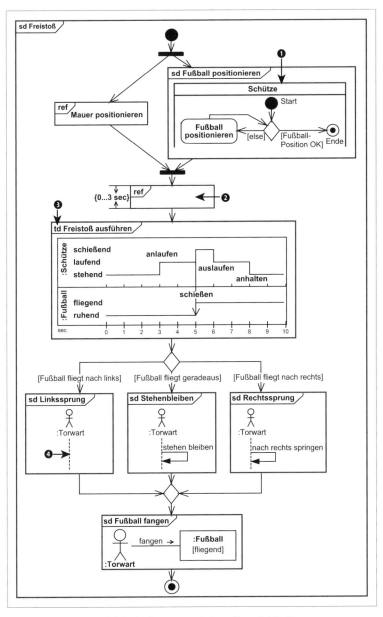

Abbildung 14.8 Ein fehlerhaftes Interaktionsübersichtsdiagramm

Abbildung 14.8 zeigt die häufigsten Fehler bei der Modellierung mit Interaktionsübersichtsdiagrammen. Es empfiehlt sich außerdem, noch mal einen Blick in Abschnitt 9.5 zu werfen, um mögliche Fehler im Zusammenhang mit den Notationselementen von Aktivitätsdiagrammen zu vermeiden.

❶ **Verwendung eines Nichtinteraktionsdiagramms**
Nur Interaktionsdiagramme dürfen als Knoten eines Interaktionsübersichtsdiagramms modelliert werden. Das verwendete Aktivitätsdiagramm Fußball positionieren gehört nicht dazu.

❷ **Name des referenzierten Interaktionsdiagramms fehlt**
Ein Interaktionsdiagramm wird über seinen Namen eindeutig referenziert, der zwingend bei seiner Referenzierung angegeben werden muss.

❸ **Unbekannter Diagrammtyp**
Alle in Interaktionsübersichtsdiagrammen verwendeten Interaktionsrahmen müssen die Abkürzung sd tragen, die auf ein Interaktionsdiagramm deutet.

❹ **Unvollständiges Interaktionsdiagramm**
Alle verwendeten Interaktionsdiagramme müssen in sich vollständig und korrekt sein.

14.6   Zusammenfassung

Abschließend gibt die folgende Aufzählung Ihnen eine Kurzübersicht der Notationselemente von Interaktionsübersichtsdiagrammen:

▶ Der **Interaktionsrahmen** grenzt eine in sich abgeschlossene Interaktion ab.

Abbildung 14.9 Interaktionsrahmen

▶ Als Knoten des Diagramms werden statt Aktionen bzw. Aktivitäten ganze **Interaktionen** oder **Interaktionsreferenzen** verwendet.

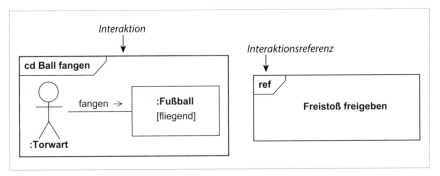

Abbildung 14.10 Interaktionsrahmen und Interaktionsreferenz

▶ Prinzipiell können alle Notationselemente aus Aktivitätsdiagrammen verwendet werden. Die UML empfiehlt jedoch, sich auf die folgenden zu beschränken:

  ▶ **Kontrollfluss**

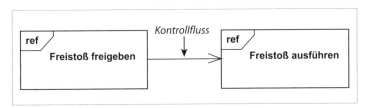

Abbildung 14.11 Kontrollfluss

  ▶ **Start-** und **Endknoten**

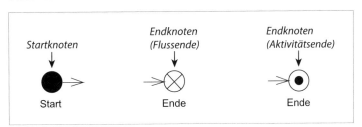

Abbildung 14.12 Start- und Endknoten

  ▶ **Entscheidungs-** und **Verbindungsknoten**

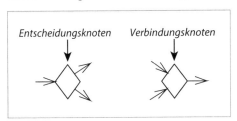

Abbildung 14.13 Entscheidungs- und Verbindungsknoten

14

▶ **Gabelung** und **Vereinigung**

Abbildung 14.14 Gabelung und Vereinigung

TEIL IV

Metamodellierung

Das folgende Kapitel befasst sich mit der Metamodellierung der UML. Seit der Version 2.2 stellt die UML Profildiagramme zur Verfügung, die im Folgenden behandelt werden.

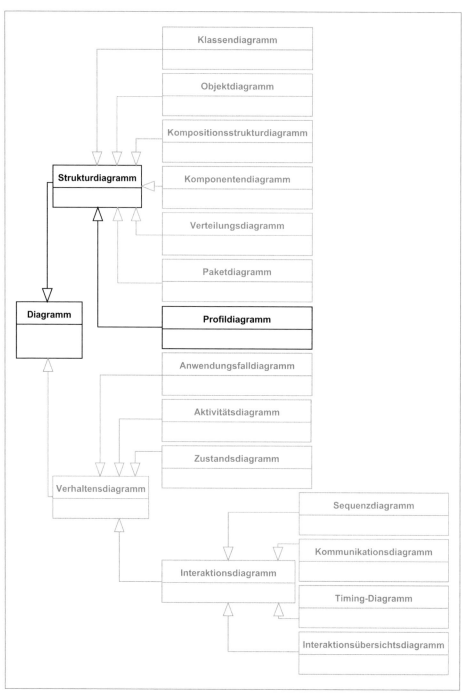

Abbildung Diagrammstruktur der UML

Kapitel 15
Profildiagramm

Profildiagramme stellen einen leichtgewichtigen Mechanismus dar,
mit dem die UML erweitert werden kann.

15.1 Anwendungsbereiche

In früheren Versionen der UML wurden neue Stereotypen und Eigenschaften von Klassen einfach durch deren Verwendung innerhalb eines UML-Modells »definiert«. Die OMG sah daher die Notwendigkeit, mithilfe von Profildiagrammen mehr Struktur, Konsistenz und Präzision bei der Erweiterung der UML (streng genommen des UML-Metamodells) zu erreichen. So wurden in UML 2.2 Profile als spezielle Arten von Paketen, Stereotypen als spezielle *Metaklassen* sowie Eigenschaften als *Metaattribute* definiert.

Profildiagramme bieten nicht die Mechanismen, um die bereits spezifizierten UML-Metaklassen zu modifizieren. Die Intention von Profildiagrammen ist es, durch Erweiterungen die UML-Spezifikation an die jeweiligen Bedürfnisse anzupassen. Es ist daher nicht möglich, spezifizierte Einschränkungen der UML zu entfernen, neue UML-Metaklassen hinzuzufügen oder Metaklassen aus dem UML-Modell zu entfernen.

Es gibt diverse Gründe, die bestehende UML-Spezifikation anzupassen:

▶ Eine Plattform/Architektur verlangt eine spezifische Terminologie, z. B. bei Enterprise Java Beans *home interface*, *remote interface*, *ejb*.

▶ Eine anschaulichere Notation für bereits existierende Notationselemente soll gewählt werden, z. B. eine bestimmte grafische Abbildung für einen PC, eine andere für eine Hardware-Firewall, eine weitere für einen Blade-Server.

▶ Eine in der UML bewusst offen gelassene Semantik soll enger gefasst werden, beispielsweise sollen spezielle Prioritätsbedingungen bei der Abarbeitung von parallel auftretenden Events in Zustandsdiagrammen gelten.

▶ Die Definition von Aktionen oder Aktivitäten als allgemeine Verhaltenselemente reicht nicht aus. Sie benötigen zwingend spezielle Geschäftsprozesse als Standardbestandteile Ihres Modells.

▶ Ein nicht existentes Notationselement soll hinzugefügt werden. Beispielsweise könnte Ihr Modell dringend einen Countdown-Timer benötigen.

▶ Neue Einschränkungen werden benötigt, da Sie nicht möchten, dass mehrere Aktionen parallel innerhalb einer Transition ausgeführt werden dürfen.

Mit diesem Diagrammtyp entfernen Sie sich etwas von der eigentlichen Modellierung Ihres Systems und begeben sich auf die Metaebene der UML. Verwenden Sie daher Profildiagramme, wenn Sie Erweiterungen des UML-Standards konsistent modellieren möchten.

15.2 Übersicht

Abbildung 15.1 benennt die wichtigsten Notationselemente von Profildiagrammen.

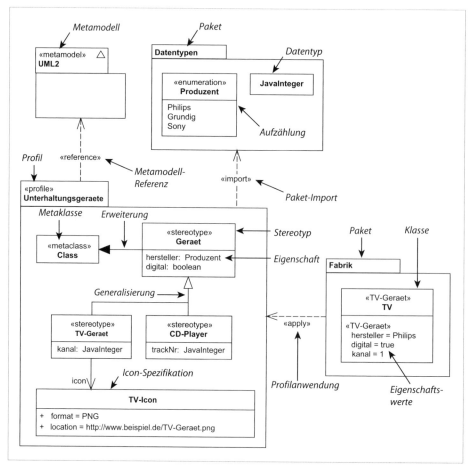

Abbildung 15.1 Notationselemente von Profildiagrammen

15.3   Notationselemente

15.3.1   Metamodell, Profil und Metamodell-Referenz

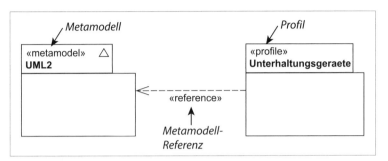

Abbildung 15.2 Profil und Metamodell-Referenz

Beschreibung

> Ein **Profil** (engl. *Profile*) ist eine spezielle Art eines Pakets (siehe Abschnitt 7.3.1), das ein bereits bestehendes **Metamodell** erweitert, was mithilfe einer **Metamodell-Referenz** (engl. *Metamodel Reference*) modelliert wird.

Ein Metamodell steht als »Modell eines Modells« zu seinem Modell in einem vergleichbaren Verhältnis wie eine Klasse zu einem Objekt. Während ein Objekt eine Instanz einer Klasse darstellt, stellt ein Modell eine Instanz seines Metamodells dar (siehe auch Kapitel 2, »Klassendiagramm«, und Kapitel 3, »Objektdiagramm«).

Die UML 2 erlaubt nicht, ein eigenständiges Profil zu definieren, das nicht ein bereits bestehendes Metamodell referenziert. Es ist also nicht möglich, unter Einsatz von Profildiagrammen ein neues Metamodell zu entwerfen, sondern man kann lediglich ein bestehendes erweitern. (Daher wird der Mechanismus von Profilen auch als »leichtgewichtig« bezeichnet.)

Abbildung 15.2 modelliert die Erweiterung des Metamodells UML2 durch ein Profil Unterhaltungsgeraete. Ein Metamodell wird in UML-Diagrammen durch die Verwendung des Stereotyps <<metamodel>> (optional) sowie eines kleinen Dreieck-Symbols gekennzeichnet.

Die Metamodell-Referenz ist eine spezielle Art eines Paket-Imports (siehe Abschnitt 7.3.2) und erfüllt in Profildiagrammen gleichzeitig zwei Aufgaben:

▶ Das referenzierte Metamodell sowie seine Metaklassen werden eindeutig identifiziert und können damit über deren unqualifizierte Namen im Profil direkt angesprochen werden.

▶ Die Sichtbarkeit der Metaklassen im Profil wird festgelegt. Per Default sind alle öffentlichen Metaklassen (public-Sichtbarkeit) im Profil sichtbar.

Sollen nur sehr wenige Metaklassen eines Metamodells erweitert werden, kann alternativ die **Metaklassen-Referenz** verwendet werden (siehe Abbildung 15.3).

Abbildung 15.3 Metaklassen-Referenz

Die Metaklasse Interface des Metamodells UML2 wird in Abbildung 15.3 durch das Profil Unterhaltungsgeraete erweitert.

Beachten Sie, dass durch die Verwendung der Metaklassen-Referenz nur die referenzierten Metaklassen im Profil sichtbar sind. Alle anderen Metaklassen werden für das Profil unsichtbar, auch wenn gleichzeitig das gesamte Metamodell durch eine Metamodell-Referenz importiert würde.

Profile können selbst andere Pakete (die selbst keine Profile sind) importieren und damit wiederverwenden. Der Mechanismus von Paket-Importen wurde bereits in Abschnitt 7.3.2 behandelt.

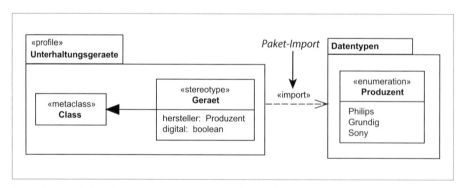

Abbildung 15.4 Profile können andere Pakete importieren.

In Abbildung 15.4 importiert das Profil Unterhaltungsgeraete das Paket Datentypen und kann damit bei der Definition des Stereotyps Geraet auf die Aufzählung Produzent zurückgreifen.

Verwendung

Verwenden Sie Profile, um Metamodell-Erweiterungen konsistent zu modellieren. Ein Profil muss zwingend ein Metamodell eindeutig referenzieren, sei es durch eine Metamodell- oder Metaklassen-Referenz.

In der Praxis wird zumeist die Metamodell-Referenz verwendet, wodurch sämtliche öffentlichen Metaklassen im Profil sichtbar und damit erweiterbar werden.

15.3.2 Metaklasse

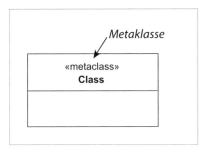

Abbildung 15.5 Metaklasse

Beschreibung

> Eine Metaklasse, die innerhalb eines Profils erweitert wird, wird üblicherweise mit dem optionalen Stereotyp **‹‹metaclass››** hervorgehoben.

Man kann sich Metaklassen vereinfachend als »Klassen von Klassen« vorstellen. Genauso wie ein Objekt die Instanz einer Klasse darstellt (siehe Kapitel 3), stellt eine Klasse die Instanz einer Metaklasse dar.

Die UML gestattet es, durch Einsatz von Profildiagrammen alle ihre Metaklassen zu erweitern, z. B.:

- Klasse
- Abhängigkeit
- Datentyp
- Assoziation
- Assoziationsklasse
- Aufzählung
- Schnittstelle

- Zustand
- Transition
- Aktivität
- Anwendungsfall
- Komponente
- Attribut
- und weitere

Verwendung

Obwohl der Stereotyp ‹metaclass› optional ist, empfiehlt es sich, ihn durchgehend zu verwenden, um eine klare Trennung zwischen den erweiterten und den erweiternden Elementen eines Profildiagramms zu betonen.

15.3.3 Stereotyp und Erweiterung

Abbildung 15.6 Stereotyp und Erweiterung

Beschreibung

> **Stereotypen** (engl. *Stereotypes*) definieren die **Erweiterungen** (engl. *Extensions*) existierender Metaklassen und ermöglichen damit die Verwendung zusätzlicher, plattformspezifischer Terminologien oder alternativer Notationen.

Da ein Stereotyp eine spezielle (eingeschränkte) Art einer Metaklasse ist, kann er auch eigene (Meta-)Attribute definieren, die auch **Eigenschaften** genannt werden. Der Stereotyp Geraet erweitert in Abbildung 15.6 die Metaklasse Class und definiert die Eigenschaften hersteller vom Typ Produzent und digital des Typs boolean.

Ein Stereotyp kann beliebig viele Metaklassen erweitern, genauso wie eine Metaklasse von beliebig vielen Stereotypen erweitert werden kann (siehe Abbildung 15.7). Ein Stereotyp darf jedoch keine anderen Stereotypen erweitern.

Abbildung 15.7 Metaklassen können durch mehrere Stereotypen erweitert werden.

Im Profildiagramm der Abbildung 15.7 wird die Metaklasse Class von zwei Stereotypen Geraet und Datentraeger erweitert.

Die Erweiterung einer Metaklasse durch einen Stereotyp kann durch das Schlüsselwort required als zwingend markiert werden.

Abbildung 15.8 Zwingende Erweiterung einer Metaklasse

Abbildung 15.8 modelliert, dass die Metaklasse Class bei Anwendung des Profils Unterhaltungsgeraete zwingend durch den Stereotyp Geraet erweitert werden muss. Damit werden Instanzen (Klassen) der Metaklasse Class im späteren UML-Modell immer durch den Stereotyp Geraet erweitert.

Stereotypen können untereinander in Generalisierungs- bzw. Spezialisierungsbeziehungen stehen, wie Abbildung 15.9 zeigt (siehe auch Abschnitt 2.3.12).

Mithilfe von Stereotypen können jedem UML-Element, das eine grafische Repräsentation hat, weitere neue Icons hinzugefügt werden (siehe Abbildung 15.10).

Abbildung 15.9 Generalisierung/Spezialisierung von Stereotypen

Abbildung 15.10 Icon-Spezifikation

Abbildung 15.10 modelliert ein neues Icon für den Stereotyp TV-Geraet. Die Definition eines Icons besteht aus drei optionalen Attributen:

▶ **content**
Das Attribut content kann die Bild-Datei direkt aufnehmen und somit beispielsweise eine Bitmap-Grafik, eine GIF-Grafik oder eine »Zeichnungsbeschreibung« wie das XML-basierte SVG-Format (Scalable Vector Graphics) enthalten.

▶ **format**
Dieses Attribut beschreibt das Format des Icons. Die UML erlaubt hier prinzipiell jede Formatbeschreibung, reserviert jedoch die folgenden Standardwerte:

▶ **SVG** (Scalable Vector Graphics)

▶ **GIF** (Graphics Interchange Format)

▶ **PNG** (Portable Network Graphics)

▶ **JPG** (Joint Photographics Group)

▶ **WMF** (Windows Metafile Format)

▶ **EMF** (Enhanced Metafile Format)

▶ **BMP** (Windows Bitmap)

▶ **MIME** (Multipurpose Internet Mail Extensions)
Auf MIME muss ein valider MIME-Typ nach RFC3023 folgen, wie z. B. MIME: image/svg+xml.

▶ **location**
Mit dem Attribut location wird der Ort definiert, an dem ein UML-Tool die Bild-Datei finden kann. Es kann statt des Attributs content und damit statt der Einbettung der Bild-Datei in das Profildiagramm verwendet werden.

Wie bzw. ob das neue Icon in die grafische Darstellung des jeweiligen Modell-Elements eingebettet wird, lässt die UML offen. Das neue Icon kann beispielsweise die bisherige grafische Darstellung vollständig ersetzen, als minimierte Abbildung innerhalb einer Box platziert oder als Icon im »Explorer« eines Tools eingesetzt werden (siehe Abbildung 15.11).

Abbildung 15.11 Alternative Notationsweisen eines neuen Icons für Klassen

Einige UML-Elemente nutzen bereits spezielle Icons für ihre grafische Repräsentation (z. B. Akteur, siehe Abschnitt 8.3.2). Werden diese Elemente durch einen Stereotyp mit einem neuen Icon erweitert, so wird deren bisherige grafische Repräsentation vollständig durch das neue Icon ersetzt.

Verwendung

Stereotypen stellen den zentralen Mechanismus von Profildiagrammen dar, um die bestehenden UML-Elemente zu erweitern, und sind aus Profildiagrammen nicht wegzudenken.

15.3.4   Profilanwendung

Abbildung 15.12 Profilanwendung

Beschreibung

Eine **Profilanwendung** (engl. *Profile Application*) zeigt an, welches Paket das jeweilige Profil anwendet.

Das Profildiagramm aus Abbildung 15.12 modelliert beispielsweise, dass das Paket Fabrik das Profil Unterhaltungsgeraete anwendet.

Ein Profil auf ein Paket anzuwenden, modelliert die Erlaubnis, jedoch keinen Zwang, die im Profil definierten Stereotypen im Paket zu verwenden. Es können beliebig viele Profile auf ein Paket angewendet werden.

Wird ein Stereotyp auf ein UML-Element angewendet, so wird der Name des Stereotyps in Guillemets über dem Namen des Elements notiert. Mehrere angewendete Stereotypen werden durch Kommata getrennt (siehe Abbildung 15.13).

435

Abbildung 15.13 Mehrere Stereotypen

Sollten mehrere Profile Stereotypen mit denselben Namen enthalten, müssen Sie diese im anwendenden Paket mit den qualifizierten Namen (siehe Abschnitt 7.3.1) eindeutig identifizieren (siehe Abbildung 15.14).

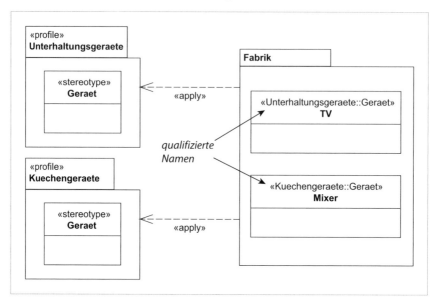

Abbildung 15.14 Identifikation von Stereotypen über qualifizierte Namen

Die Werte der Eigenschaften (engl. *Tagged Values*) von Stereotypen können auf drei Arten notiert werden:

▶ als Teil einer Anmerkung, die mit dem Element verbunden ist (siehe Abbildung 15.15)

Abbildung 15.15 Eigenschaftswerte in einer Anmerkung

▶ in einem separaten Abschnitt des Elements (siehe Abbildung 15.16)

Abbildung 15.16 Eigenschaftswerte in einem separaten Abschnitt

▶ über oder vor dem Namen des Elements innerhalb von geschweiften Klammern (siehe Abbildung 15.17)

Abbildung 15.17 Eigenschaftswerte innerhalb geschweifter Klammern

Abbildung 15.17 zeigt weiterhin anhand der Eigenschaft digital eine Besonderheit: Kann eine Eigenschaft nur die Werte true oder false annehmen (Datentyp boolean), so wird ihr Wert als true angenommen, sobald die Eigenschaft aufgeführt wird, ansonsten als false. In Abbildung 15.17 ist der Wert von digital demnach true.

Verwendung

Definieren Sie mit der Profilanwendung, welche Pakete Ihres UML-Modells welche Profile anwenden, und belegen Sie die modellierten Eigenschaften mit Eigenschaftswerten.

15.4   Lesen eines Profildiagramms

Im Profildiagramm aus Abbildung 15.18 wird das UML2-Metamodell vom Profil Unterhaltungsgeraete erweitert.

Das Profil importiert dabei das Paket Datentypen, um Zugriff auf dessen Datentypdefinitionen JavaInteger und Produzent zu erhalten. Der Datentyp Produzent ist eine Aufzählung und beschränkt damit die verfügbaren Werte auf Philips, Grundig und Sony.

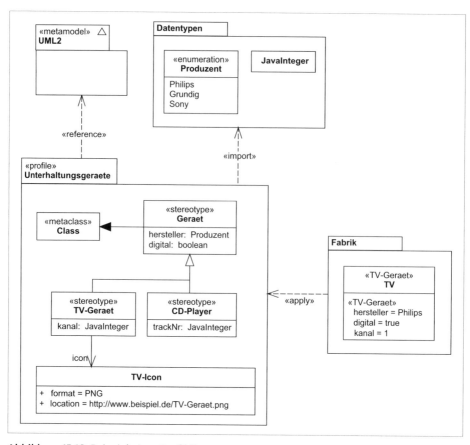

Abbildung 15.18 Beispiel eines Profildiagramms

Das Profildiagramm Unterhaltungsgeraete spezifiziert eine Erweiterung der Meta-klasse Class durch einen Stereotyp Geraet, der dieser Metaklasse zwei Eigenschaften hinzufügt:

▸ Hersteller vom Typ Produzent

▸ Digital vom Typ boolean

Der Stereotyp Geraet wird durch zwei zusätzliche Stereotypen weiter spezialisiert:

▸ CD-Player
Der Stereotyp CD-Player fügt eine weitere Eigenschaft trackNr vom Typ JavaInte-ger hinzu.

▸ TV-Geraet
Der Stereotyp TV-Geraet führt die Eigenschaft kanal vom Typ JavaInteger hinzu und definiert ein neues Icon. Das TV-Icon ist vom Format PNG (Portable Network Graphics) und unter *http://www.beispiel.de/TV-Geraet.png* zu finden.

Das Paket Fabrik wendet das Profil Unterhaltungsgeraete an und definiert eine Klasse TV. Durch Belegung der Eigenschaftswerte ist erkennbar, dass es sich um ein digitales TV-Geraet des herstellers Philips handelt, dessen kanal standardmäßig auf 1 festgelegt wird.

15.5   Irrungen und Wirrungen

Abbildung 15.19 zeigt eine Auswahl der häufigsten Fehler bei der Modellierung mit Profildiagrammen.

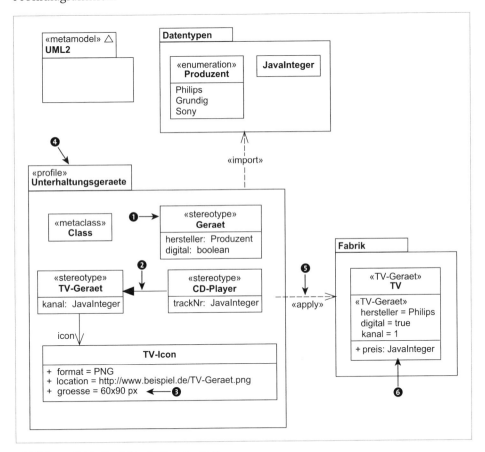

Abbildung 15.19 Ein fehlerhaftes Profildiagramm

❶ **Stereotyp ohne Metaklasse**

Ein Stereotyp kann in Profildiagrammen nur als Erweiterung einer Metaklasse modelliert werden.

❷ Erweiterung eines Stereotyps

Ein Stereotyp darf ausschließlich Metaklassen erweitern. Eine Erweiterungsbeziehung zwischen zwei Stereotypen ist nicht definiert. Falls gewünscht, können Generalisierungen/Spezialisierungen von Stereotypen modelliert werden.

❸ Unzulässige Icon-Spezifikation

Die Spezifikation eines Icons beinhaltet maximal die Attribute content, format und location. Die Vorgabe einer Größe ist nicht erlaubt und würde die Abbildung des Icons in UML-Diagrammen zu sehr einschränken.

❹ Profil ohne Referenz-Metamodell

Ein Profil muss zwingend einem Referenz-Metamodell zugeordnet werden. Profile können Metamodelle erweitern, sie dürfen jedoch keine eigenen neuen Modelle spezifizieren.

❺ Richtung der Profilanwendung falsch

Die Profilanwendung wird immer vom anwendenden Paket zum angewendeten Profil hin modelliert. Sie kann demnach als »Das Paket X wendet das Profil Y an« gelesen werden.

❻ Verwendung eines »Meta-Datentyps«

In der Klasse TV wird das Attribut preis vom Datentyp JavaInteger definiert. Da das Paket Datentypen nur vom Profil Unterhaltungsgeraet importiert wird, ist der Datentyp JavaInteger nur auf der Metaebene und damit nur für Eigenschaften verfügbar, nicht für Attribute. Damit die Klasse TV für das Attribut preis den Datentyp JavaInteger verwenden kann, muss also das Paket Datentypen direkt vom Paket Fabrik importiert werden.

15.6 Zusammenfassung

Abschließend werden die wichtigsten Notationselemente von Profildiagrammen kurz aufgeführt:

▶ Ein **Profil** ist eine spezielle Art eines Pakets, das ein bereits bestehendes **Metamodell** erweitert, was mithilfe einer **Metamodell-Referenz** modelliert wird.

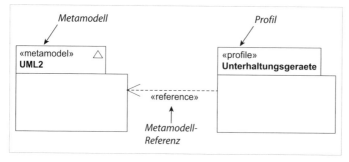

Abbildung 15.20 Profil, Metamodell und Metamodell-Referenz

▶ **Stereotypen** definieren unter Einsatz von **Eigenschaften** die **Erweiterungen** existierender **Metaklassen**.

Abbildung 15.21 Stereotyp, Metaklasse und Erweiterung

▶ Eine **Profilanwendung** zeigt an, welches Paket das jeweilige Profil anwendet.

Abbildung 15.22 Profilanwendung

Index

A

L

M

N

O